개정판 **쉽게 쓴 교육의 역사와 철학**

개정판

쉽게 쓴

교육의 역사와 철학

박의수 · 강승규 · 정영수 · 강선보 공저

HISTORY AND PHILOSOPHY OF EDUCATION

동 문 사

개정판 머리말

1993년 같은 대학에서 교육사와 교육철학을 동문수학한 4명의 저자들이 모여 「교육의 역사와 철학」이라는 제목의 책을 야심차게 출판한 이후 23년 동안 꾸준히 많은 독자들로부터 사랑과 격려를 받아왔다. 그동안 많은 내용을 보완하고 수정하면서 교육사, 교육철학 분야에서는 가장 신뢰받는 교재로 자리매김할 수 있었다. 그러나 저자들의 과욕으로 너무 많은 내용을 한 권의 책에 담아내려고 하다 보니 분량이 점점 늘어나고 내용도 다소 어렵게 서술되어 교육학과의 전공과목 교재로는 큰 무리가 없으나, 교직과목으로서의 교육사 · 교육철학 교재로 사용하기에 부담스럽다는 지적을 많은 독자들로부터 받았다.

이에 우리는 2017년에 「쉽게 쓴 교육의 역사와 철학」이라는 제목으로 교직과목 교재의 본래 취지에 맞추어 다시 집필하였다. 따라서 이 책은 기존에 나온 「교육의 역사와 철학」을 바탕으로 분량을 대폭 줄이고 용어와 문장도 쉽게 다듬는 작업을 한 것이었다. 1993년 처음 「교육의 역사와 철학」을 저술할 때에 우리는 교육의 역사를 통사적으로 기술하면서 각 시대의 교육제도와 사상의 특징 및 대표적 교육사상가들을 소개하는 교육사상사적 관점에서 접근하였다. 그리고 교육철학을 기술할 때에는 전통적 교육철학과 현대 교육철학의 다양한 관점에서 우리 교육의 올바른 방향을 이념적으로 제시하고자 하였다. 2017년도의 「쉽게 쓴 교육의 역사와 철학」에서도 그러한 기조는 그대로 유지하되, 학부에서 교직과목을 이수하는 학생들에게 불필요하다고 생각되거나 어려운 내용은 과감하게 삭제하고 수정하였다.

하지만 발간된 지 2년, 3년이 지나면서 현장의 반응은 여전히 용어와 내용이 난해하다는 평가로 피드백이 되어 급기야 2018년에 필자들이 모여 다시 더 쉽게 집필을 하기로 하였다. 아울러 보다 더 쉽게 집필된 원고를 대학 1학년 학생 두 명에게 검토를 의뢰한 후, 학생들이 지적한 난해한 용어와 내용들을 필자들이 재수정하여 이 책을 출판하게 되었다. 아마도 대학교수들의 교재 원고를 학부생이 검토한 최초의 대학교재가 아닐까 한다. 바로 이 부분이 이 책의 가장 큰 특징이 될 것이라고 본다. 다만 필자들이 공통으로 매우 안타깝게 생각한 점은, 원고 검토 학생들이 난해하다고 지적한 용어들 중 상당수가 교육사철학의 전문용어가 아니라 일반용어였다는 점이다. 이에 필자들은 1) 한자어를 잘 모르는 한글세대의 큰 맹점이기도 하고, 2) 입시위주 교육에 갇혀 폭넓은 독서 및 사회적 활동의 결여에서 비롯된 어휘력의 한계일 수도 있다고 분석하였다. 이 부분은 정부 차원에서 교육적 검토와 정책적 보완이 필요한 중요한 교육문제의 하나로 생각된다.

이 책 역시 한국교육사는 박의수, 서양교육사는 정영수, 전통 교육철학은 강승규, 현대 교육철학은 강선보가 집필을 맡았음을 밝혀둔다.

새롭게 선보이는 이 책의 잘못된 점, 문의 사항 또는 앞으로 보완해야 할 내용에 대하여 저자들에게 이메일로 연락을 주면 성실하게 답변하고, 다음 재판을 인쇄할 때 반영할 것이다. 독자 여러분의 변함없는 사랑과 격려를 기대한다.

끝으로, 이 책이 나올 수 있도록 애써주신 동문사의 이중수 사장님과 편집실 직원 여러분께 진심으로 감사드린다.

2019년 1월

저자 일동

차 례

PART 01 한국교육사

I 원시사회의 교육 • 13

1. 원시교육의 특징 / 13
2. 성년식 / 14
3. 단군신화와 교육 / 15

II 삼국시대의 교육 • 19

1. 유교·불교의 전래와 교육 / 19
2. 고구려의 교육 / 22
3. 백제의 교육 / 24
4. 신라의 교육 / 25
5. 유교의 핵심 교과: 오경 삼사 / 32

III 고려시대의 교육 • 35

1. 국립 교육기관 / 35
2. 사립 교육기관 / 40
3. 과거제도와 교육 / 42

IV 조선시대의 교육 • 47

1. 국립 교육기관 / 47
2. 사립 교육기관 / 55
3. 교육 법규 / 60
4. 과거제도와 교육 / 62
5. 한글 창제와 교육 / 66
6. 성리학과 교육 / 69
7. 실학운동과 교육 / 72

V 개화기의 교육 • 81

1. 정부주도의 교육개혁 / 81
2. 민족 선각자들의 교육 구국운동 / 86
3. 종교계의 교육활동 / 89

VI 주권 상실기의 교육 • 95

1. 일제 식민지교육의 전개 과정 / 95
2. 주권 회복을 위한 민족교육 운동 / 105

VII 광복 후의 교육 • 113

1. 미군정기의 교육 / 113
2. 대한민국의 교육 / 118

PART 02 서양교육사

Ⅰ 고대의 교육 • 127

1. 그리스의 교육 / 127
2. 그리스의 사상가 / 130
3. 로마의 교육 / 132

Ⅱ 중세의 교육 • 135

1. 중세의 교육 / 135
2. 시민학교와 대학의 발생 / 137

Ⅲ 르네상스와 교육 • 139

1. 인문주의 교육 / 139
2. 에라스무스의 교육사상 / 140

Ⅳ 종교개혁과 교육 • 143

1. 종교개혁의 과정 / 143
2. 종교개혁이 교육에 미친 영향 / 144
3. 신교육 교육활동 / 145

Ⅴ 실학주의와 교육 • 147

1. 실학주의의 발달 / 147
2. 코메니우스의 교육사상 / 149

Ⅵ 계몽주의와 교육 • 153

1. 계몽주의 교육의 특징 / 153
2. 루소의 교육사상 / 155
3. 범애주의 교육 / 158

Ⅶ 신인문주의와 교육 • 161

1. 신인문주의 교육의 특징 / 161
2. 페스탈로치 / 162
3. 헤르바르트 / 170
4. 프뢰벨 / 177

Ⅷ 현대의 교육 • 185

1. 신교육 운동의 전개 / 185
2. 아동중심 교육사상 / 190

PART 03 교육철학

Ⅰ 이상주의와 교육 • 209

1. 이상주의란 무엇인가? / 209
2. 이상주의의 교육원리는 무엇일까? / 212

Ⅱ 실재주의와 교육 • 217

1. 실재주의란 무엇인가? / 217
2. 실재주의의 교육원리 / 221

Ⅲ 자연주의와 교육 • 225

1. 자연주의란 무엇인가? / 225
2. 자연주의의 교육원리 / 226

Ⅳ 프래그머티즘과 교육 • 231

1. 프래그머티즘이란 무엇인가? / 231
2. 교육을 어떻게 생각했을까? / 235

Ⅴ 진보주의와 교육 • 241

1. 진보주의란 무엇인가? / 241
2. 진보주의의 교육원리 / 243

Ⅵ 본질주의와 교육 • 247

1. 본질주의란 무엇인가? / 247
2. 본질주의의 교육원리 / 249

Ⅶ 항존주의와 교육 • 253

1. 항존주의란 무엇인가? / 253
2. 항존주의의 교육원리 / 255

Ⅷ 재건주의와 교육 • 257

1. 재건주의란 무엇인가? / 257
2. 재건주의의 교육원리 / 259

Ⅸ 실존주의와 교육 • 263

1. 실존주의란 무엇인가? / 263
2. 실존주의와 교육 / 266

Ⅹ 분석철학과 교육 • 271

1. 분석철학이란 무엇인가? / 271
2. 분석철학의 두 입장 / 272
3. 분석철학과 교육 / 274

Ⅺ 포스트모더니즘과 교육 • 277

1. 포스트모더니즘이란 무엇인가? / 277
2. 포스트모더니즘과 교육 / 280

PART

1

한국교육사

I. 원시사회의 교육
II. 삼국시대의 교육
III. 고려시대의 교육
IV 조선시대의 교육
V. 개화기의 교육
VI. 주권 상실기의 교육
VII. 광복 후의 교육

I 원시사회의 교육

1. 원시교육의 특징

인류의 문화는 삶의 필요에 의하여 삶의 과정 속에서 발전되어 왔다. 교육 또한 문화의 일부이므로 인류의 역사와 함께 존재해 왔다고 볼 수 있다. 원시사회의 교육은 의식주를 해결하기 위한 활동의 일부로 실제적이고 실용적이었다. 어른을 도와서 흙·나무·돌·뼈 등으로 일용품을 만드는 일, 고기잡이·사냥·농사·바느질 등의 생산 활동, 그리고 공동으로 맹수나 외적의 침입에 대항하여 싸우는 일 등이 곧 삶의 현장에서 이루어지는 교육활동이었을 것이다.

중국의 역사학자 유병려는 이런 활동을 총괄하면 양육과 호위의 두 가지로 요약할 수 있다고 보고, 원시교육을 다음과 같이 3단계로 설명했다.[1)]

- 제1단계: 모방과 참여(자연학습, 유희 모방, 자연지식의 획득)
- 제2단계: 훈련(생산훈련, 신체 및 군사훈련, 도덕훈련)
- 제3단계: 성년식(성년입사식, 관례, 할례[2)])

---

1) 임시선(저) · 차석기(역), 「중국교육사상사」(서울: 교학연구사, 1989), 29~31쪽.

2) 관례(冠禮)란 성년이 되면 관(우리나라의 경우 갓)을 쓴다는 의미이다. 할례(割禮)란 남자의 성기 끝의 표피를 잘라내는 의식으로 유대교에서는 지금도 생후 8일째 되는 날 남자아이에게 종교적 의례로 행해지고 있다.

교육사학자 몬로(Paul Monroe)는 원시교육의 두드러진 특징은 비진보성과 모방성에 있다고 했다. 비진보성이란 할아버지 대의 삶의 양식이 아들과 손자의 대에도 그대로 이어져서 변화와 발전이 거의 없다는 말이다. 또한 원시인들은 자연 그대로의 환경에 순응하며 앞 세대의 생활방식을 무의식적으로 모방하며 살다가 점차 의식적 모방의 단계를 거쳐 종교적 의식과 주문(呪文), 수렵, 원정, 파종(播種), 부족의 신화와 전설 등에 관한 이론적 교육으로 이행해 갔다고 설명하고 있다.[3] 이는 유병려의 견해와 일맥상통하는 것이다. 그 중 성년식은 가장 보편적인 원시교육의 한 형태로 알려져 있다.

2. 성년식

성년식은 성년입사식(initiation ceremony)이라고도 하는데, 대개 종교적 의식과 함께 치러진다. 성년식은 대체로 신체적 고통을 가하고 이를 잘 견뎌낼 수 있는지를 시험하는 형식으로 이루어지는데, 이를 통과해야만 가정과 사회에 대한 책임을 감당할 수 있는 성인으로 인정받게 되는 것이다.

예를 들면, 중앙 오스트레일리아 부족의 성년식은 여러 해에 걸쳐 3단계로 진행된다. 첫 단계로, 10~11세의 소년의 몸에 토템신앙의 상징을 그린 후에 공중으로 던지고 심하게 매질을 한다. 다음 단계로, 몇 년 후에 다시 몸에 상처를 입힌다. 상처의 종류도 다양하여 등이나 가슴에 칼자국을 내거나 앞니를 부러뜨려 일생동안 상처가 없어지지 않게 한다. 아울러 의식에 필요한 동물을 사냥하게 하고, 의식이 진행되는 동안 음식을 주지 않는다. 한편, 성년식이 진행되는 동안 토템신앙의 춤과 의식이 함께 진행된다. 마지막 단계로, 몇 달 후 많은 사람이 참석한 가운데 춤을 곁들인 의식이 거행됨으로써 그 청년은 부족의 완전한 성인으로 인정받는다.[4]

---

3) Paul Monroe, *A Brief Course in the History of Education* (New York: The Macmillan Company, 1928), pp. 1~3.
4) Paul Monroe, *A Brief Course in the History of Education* (New York: The Macmillan Company, 1928), pp. 3~4.

한편, 우리나라에서도 원시 한족에게 성년식의 풍속이 있었음을 중국의 「삼국지」, 위서와 「후한서」의 기록을 통하여 알 수 있다. 위서의 동이전에 "나라에서 성곽을 쌓을 때 장정들이 필요하여 젊고 용감한 청년들을 모아, 등가죽에 구멍을 내어 새끼줄을 통했다. 또한 그 줄에 큰 나무를 매달아서 하루 종일 환호하며 힘을 써도 아프다고 하지 않으면 건장하다고 하였다."라고 한다.[5] 이에 대해서는 특수한 목적을 가지고 행하는 작업의 현장에서 이루어지는 행위를 성년식으로 볼 수 있느냐 하는 점에서 의문을 제기하는 학자도 있다.

종족이나 시대에 따라 형식에 차이는 있겠지만, 원시사회에서 행해지는 이와 같은 성년식은 나름대로 그 사회 집단의 존속과 발전을 위하여 필요한 가치와 의미를 지니고 있다. 성년식의 교육적 의의를 요약하면 첫째, 신체적 고통을 참고 견딤으로써 인내와 극기를 배우고, 이를 집행하는 어른에 복종함으로써 성인에 대한 복종과 존경을 배우며, 나아가서 어른을 섬기고 가족을 부양하는 것을 배운다. 이런 의식에는 성인들이 사회를 통제하고 지배권을 계속 유지함으로써 질서와 체제를 유지하기 위한 사회적·정치적·도덕적 의미가 있다. 둘째, 성년식을 집행하는 자와 이에 참여하는 사람들이 토템 동물을 표시하고 있거나 성년식과 함께 행해지는 다양한 의식들이 그 부족의 신앙과 결부되어 있다는 점에서 종교교육의 의미를 지닌다. 셋째, 성년식과 아울러 수렵하는 법, 불을 피우는 방법, 전쟁의 기술 등 생활에 직접적으로 필요한 실제적인 기술을 익힌다는 점에서 실용적 생활교육의 의미를 갖는다.

3. 단군신화와 교육

어느 민족이나 고대 국가의 건국에 얽힌 신화를 가지고 있고, 그 신화는 대개 신비스러움을 지니고 있다. 우리 민족의 경우도 고조선의 건국에 얽힌 신화를 기록하면서 일연(一然)은 「삼국유사」의 서두에서 중국의 예를 열거하면서 "삼국의 시조가 모두

5) 「三國志」, 魏書, 券三十, 東夷.

신비스러운 가운데 탄생했다는 것이 무엇이 괴이하겠는가?"라고 했다. 신화를 통해서 우리는 고대인의 삶의 양식과 의식세계를 추측할 수도 있다.

우리의 역사에 전해지는 최초의 건국 신화인 단군신화도 이런 의미에서 우리 민족의 의식세계와 삶의 양식을 반영하고 있다고 볼 수 있다. 다음은 「삼국유사」에 기록된 단군신화의 내용이다.

고기(古記)에 이런 말이 있다. 옛날에 환인(桓因)의 서자 환웅이 계셔, 천하에 자주 뜻을 두고, 인간 세상을 탐내어 구했다. 아버지는 아들의 뜻을 알고, 삼위 태백산(三危 太白山)을 내려다보니 인간세상을 널리 이롭게 할(弘益人間)만 했다. 이에 천부인(天符印) 세 개를 주어 내려가서 다스리게 했다. 환웅은 그 무리 삼천 명을 거느리고 태백산 꼭대기의 신단수(神檀樹)밑에 내려와 이곳을 신시라 불렀다. 이분을 환웅천왕(桓雄天王)이라 한다.

풍백·우사·운사를 거느리고 곡식·수명·질병·형벌·선악 등을 주관하고, 인간의 삼백예순 가지나 되는 일을 주관하여 인간세계를 다스려 교화시켰다(在世理化). 이때 곰 한 마리와 범 한 마리가 같은 굴에 살았는데, 늘 환웅에게 사람되기를 원했다. 때마침 환웅이 신령한 쑥 한 심지와 마늘 스무 개를 주면서 말했다. "너희들이 이것을 먹고 백일동안 햇빛을 보지 않는다면 사람이 될 것이다." 곰과 범은 이것을 받아먹었다. 곰은 참고 견딘지 21일 만에 여자의 몸이 되었으나 범은 견디지 못했으므로 사람이 되지 못했다. 여자가 된 곰은 그와 혼인할 상대가 없었으므로 항상 신단수 아래서 아이 배기를 축원했다. 이에 환웅이 임시로 변하여 그와 혼인해 주었더니, 그는 임신하여 아들을 낳았다. 이름을 단군왕검(檀君王儉)이라 일렀다. 왕검은 요임금이 왕위에 오른지 오십년인 경인년에 평양성에 도읍을 정하고 비로소 조선(朝鮮)이라 불렀다.[6]

단군신화에 내포된 교육적 의미를 요약해 보면 다음과 같다.

첫째, 천신의 아들인 환웅과 웅녀의 결합은 하늘과 땅의 만남, 즉 천지의 화합 혹은 음양의 조화를 의미한다.

둘째, 환웅이 인간세상을 그리워하고 다스리기를 희망했다는 것은 현세 지향적 세계관을 반영한다. 즉, 인간세상을 긍정적으로 바라보고 보다 좋은 세상으로 만들고자 하는 염원(念願)이 담겨 있다고 볼 수 있다.

---

6) 일연. 『삼국유사』, 제1권 제1 紀異.

셋째, 범을 패배자로 하고 곰을 승리자로 선택한 것은 우리 민족이 공격적이며 정복자적인 인간상보다는 어려움을 참고 견디며 몸가짐을 신중히 하는 성자(聖者)적 인간상을 지향하고 있다고 볼 수 있다.

넷째, 널리 인간세상을 이롭게 한다는 홍익인간(弘益人間)의 가치관, 즉 소아(小我)보다 대아(大我)를 존중하는 정신을 반영하고 있다. '나' 한 사람의 이익을 넘어서 공동체와 인류의 이익과 번영을 추구하는 정신이 홍익인간의 사상이다. 이 홍익인간의 이념은 공공복리와 인류평화의 이념으로 면면히 계승되었고, 대한민국 정부 수립 후 제정된 교육법 제 1조(현재 「교육기본법」 제 2조)에도 반영되어 우리 교육의 이념과 목적으로 명문화되어 있다.

지금까지 간략하지만 원시사회의 교육에 대하여 살펴보면서 원시사회의 삶의 모습에서도 교육적 요소를 발견할 수 있음을 알았다. 인류는 문자의 발명으로 보다 효율적으로 지식을 축적하고 계승함으로써 문명의 발전을 촉진시켰다. 그러나 한편, 문자에 대한 지나친 의존은 인간이 가지고 있는 직관 능력과 감성 능력을 약화시키고, 자연이 기록한 다양한 비문자적 기록에 대한 인식 능력을 감퇴시켰다. 상고시대(上古時代)의 원시문화를 단지 미개하고 야만스러운 것으로만 볼 것이 아니라, 원시사회의 삶에서도 문자문명과 물질문명으로 왜곡되고 오염된 현대문명의 병리현상을 치유할 수 있는 지혜를 얻을 수 있음을 상기할 필요가 있다.

Ⅱ 삼국시대의 교육

1. 유교·불교의 전래와 교육

1) 유교의 전래와 교육

우리나라에 유교가 언제 전래되었는지 명확한 기록이 없다. 다만 「삼국사기」에 소수림왕 2년(372) 여름 6월에 태학(太學)을 설립하고 자제를 교육하였다는 것이 최초의 기록이라고 한다. 이런 기록과 아울러 우리나라가 중국과 인접해 있고, 한(漢)나라의 사군(四郡)이 설치되어 있었던 점으로 미루어 보더라도 그 이전부터 한자와 더불어 유교가 국가의 공식적인 문자생활과 교육활동의 주요 수단이 되어왔을 것으로 생각된다.

삼국시대 이후 세종대왕이 창제한 한글이 실용화될 때까지 한자는 우리의 문자생활을 지배했고, 유교는 우리의 생활규범이며 정치철학이며 교육의 주된 내용이 되었다.

유교는 'confucianism'이라는 영문 표기가 단적으로 말해 주듯이, 공자의 가르침이며 공자학(孔子學)이다. 유교는 수기치인(修己治人)을 기본이념으로 하고 있다. 이는 '자기를 먼저 닦고 남을 다스린다'는 뜻으로 수신(修身)과 정치의 근본을 가르친 것이다. 수기치인의 의미를 현대적으로 해석하면 자신의 인격을 닦고 지식과 기술을 배우고 익혀 사회에 봉사한다는 뜻이다. 유교는 하·은·주 삼대(三代)를 이상사회로 보고 요·순·우·탕·문·무 등 훌륭한 임금들의 행적을 모범으로 규정하고, 공자와 맹자 등에 의하여 집대성되고 체계화된 학문이다. 유교는 경전(텍스트)에 기록된 행위 규범을 절대적 진리로 받아들이고 그것을 얼마나 잘 실천하느냐 하는 것에 주된 관심을 기울인다. 유교 교육에서 핵심이 되는 교육과정은 천자문, 소학, 동몽선습과 오경(五經), 즉 시경(詩經), 서경(書經), 역경(易經), 예기(禮記), 춘추(春秋) 그리고 삼사(三史), 즉 사기(史記), 한서(漢書), 후한서(後漢書) 등이다. 물론 유교 역시 시대의 변천과 더불어 적지 않은 변화가 있었다. 특히 송나라 때 주희(주자)에 의하여 집대성되어 조선 전기의 학풍을 지배했던 성리학은 불교의 영향을 받아서 우주와 인성의 본질을 이(理)와 기(氣)로 설명하려는 사변적(思辨的) 학문으로 변하지만, 유학의 테두리를 벗어난 것은 아니다.

이와 같은 한자와 유교의 도입과 실용화는 이를 배우고 가르칠 교육기관의 필요성을 낳게 되고, 따라서 학교의 설립과 발달을 촉진하게 되었다. 즉 형식교육(formal education)의 발달을 촉진하는 계기가 되었고, 삼국시대 이후의 한국 교육에 지대한 영향을 끼치게 된다. 여기서 형식교육이란 학교교육과 같이 교육에 필요한 기본 요소들, 즉 교사·학생·교재·시설 등을 갖추고 체계적으로 이루어지는 교육을 말한다. 그렇지 않은 것을 비형식교육(nonformal education) 혹은 무형식교육(informal education)이라고 한다.

2) 불교의 전래와 교육

우리나라에 불교가 전해진 것은 고구려 소수림왕 2년(372)에 전진의 왕 부견이 외교사절과 함께 중(僧) 순도(順道)와 불경을 보냄으로써 비롯되었다. 이어서 2년 후인 374년에는 전도승 아도(阿道)가 진(晋)나라에서 왔다. 임금은 국민에게 신앙의 자유를 주는 한편, 동왕 5년에 초문사와 이불란사라는 절을 지어 순도와 아도를 각각 거처하게 하였으니 이것이 우리나라 사원(절)의 시작이다.

백제에서는 고구려보다 13년 뒤인 침류왕 원년(384)에 인도의 전도승 마라난타(Marananta)가 진나라를 거쳐 들어옴으로써 불교가 전파되기 시작했다.

신라에서는 눌지마립간(417~458) 때 고구려로부터 중 묵호자가 선산지방에 들어와 불교를 처음 소개했다. 그러나 재래의 고유 신앙이 강하게 자리 잡고 있었으므로 쉽게 전파되지 못하다가 법흥왕 때에 이르러 이차돈의 순교를 거친 후에야 비로소 동왕 15년(528)에 공인되기에 이르렀다.

불교의 핵심은 현세에서의 인간의 삶을 괴로움의 연속으로 보고 집착과 욕망으로부터 해탈함으로써 끊임없이 순환되는 생로병사의 굴레로부터 영원히 벗어나 열반(涅槃)에 들 수 있다는 것이다. 불교는 이처럼 탈세속적이고 현실세계를 부정적으로 보는 특징을 가지고 있다. 그러나 우리나라에 들어온 불교는 중국을 거쳐 전래된 북방불교의 대승적[1] 특징과 우리의 전통적 토착신앙이 결합하여 국가적 차원에서는 호국신앙으로, 서민들의 생활 속에서는 현실의 복을 비는 민간신앙으로 정착되어 우리 민족의 정신세계를 지배하게 되었다.

특히 신라에서는 불교가 국가적 신앙으로 크게 번창하여 생활과 문화와 교육 전반에 걸쳐 깊은 영향을 주었으며, 불교는 대체로 비형식적 교육의 발전에 크게 공헌했다. 이를 요약해 보면 다음과 같다.

첫째, 불교는 대중의 교화에 공헌했다. 교육이 보편화된 최근세에 이르기까지 형식교육을 받고 독서를 할 수 있는 계층은 소수의 상류계층에 국한된다. 그러나 불교는 직접 경전을 읽지 못하는 대중에게도 설법을 통하여 혹은 간단한 염불을 통하여 교화를 할 수 있었다. 특히 신라의 원효는 불교의 대중화를 실천한 대표적인 인물이다.

둘째, 불교는 국민 생활의 실천적 윤리 기준을 제공했다. 당대의 고승 원광법사는 불교의 오계(五戒)를 세속오계로 개편하여 화랑도의 교육지침으로 삼았다. 예를 들면 불교의 5계 중 '살생을 하지 말라(不殺生)'라는 계율을 '가려서 살생하라(殺生有擇)'라는 식으로 고쳐서 속세의 일반인들이 실천하기 쉽도록 했다. 그리하여 세속오계는 화랑도의 규범일 뿐 아니라 민중의 생활규범으로 작용하기도 했다.

셋째, 불교는 호국정신을 보급하는 데 공헌했다. 특히 인왕경(仁王經)은 불법(佛法)이

1) 불교는 대개 소승불교(小乘佛教)와 대승불교(大乘佛教)로 나뉘는데 소승불교는 자기 개인의 완성을 목표로 하는데 비하여, 대승불교는 많은 사람을 구제하는 것을 목표로 하는 이타적 성격이 강하다. 소승불교는 태국, 미얀마, 스리랑카 등 남방에서 발전했으므로 남방불교라 하고, 대승불교는 주로 중국, 한국, 일본 등 북방에서 발전되었으므로 북방불교라고도 한다.

융성하면 여러 부처님의 보살핌으로 국가가 번영하고, 국가가 번영하면 불법도 융성한다는 내용이 실려 있다. 이런 전통은 통일신라와 고려에 까지 이어져 국난 극복의 정신적 지주가 되기도 했다.

넷째, 불교의 사원은 불교도의 수련장은 물론 유생(儒生)들의 교육기관으로 활용되기도 했다. 불교의 사찰들은 대개 산수가 수려하고 공기가 맑은 산속에 세워져 있어서 유생들의 학문과 수양의 장소로 자주 이용되었다.

다섯째, 불교는 우리나라 예술과 문학의 발달에도 많은 공헌을 했다. 불교를 소재로 한 그림·조각·건축 분야의 뛰어난 미술품들이 많이 남아있다. 전국에 산재해 있는 국보와 보물급의 문화재는 헤아릴 수 없을 정도이며, 특히 불국사의 석굴암과 해인사의 팔만대장경은 유네스코 세계문화유산으로 등재되기도 했다.

또한 「삼국유사」에 남아 있는 신라가요의 대부분도 불교 중심의 작품이다. 광덕의 '원왕생가', 월명의 '도솔가', 영재의 '우적가' 등 향가의 대표적 작가들 역시 승려들이라는 사실이 이를 증명하고 있다.[2)]

2. 고구려의 교육

고구려는 중국과 인접하여 비교적 일찍부터 한나라의 문화를 받아들여 유학을 장려하고 이를 숭상했다. 고구려가 일찍부터 문자를 사용했다는 점은 「삼국사기」의 "국초로부터 문자를 사용하기 시작하여 어떤 사람이 국사 일백 권을 기술하여 책 이름을 「유기」라 하였다."[3)]는 기록에서도 알 수 있다.

기록상 고구려에는 두 종류의 교육기관이 있었다. 최초의 국립교육기관(관학)이며 고등교육기관의 시초라 할 수 있는 태학(太學)과 사립초등교육기관이라고 볼 수 있는 경당(扃堂)이 그것이다.

---

2) 한국교육사연구회(편), 「한국교육사」(교육출판사, 1984), 16~21쪽 참조.
3) 「三國史記」 券第二十, 高句麗本紀 第八, 嬰陽王 11年條.

태학은 소수림왕 2년(372) 여름에 설립되었음을 「삼국사기」의 기록을 통하여 알 수 있다.[4] 안타깝게도 태학을 세워 자제를 교육했다는 짧은 기록 밖에는 다른 기록을 찾아볼 수 없다. 따라서 그것이 중국의 학제를 본받은 것이라는 점을 미루어 생각해 볼 때, 오경(五經)과 삼사(三史)가 중요한 교육과정이었으며, 국가의 관리 양성을 목적으로 세워졌고, 주로 귀족의 자제들이 교육의 대상이었을 것으로 생각된다. 여기서 오경이란 시경, 서경, 역경, 예기, 춘추 등 다섯 가지 경전을 가리키며, 삼사란 사기, 한서, 후한서 등 세 가지 역사책을 가리킨다.

한편, 경당에 관해서도 「구당서」와 「신당서」에 각각 다음과 같이 기록되어 있다.

> 풍속이 책읽기를 좋아하여 허름한 서민의 집에 이르기까지 거리에 큰집을 지어 이를 경당이라 하고, 미혼의 자제들이 여기서 밤낮으로 독서하고 활쏘기를 익힌다. 그들이 읽는 책은 5경과 사기, 한서, 범엽의 후한서, 삼국지, 손성의 진춘추, 옥편, 자통, 자림 그리고 또 문선이 있는데, 그것을 더욱 아끼고 소중히 여겼다(구당서).[5]
>
> 사람들이 배우기를 좋아하여 외딴 마을의 허름한 집에 이르기까지 역시 서로 사랑하고 부지런하여 큰길가에 모두 큰 집을 짓고 경당이라 불렀다. 미혼의 자제들이 거기 모여서 경서를 암송하고 활쏘기를 익혔다(신당서).[6]

이 기록만으로는 경당이 언제부터 설립되었는지 그 기원은 명확하지 않으나, 서민을 대상으로 하는 사설 교육기관이었으며, 유교와 아울러 활쏘기도 익히는 문무 겸비의 교육기관이며, 서울뿐만 아니라 시골의 마을마다 설립되었다는 것을 알 수 있다. 또한 교과교육의 내용은 중국의 전통적 교육과정의 핵심을 이루는 오경과 삼사 그리고 삼국지, 진춘추, 자통, 자림, 문선 등이었다. 이를 미루어 경당의 교육과정은 태학의 교육과정과 큰 차이가 없음을 알 수 있다.

특히 문무 겸비의 교육이 이루어졌던 점으로 미루어 경당은 신라의 화랑도와 유사한 집단이었을 것으로 추측되며, 고구려가 주변 강대국들과의 경쟁에서 승리하여

---

4) 「三國史記」 券第十八, 高句麗本紀 第六, 小獸林王 2年條.
5) 「舊唐書」 東夷傳 高麗條.
6) 「新唐書」 東夷傳 高麗條.

한 때 강대한 국가를 형성할 수 있었던 것도 이와 같은 문무 조화의 교육이 원동력이 되었을 것이다.

3. 백제의 교육

백제에는 학교가 있었다는 직접적인 기록이 발견되지 않고 있다. 그러나 백제는 일찍부터 중국과의 교섭이 잦았으며, 고구려와 신라에 못지않은 훌륭한 문화를 누리고 있었던 점으로 미루어 볼 때 교육이 발달했을 것으로 짐작된다.

「삼국사기」에 따르면 백제는 고구려가 태학을 세운지 3년만인 375년에 박사 고흥을 얻어 비로소 기록을 갖게 되었다고 한다.[7] 「신당서」에도 "백제에는 문자가 있어 기록을 했다."는 기록이 있어 이를 뒷받침하고 있다.

또한 「일본서기」와 「고사기」에 따르면 백제인 아직기가 백제의 왕명으로 일본에 건너가 응신천왕의 태자 토도치랑자의 스승이 되었으며(284), 이듬해에는 백제의 왕인 박사가 일본의 초청으로 「논어」 10권과 「천자문」 1권을 전해주고 또한 태자의 스승이 되었다고 한다.

> 응신천황 15년 가을 8월 백제왕이 아직기를 시켜 양마(良馬) 두 필을 보내오다. 아직기로 하여금 사육하게 했다. 아직기는 또 경전을 잘 읽으므로 태자 토도치랑자(菟道稚郎子)의 스승으로 삼았다. 천황이 아직기에게 만약 너보다 잘하는 박사가 있느냐고 물었더니, 왕인(王仁)이라는 사람이 있는데, 이 이가 우수하다고 대답했다. 그때 상모야군(上毛野君)의 할아비(祖) 황전별무별(荒田別巫別)을 백제에 보내서 왕인을 초청했다.
>
> 16년 봄 2월 왕인이 오다. 태자 토도치랑자가 스승으로 삼아서 여러 종류의 책을 학습하다.[8]

---

7) 「三國史記」 券二十四, 百濟本紀 第二, 近肖古王.
8) 손인수, 「한국교육사」(서울: 문음사, 1987), 148~154쪽 참조.

이와 같은 기록으로 보더라도, 백제는 교육과 학문이 상당히 발달되어 있었고, 이를 일본에 전하는 데 결정적인 역할을 했음을 알 수 있다. 일본은 백제를 통한 유교의 도입을 계기로 윤리의식이 발달되고 체계적인 교육이 발달하게 되었다.

또 백제에는 일찍부터 박사제도가 있어서, 모시(毛詩)박사·의(醫)박사·역(易)박사·5경박사 등 각종 전문 박사가 있었으며, 이들이 항상 일본에 초빙되어갔다. 당시의 박사란 교육을 담당하는 일종의 관직명이었다.

그 밖에도 농업·직조·의약·천문·지리·음악·미술·공예 등에 관한 기술과 지식을 고루 일본에 전해 주었다. 따라서 고대(6~8세기) 일본의 교육은 백제 교육의 연장이라고 볼 수 있다.[9)]

4. 신라의 교육

신라에서도 초기부터 한자를 사용하고 유학이 행해졌다고 본다. 그러나 지리적 조건으로 보아 고구려나 백제에 비하여 대륙 문화의 수입이 조금 늦었던 것 같다. 따라서 통일이 될 때까지는 27대 선덕왕 9년(640)에 비로소 자제(子弟)를 당나라에 파견하여, 그 나라 국학(國學)에 입학시켰다는 기록 외에 그 학교교육에 관한 기록이 없다. 그 대신 삼국통일 전까지는 화랑도(花郎徒)라는 독특한 교육제도가 교육의 전반을 대신했다. 따라서 화랑도 교육은 우리 민족 고유의 교육방식을 보여주는 것이라고 생각된다.

그러므로 여기서는 화랑도 교육과 통일 후에 설립된 국학과 해외 유학생 파견을 중심으로 신라의 교육을 살펴보기로 한다.

9) 손인수, 「한국교육사」(서울: 문음사, 1987), 148~154쪽 참조.

1) 화랑도

화랑도(花郞徒)의 기원에 대하여 단재 신채호는 상고시대 소도(蘇塗)[10]제단의 무사 곧 그때에 '선비'라 칭하던 자라고 하였다.[11] 최남선은 '부루교단'이라고 하여, '부루'는 상고시대의 고유한 신앙인 태양숭배 곧 '밝의 뉘(광명세계)'가 변한 말이며, 이 '부루'가 한자로 적힐 때 '풍류(風流)'라 했다는 것이다.[12] 이처럼 화랑도의 기원은 상고시대까지 거슬러 올라간다. 그러나 신라의 화랑도가 언제부터 조직되었는지 정확한 기록이 없다. 다만 「삼국사기」 진흥왕 37년(576) 조(條)에 있는 다음과 같은 기록을 통하여 몇 가지 추측이 가능할 뿐이다.

> 봄에 처음으로 원화(源花)를 받들게 되었다. 이보다 앞서 군신이 인재를 찾기 힘든 것을 염려하여 생각한 끝에 무리를 모아 함께 교유(交遊)하도록 하고 그 행실을 살펴 등용하기로 하였다. 그리하여 미녀 두 명을 뽑았다. 하나는 남모(南毛)라 하고 하나는 준정(俊貞)이라 한다.
>
> 무리를 3백여 명이나 모으더니 두 여인이 서로 시기하여, 준정이 남모를 자기 집으로 유인하여 억지로 술을 권하여 취하게 한 후, 이를 끌어다가 강물에 던져 죽여 버렸다. 이로 인하여 준정도 사형을 당하고, 무리들은 화목을 잃어 흩어져버렸다. 그 후 다시 미모의 남자를 뽑아서 곱게 단장하고 이름을 화랑(花郞)이라 하여 이를 받들게 하니 무리들이 구름처럼 모여들어, 서로 도의를 닦고, 혹은 서로 가락(歌樂)으로 즐거이 노닐며 명산과 대천에 돌아다니며 멀다고 가보지 않은 곳이 없다. 이로 인하여 이들 중에서 나쁘고 나쁘지 아니한 것을 알게 되어 그 중 착한 자를 가리어 조정에 추천하게 되었다.[13]

이상으로 미루어 볼 때, 신라의 화랑도 교육은 국가에서 쓸 인재를 선별하기 위한 필요에서 시작된 청소년 운동으로 행해지다가, 진흥왕 때부터 국가적 단체로 인정되고 국가에서 본격적으로 장려하고 육성했던 것으로 짐작된다. 또 「삼국유사」의 다음과

10) 소도(蘇塗)는 삼한시대에 천신에 제사지내던 성역으로 그 곳에 제단을 설치하고 그 앞에 큰 나무(솟대)를 세우고 제사를 지냈다.
11) 신채호(申采浩), 「한국사연구초」(서울: 을유문화사, 1974), 49쪽.
12) 최남선(崔南善), 「고사통(古事通)」, 8쪽. 한기언, 「한국교육사」(서울: 박영사, 1971), 16 참조.
13) 「三國史記」, 券第四, 新羅本紀 第四 眞興王.

같은 기록은 화랑도의 성격을 더욱 명백하게 해 준다.

> (진흥왕)은 천성이 멋스러워 신선(神仙)을 크게 숭상하여 민가의 아름다운 처녀를 뽑아서 원화로 삼았다. 그것은 무리를 모아 인물을 선발하고 또 그들에게 효제(孝悌) 충신(忠信)을 가르치려 함이었으니, 또한 나라를 다스리는 근본이었다. 그 후 여러 해 만에 왕은 또 나라를 흥하게 하려면 반드시 풍월의 도를 먼저 일으켜야 한다고 생각하고, 처음으로 설원랑(薛原郎)을 받들어 국선(國仙)으로 삼으니, 이것이 화랑국선의 시초이다. 이때부터 사람에게 악을 고쳐 선으로 옮게 하고, 윗사람을 공경하고 아랫사람에게 순하게 하니, 오상(五常)·육예(六藝)·삼사(三師)·육정(六正)이 왕의 시대에 널리 행하여졌다.[14)]

이상과 같은 「삼국사기」와 「삼국유사」의 기록들을 종합하여 보면 화랑도의 성격과 명칭 및 조직 그리고 목적과 교육과정 등을 짐작할 수 있다. 화랑도는 그 명칭이 다양하여 국선, 풍월도, 풍류도, 선랑, 원화, 부루교단 등으로도 불린다. 조직 체계는 최고 책임자를 국선 혹은 원화, 화주, 풍월주라 하고, 그 밑에 3,4~7,8인의 화랑(혹은 선랑)을 두고, 다시 그 밑에 문호라는 몇 개의 작은 집단이 있어 수백, 수천의 낭도(혹은 문도)가 여기에 소속되었다.

또 지도자인 화랑은 귀족 출신이었다. 그 이유는 화랑도가 인재 선발을 목적으로 한 조직이었고, 당시의 사회가 귀족 지배 사회였으며, 이런 단체의 운영에는 적지 않은 비용이 필요하였기 때문이다.[15)] 물론 문호나 낭도는 평민출신도 가능했으리라고 본다.

화랑도의 교육목적은 첫째, 용감한 병사와 실천적 인간을 양성하는 것이다. 평소에는 사회의 지도적 인물을 양성하는 수양단체였고, 유사시에는 군인으로 활동하였다. 둘째, 도덕교육으로 원광법사의 세속오계에 잘 나타난 바와 같이 충효와 신의와 용기의 덕목을 가르치고 단체생활을 통하여 실천하도록 했다. 화랑도의 이념은 최치원의 '난랑비서문'에 잘 나타나 있다.

---

14) 「三國遺事」, 彌勒仙花 未尸郎 眞慈師.
15) 손인수, 「한국교육사상사」(서울: 재동문화사, 1964), 20~27쪽.

최치원의 '난랑비서문'에 말하기를, 우리나라에 현묘(玄妙)한 도(道)가 있으니 이를 풍류(風流)라 하는데, 이 교(敎)를 설치한 근원은 선사(仙史)에 상세히 실려 있거니와, 실로 이는 삼교(三敎)를 포함한 것으로 모든 민중과 접촉하여 이를 교화하였다. 또한 집에 들어가서는 부모에게 효도하고, 나와서는 나라에 충성하니 이는 노나라 사구(司寇)의 취지이며(유교), 또한 모든 일을 거리낌 없이 처리하고 말 아니하고 일을 실행함은 주(周)나라 주사(柱史)의 종지(宗旨)이며(도교), 모든 악한 일을 하지 않고 모든 착한 행실만 신봉하는 것은 축건태자(竺乾太子)의 교화(불교)이다.16)

이와 같이 화랑도는 유교, 불교, 도교의 사상을 모두 포함하고 있으며, 위에 인용한 「삼국유사」에서 보는 바와 같이 오상과 육예는 유교의 가르침이며, 삼사와 육정은 불교의 사상이다. 오상이란 인간이 항상 지켜야 할 다섯 가지 도리, 즉 인의예지신(仁義禮智信)을 의미하며, 육예란 선비가 갖추어야 할 기본적인 여섯 가지 기예(교과), 즉 예(예절)·악(음악)·사(활쏘기)·어(말타기)·서(글씨)·수(산술)를 의미한다. 삼사란 제왕을 보좌하는 최고의 관직, 즉 태사, 태전, 태보를 의미하며(혹은 세 종류의 훌륭한 스승을 의미하기도 함), 육정은 여섯 종류의 바른 신하(六正臣), 즉 성신(聖臣), 양신(良臣), 충신(忠臣), 지신(智臣), 정신(貞臣), 직신(直臣)을 의미한다.

화랑도의 교육과정을 살펴보면 지적인 측면보다 정의적(情意的)이고 활동적 면에 치중했음을 알 수 있다. 첫째는 무술의 기초가 되는 칼쓰기, 창쓰기, 활쏘기, 말타기, 달리기, 팔매질, 씨름 등이며, 둘째는 도덕과 이성을 닦아 만인이 흠모하는 인격을 갖추기 위한 덕목들이다. 셋째는 정서도야에 필요한 시와 춤과 음악이 중요한 내용을 이루었다. 넷째는 전국의 명산대천을 두루 돌아다니며 심신을 단련하고 호연지기를 기르는 일이다.

2) 국학

신라는 20대 지증왕 4년(503) 10월에 나라 이름을 '신라'라고 정하고, 중국의 직제를 받아들여 '왕'이라는 칭호를 사용하게 되었다. 법흥왕 7년(520)에 율령(법령)을 반포하여

16) 「三國史記」 劵第四, 新羅本紀 第四, 眞興王 37년.

법제를 정비하고, 동왕 15년에 이차돈의 순교로 비로소 불교를 공인하게 되면서 중국의 문물을 본격적으로 받아들이기 시작했다. 이는 한편으로 신라가 삼국 중에 민족 고유의 전통을 가장 늦게까지 지켜왔음을 의미한다. 또 진흥왕 6년(545)에는 거칠부로 하여금 국사를 편찬케 하고, 선덕왕 2년(633)에는 김춘추가 당나라에 가서 국자감을 시찰하고 돌아와 석전(釋奠)의 예를 실시하게 하였다. '석전의 예'란 매년 봄과 가을에 두 번 공자의 사당에 제사지내는 행사인데, 후한의 명제는 공자의 옛 집에 가서 공자와 72제자를 제사한 기록이 있으며, 당나라에서는 628년 공자를 선성(先聖), 안회(공자의 애제자)를 선사(先師)라 하여 제사지냈다고 한다.

신라가 삼국통일을 완수한 것은 30대 문무왕 16년(676)이다. 그리하여 31대 신문왕 2년(682)에 비로소 국학(국립대학)의 체제를 정비하여 예부에 속하게 하였다. 국학에는 경 1명과 박사와 조교 약간 명, 대사(大舍) 2명과 사(史) 4명을 두었다. 경은 오늘날의 총장에 해당되고, 박사와 조교는 교수 요원이며, 대사와 사는 행정직원에 해당된다고 볼 수 있다.

교육목적은 유학의 교수와 연구 및 관리의 양성에 두었으며, 입학자격은 15~30세의 6두품 출신의 귀족 자제였고, 수업 연한은 9년이었으나 예외적으로 중도 퇴학이나 기간의 연장도 가능했다. 졸업을 하면 대나마(大奈麻) 혹은 나마(奈麻)의 자격을 주었다. '대나마'는 신라 17관등 중 10번째이며, '나마'는 '나말(혹은 내말)'이라고도 하며 11번째 관등에 해당된다. 교육과정은 논어와 효경이 공통 필수였고, 수준에 따라 예기·주역, 좌전·모시·춘추, 상서·문선을 세 과로 나누어서 부과하였다.

한편, 성덕왕 16년(717)에는 왕자 김수충이 당나라에서 공자와 10철 및 72제자의 화상(초상화)을 들여와 국학에 안치함으로써 문묘(文廟)제도[17]의 시초가 되었다. 같은 해에 국학에 의(의학)박사와 산(수학)박사를 두고, 이어서 경덕왕 6년(747)에는 제업(복수전공)박사와 조교를 두고, 2년 후에는 다시 천문박사와 누각(물시계)박사를 두어 다양한 기술교과를 추가함으로써 국학은 유학교과와 아울러 기술교과가 설치된 종합적인 교육기관으로 발전하였다.

한편, 국학의 명칭도 경덕왕 6년에 태학감으로 불렀다가 혜공왕 때 다시 국학으로

17) 문묘(文廟)란 공자와 그 수제자(10철과 72제자) 및 훌륭한 학자들의 초상화 혹은 위패를 모시는 곳이다.

바뀌었다. 또 국왕이 친히 국학에 나가 청강하며 학생들을 격려하고 녹읍(장학을 위하여 국가에서 지급하는 토지)을 지급하기도 했다.

3) 유학생 파견

당 태종은 국자감에 천하의 뛰어난 유학자를 교수로 초빙하고, 학사(교실)를 1천200간이나 증축하고 학생을 3,260명이나 수용하여 당의 수도 장안은 유학의 황금시대를 이루고 아시아 여러 나라로부터 유학생을 받아들였다.

고구려와 백제는 물론 신라에서도 선덕왕 9년(640)부터 적극적으로 유학을 장려하였다. 유학기간은 대개 10년이며, 유학생들의 책값은 국비로 1인당 은화 300양을 주고, 주택과 식사는 당나라에서 제공했다. 당나라에 파견된 신라의 유학생은 한 때 100여 명에 달했던 것으로 보인다. 문성왕 2년(840)에 만기된 유학생과 볼모(인질) 등 105명이 동시에 귀국했다는 기록이 이를 뒷받침하고 있다. 헌덕왕 13년(821)에는 김운경(金雲卿)이 당의 빈공과(외국인을 대상으로 하는 시험)에 합격하는 등 당나라 말기까지 58명이 과거에 급제하고, 오대십국(五代十國)시대(907~960)에도 31명이나 급제했다. 특히 최치원(崔致遠)은 12세에 당나라에 가서 18세에 과거에 급제하여 벼슬을 하고, 당나라 말기에 '황소의 난'이 일어났을 때는 난을 평정하기 위한 격문을 지어 당나라 전역에 명성을 떨쳤다.

4) 인재 등용법

신라의 인재 등용방법은 초기에는 인물본위로 천거하였으나, 통일 이후 국학이 완비되면서부터 학벌 위주 혹은 시험을 통한 인재의 등용방법이 점차 자리 잡아갔다. 신라시대의 인재 등용 방법에는 미인법, 궁전법, 화랑제도, 독서출신과 등이 있다. 미인법이란 남모와 준정을 원화로 뽑은 것처럼 미모를 기준으로 선발하는 것이고, 궁전법은 활 다루는 실력을 기준으로 선발하는 것이며, 화랑제도는 앞에서도 본 바와 같이 교육 및 군사훈련 조직이면서 동시에 인재를 선발하는 제도로 활용되었다. 무리를 지어 공동생활을 하는 동안 자연히 인격과 리더십을 갖춘 인재가 무리 중에서 드러나게 되며, 이들 중에서 국가에 필요한 인재를 선발하는 것이다. 독서출신과는 독서삼품과라고도 하며 지적 능력을 평가하여 등용하는 방법이다. 독서출신과는 38대 원성왕 4년(788)에 처음 실시되었는데, 춘추좌씨전·예기·문선을 읽고 그 뜻에 능통하며, 논어·효경에 밝은 자를 상급으로 하고, 곡례(예기 중의 한 편)·논어·효경을 읽은 자를 중급으로 하고, 곡례·효경을 읽은 자를 하급으로 하였다. 그리고 5경과 3사와 제자백가 모두에 능통한 자(특급)는 순서를 뛰어 넘어 등용하였다.

위에서 살펴본 바와 같이 삼국시대에는 불교와 유교(유학)가 들어오고, 중국의 영향을 받아 새로운 학교제도가 도입되어 유학이 교육과 정치의 중요한 이념으로 자리 잡게 되었다. 그리하여 불교는 전통적인 무속신앙과 결합하여 국민의 내면적 정서에 뿌리를 내려 비형식교육에 영향을 주었고, 유교는 정치제도와 현실생활의 규범을 형성하고 형식교육의 발달에 지대한 영향을 주었다.

특히 고구려의 경당과 신라의 화랑도는 우리 민족 고유의 이상과 교육방식을 이해할 수 있는 중요한 교육기관이다. 삼국이 모두 불교를 숭상하여 불교가 크게 융성하여 덕이 높은 승려와 유학자가 많이 배출되었다. 이들은 학교를 세워 유학을 장려하기도 했다. 그 중 교육에 많은 영향을 준 대표적 인물은 원광, 강수, 원효, 최치원, 설총 등이며 이들은 모두 신라인이다.

원광(圓光)은 불교뿐 아니라 유학과 도학을 두루 섭렵하여 신라 국민의 존경을 받았다. 강수(强首)는 유학자이면서 당대 제일의 문장가로 이름을 떨쳤다. 원효(元曉)는 한국이 낳은 세계적인 종교사상가의 한 사람으로 불교의 세속화·대중화에 공헌했다. 설총(薛聰)은 불교와 유학을 두루 섭렵하고 국학의 박사가 되어 이두(吏讀)로 경서를 가르쳤으며, 장미와 할미꽃을 비유한 '화왕계(花王戒)'[18]라는 우화를 지어 임금(신문왕)에게 올려 왕자의 교훈으로 삼도록 했다. 훌륭한 왕이 되려면 듣기 좋은 말만하는 간신(장미)을 멀리하고 지혜로운 신하(백두옹; 할미꽃)를 가까이 해야 한다는 내용이다.

18) 「삼국사기」, 제46권(열전 제6), 설총 참조.

5. 유교의 핵심 교과: 오경 삼사

오경(五經)과 삼사(三史)는 삼국시대부터 고려시대를 거쳐 조선시대에 이르기까지 유교 중심의 전통교육에서 핵심 교육과정으로 다루어졌다. 그러므로 이 책들이 어떤 책인지 좀 더 상세히 알아두면 이어지는 한국교육사 공부에도 도움이 될 것이다.

1) 오경

오경은 다섯 가지 경서(經書) 혹은 경전(經典), 즉 「시경」, 「서경」, 「역경」, 「예기」, 「춘추」를 가리킨다. 유교 교과에서 '경'이 붙으면 원칙적으로 공자의 저작을 의미한다. 춘추는 예외로 하고, 「예기」도 본래는 「예경」이었지만 후대의 학자가 공자의 원문에 손질을 가하였으므로 「예기」라고 하게 되었다.

「시경(詩經)」은 고대 중국의 시와 노래를 모아 엮은 책으로 본래는 3,000 편이 넘었으나 공자가 305편을 가려 뽑아서 「시경」으로 편찬했다. 시경의 작품은 크게 풍(風), 아(雅), 송(頌)으로 나뉘는데, '풍'은 남녀 간의 애틋한 사랑과 이별을 노래한 시이며, '아'는 궁궐에서 연주되는 음악들의 가사이며, '송'은 종묘 제례에 쓰이던 노래의 가사이다. 「시경」은 후한의 정현이 주석을 붙인 후부터 「모전」 혹은 「모시」라고 한다.

「서경(書經)」은 중국에서 가장 오래된 역사책으로 「상서」라고도 한다. 「서경」은 모두 58편으로 「금문상서」 33편과 「고문상서」 25편으로 이루어져 있다. 중국 최초의 왕국인 하(夏)로부터 은(殷)과 서주(西周)까지의 역사를 기록한 책이다.

「역경(易經)」은 「주역」이라고도 하는데 '역'이란 변화를 의미하며, 천지만물이 끊임없이 변화하는 자연현상의 원리를 설명하고 있다. 「주역」은 8괘(卦)와 64괘 그리고 괘사(卦辭), 효사(爻辭), 십익(十翼)으로 이루어져 있다. 「주역」은 특히 우주철학을 논하고 있어 한국을 비롯한 일본 베트남 등의 유가 사상에 많은 영향을 주었을 뿐 아니라 인간의 운명을 점치는 점복술의 원전으로 활용되기도 한다.

「예기(禮記)」는 전국시대부터 한(漢)나라 초까지의 예학에 관한 문헌을 모아 편집한 49편으로 이루어진 책으로 「주례」, 「의례」와 함께 '삼례'라고 한다. 공자가 직접 편찬한 「예경」을 후대의 학자 대대와 소대가 손질을 하여 「예기」라 불리게 되었다. 1190년 송나라 때 주희(주자)가 「예기」 가운데 대학과 중용 두 편을 분리하여 「대학」과 「중용」 두 책으로 독립시켜 「논어」 「맹자」와 함께 사서(四書)가 되었다. 그리하여 조선시대에는 사서와 삼경(시경, 서경, 역경)이 핵심 교과로 자리 잡게 되었다.

「춘추(春秋)」는 춘추시대에 공자가 노나라 242년(B.C. 722~B.C. 481) 간의 역사를 편년체로 엮은 책이다. 「춘추」는 문장과 내용이 지극히 간결하여 해설서를 참고하지 않으면 원래의 뜻을 파악하기 어렵다. 그래서 후대의 해설서인 「공양전」, 「곡량전」, 「좌씨전」 등이 널리 읽히게 되었다.

2) 삼사

삼사는 세 가지 역사책, 즉 「사기」, 「한서」, 「후한서」를 가리킨다.

「사기(史記)」는 한나라 때 사마천이 지은 역사책으로 중국인의 시조인 황제(黃帝)로부터 한무제(漢武帝)에 이르는 약 3천년의 역사를 기록한 통사(通史)이다. 제왕을 기록한 12본기, 제후를 기록한 30세가, 뛰어난 인물을 기록한 70열전, 각종 제도를 기록한 8서, 연대기를 기록한 10표로 구성되어 있다. 『사기』는 기전체 역사 기술의 본보기로 중국의 정사(正史)[19]는 물론 우리나라의 『삼국사기』와 「고려사」의 기술에도 영향을 준 역사의 고전이다.

「한서(漢書)」는 중국 후한 시대의 반고가 저술한 기전체의 역사책으로 한고조 유방(劉邦)으로부터 왕망(王莽)의 난까지 전한(前漢) 시대의 역사를 기록한 책이다. 「한서」는 12황제, 8표, 10지 70열전으로 이루어져 있으며, 체계적인 내용과 섬세하고 치밀한 구조, 생동감 있고 간결한 문장으로 후대의 산문 발전에 많은 영향을 주었다.

「후한서(後漢書)」는 송나라 범엽이 지은 기전체의 역사책으로 서기 25년부터 220년까지 후한 시대의 역사를 기록했다. 그 전에 이미 20여 종의 후한의 역사를 기록한 책이 있었으나 범엽은 이들을 참고하여 줄일 것은 줄이고 부족한 것은 보충하여 훌륭한 역사책을 편찬했다.

19) 왕조에서 공식적으로 인정하는 역사책. 『삼국사기』는 정사이고, 『삼국유사』는 야사에 속한다.

3) 오경 삼사의 특징

유교의 교육과정 중 삼사는 물론 오경 중에서도 「서경」과 「춘추」는 역사이며, 「시경」은 시와 음악, 「역경」은 우주와 자연의 변화, 「예기」는 예의와 도덕에 관한 내용이다.

시대의 흐름에 따라 다소의 변천이 있었지만 유교 중심 전통교육의 교과는 역사와 윤리가 주를 이루었다. 물론 「역경」과 「시경」이 있었고, 넓은 의미의 예(禮), 즉 육예(六藝)에는 음악, 활쏘기, 승마, 서예 및 산수(수학)도 포함되어 있기는 하지만 오랫동안 우리의 전통교육에서는 규범적 지식인 역사와 윤리가 중요하게 자리 잡고 있었다는 것을 알 수 있다.

한국 교육의 역사 속에서 이와 같은 규범적 지식 위주의 교육이 어떻게 전개되었으며 그것이 인간형성과 사회발전에 어떤 영향을 끼쳤는가를 생각해 보는 것은 한국교육사 공부를 더욱 흥미롭게 할 것이다.

III 고려시대의 교육

1. 국립 교육기관

고려 초기의 교육제도는 신라의 제도를 계승하였으나 6대 성종(982~997) 때에 와서 새로운 교육제도의 기틀이 잡히기 시작하였다. 태조 13년(930)에 왕이 서경(평양)에 행차하여 비로소 학교를 창립하고, 정악(廷鶚)을 서학(書學)박사로 임명하고, 학원을 창립하여 육부(六部)[1]의 생도를 모아 가르쳤다. 태조는 그 후 비단을 하사하여 교육을 장려하고, 의과와 복과(점술)를 설치하고 창곡(곡식) 100석을 하사하여 학원 운영비로 사용하게 했다.[2] 이로 미루어 건국 초기부터 고려는 교육에 많은 관심을 기울였음을 알 수 있다.

1) 국자감

국자감은 성종 11년(992)에 왕명에 의하여 창건되었고, 학사(건물)와 서재를 만들고

1) 6부는 중앙정부의 핵심부서로 이·호·예·병·형·공부를 의미하며, 각 부의 관리 중에서 선발하여 교육했음을 의미한다.
2) 「高麗史」, 券74, 選擧2 學校.

논밭을 내려 운영을 도왔다. 16대 예종 4년(1109)에는 국자감에 7재(齋)를 두니 이는 교과별 전문 강좌의 개설이라고 볼 수 있다. 7재의 이름은 여택재(주역), 대빙재(상서), 경덕재(모시), 구인재(주례), 복응재(대례), 양정재(춘추), 강예재(무학)[3] 등이다. 앞의 6재가 유학을 주로 교육하는데 반하여, 강예재는 무예를 공부하는 곳으로, 국립 최고 교육기관에 무인 양성체제를 마련한 것은 이때까지 없었던 일로 특기할 만한 일이다.

인종 1년(1123)에는 식목도감을 설치하여 학식(교육제도)과 학규(학교규칙)를 완비하였다. 이에 따르면 국자감은 유학을 공부하는 국자학(國子學)·태학(太學)·사문학(四門學)과 잡학(雜學)으로 분류되는 율학(법률)·서학(글씨)·산학(수학) 등의 6학으로 구성되어 있다. 그 입학 자격과 교육과정, 교수와 학습방법, 학생정원, 문묘제도, 장학제도 등은 다음과 같다.

(1) 입학자격

① 국자학의 학생은 문무관(文武官) 3품 이상의 자손과 훈관(勳官) 2품 이상 또는 경관(京官) 4품 이상 작위를 받은 자의 아들

② 태학의 입학자격은 문무관 5품 이상의 자손과 정·종 3품의 증손 또는 훈관 3품 이상인 유봉자(有封者)의 아들

③ 사문학의 입학자격은 훈관 3품 이상 무봉자(無封者), 4품 유봉자, 문무관 7품 이상의 아들

④ 율·서·산학 및 주현(州縣)의 학생은 8품 이하[4]의 아들 또는 서인(서민)으로 하고, 특별히 원하는 자는 7품 이상의 아들에게도 허락했다.

⑤ 국자학·태학·사문학에는 잡로(말단 기능직)와 공장(장인), 상인, 악공 등의 천한 일에 종사하는 자, 대소공친범가자(근친혼의 죄를 범한 자), 가정의 도가 바르지 못한 자, 역적질을 하고 귀향한 자, 향과 부곡에 거주하는 천민의 아들,

---

3) 각 재(齋)의 괄호 안에 있는 것은 책의 이름이며 동시에 그 재에서 주로 다루는 핵심 교과의 내용이다. 좀 더 자세한 것은 앞 장 '유교의 핵심 교과: 오경 삼사'를 다시 확인하기 바람.

4) 박찬수, 고려시대의 향교(「한국사연구 42」, 37~73쪽), 67쪽 참조.

당사자가 개인적인 죄를 범한 자 등은 입학이 허가되지 않았다.[5)]

여기서 '대소공친범가자(大小功親犯嫁者)'란, 대공친 및 소공친 사이의 근친결혼을 한 자를 의미한다. 우리나라 역사상 근친결혼을 금지한 것은 고려 숙종 때의 일로, 대공친과 소공친 이내의 친족 간의 결혼을 금지했다. 대체로 대공친은 4촌의 이내의 친족이며, 소공친은 5촌 이내의 친족에 해당된다고 볼 수 있다.

(2) 교육과정 및 수업 연한

6학의 교육과정은 크게 유학 전공과 잡학 전공으로 나눌 수 있으며, 유학 전공자는 오늘날의 교양 필수과목에 해당되는 효경(孝經)과 논어 그리고 교양 선택과목이라고 볼 수 있는 산술, 시무책(時務策), 글씨 등을 공통으로 이수하고, 각 학의 전공과목으로 국자학에서는 「상서」, 「공양전」, 「곡량전」을, 태학에서는 「주역」, 「모시」, 「주례」, 「의례」를, 사문학에서는 「예기」, 「좌전」을 이수하도록 되어 있다. 그 상세한 내용과 각각의 수업 연한은 〈표 1〉과 같다. 여기서 「상서」는 「서경」의 다른 이름이며, 「공양전」과 「곡량전」은 공자의 「춘추」를 해석한 책으로 「좌전」과 함께 '춘추3전'이라고 한다. 또 「주례」와 「의례」는 예(禮)에 관한 책으로 「예기」와 함께 '3례'라고 한다.

표 1 육학의 교과목과 수업 연한

<table>
<tr><th>육학</th><th colspan="2">교과목</th><th colspan="2">수업 연한</th></tr>
<tr><td rowspan="3">국자학
태 학
사문학</td><td>필수</td><td>효경·논어</td><td>1년</td><td rowspan="3">합 9년</td></tr>
<tr><td>선택</td><td>상서·공양전·곡량전
주역·모시·주례·의례
예기·좌전</td><td>각 2.5년
각 2년
각 3년</td></tr>
<tr><td>공통</td><td>산술, 시무책, 글씨, 설문, 자림, 삼창, 이아</td><td>선택과 병행</td></tr>
<tr><td>율 학</td><td colspan="2">율(律)·령(令)</td><td colspan="2">6년</td></tr>
<tr><td>서 학</td><td colspan="2">팔서(八書)</td><td colspan="2">6년</td></tr>
<tr><td>산 학</td><td colspan="2">산술(算術)</td><td colspan="2">6년</td></tr>
</table>

5) 「高麗史」, 劵七十四, 志劵第二十八, 選擧二, 學校.

(3) 교수와 학습방법

국자감의 교수 직제는 국자학·태학·사문학에 박사와 조교를 두고, 율·서·산학에는 박사만 두었다. 경학(經學)에 우수하고 품행이 단정하여 타인의 모범이 될 만한 자를 교수로 삼았다.

학습방법은 효경과 논어를 먼저 이수한 후에 다른 경서를 하나씩 읽히고, 시무책을 익히며 여가에 매일 습자 한 장을 쓴다. 아울러 국어·설문·자림·삼창·이아 등을 겸하여 읽혔다. 하나의 경서를 마스터한 후에 종강을 명하며, 종강을 하지 못한 경우에는 과목을 바꾸지 못하게 한다. 그리고 연말에 강의를 받은 수를 헤아려 박사와 조교가 평가한다. 여기서 국어는 중국 주나라의 좌구명이 지었다고 전하는 역사책이며, 설문·자림·삼창·이아는 모두 중국 고대에 편찬된 자전(字典), 즉 글자 사전이다.

(4) 학생 정원

학생의 수는 시대에 따라 차이가 있었던 것으로 보이나, 인종 때의 학식(學式)에 따르면 국자학·태학·사문학에 각각 300명씩으로 되어 있다.

(5) 문묘제도

「고려사」와 「고려도경」에 따르면 국자감에도 통일신라의 국학과 마찬가지로 대성전과 양무(동무와 서무)를 두어 공자를 비롯한 10철과 72제자의 위패를 모신 문묘가 있었음을 알 수 있다. 또한 현종 11년(1020)에는 우리나라 유학자로는 처음으로 최치원의 위패를, 1022년에는 설총의 위패를 문묘에 모셨다. 10철은 안연, 민자건, 염백우, 중궁, 재아, 자공, 염유, 계로, 자유, 자하 등 공자의 수제자 10명을 의미하며, 이들은 모두 공자와 함께 대성전에 모시고, 나머지 72제자와 한국의 뛰어난 학자들은 동무와 서무에 나누어 배치했다.

(6) 장학제도

앞서 언급한 바와 같이 성종 11년에 국자감을 설립함과 동시에 토지(논과 밭)를 지급하여 장학기금을 충실히 하였고, 예종 9년(1114)에는 양현고(養賢庫)를 두어 7재에 기거하는 학생들의 학비에 충당케 했다. 또한 충렬왕 30년(1304)에 안향은 국학의 쇠퇴를 막고 양현고의 재정을 확보하기 위하여 섬학전을 거두기로 건의하였다. 섬학전은 문무 관리들 중 6품 이상은 은(銀) 1근씩, 7품 이하는 등급에 따라 옷감을 내어 양현고에 귀속시키도록 한 일종의 장학기금이다.

(7) 명칭의 변천

창립 당시의 국자감이란 명칭은 25대 충렬왕 때 국학으로 고치고, 26대 충선왕 때 성균관으로 고쳤다가 31대 공민왕 때 다시 국자감으로 바뀌었고, 곧이어 성균관으로 고쳐 조선시대로 이어졌다.

2) 향교

향교는 '지방의 학교'란 뜻으로 고려의 향교가 언제부터 시작되었는지 명확한 기록은 없으나, 성종 6년(987)에 12목(牧)에 경학박사와 의학박사 각 1명을 파견하여 지방관리와 백성의 아들을 가르치게 한 권학관 제도가 있었으며, 인종 5년(1127)에는 지방에 학교를 세우도록 명했다는 기록이 있는 것으로 미루어 보아 성종 이후에 향교가 지방의 관립학교로 운영되고 있었을 것으로 추측된다. 향교는 계속 늘어나서 예종과 인종 시대에 이르러 교육제도가 정비되고, 적어도 군 단위까지 전국적으로 향교가 설립되었을 것으로 짐작된다.

향교의 교관은 처음에 중앙에서 박사를 파견하였으나, 점차 향교가 늘어나면서, 지방 관청에서 초빙하기도 하고, 혹은 지방의 수령이나 관리가 직접 교육을 맡기도 하였다. 이것이 향교 교육의 질적 저하를 가져온 원인이 되기도 했다.

향교의 교육과정은 국자감과 큰 차이가 없을 것으로 보이나, 다만 교관을 충당할 수 없는 현실적 여건 때문에 과목 수는 훨씬 적었을 것이다. 그러나 과거 준비가 중요한 목적이었으므로, 제술(작문)과 명경(효경, 논어, 9경) 등을 위주로 했으며, 의학과 율학, 서학, 산학 등의 교과도 설치되어 있었을 것으로 보인다.

향교의 입학자격은 인종 때의 학식으로 미루어 보아, 8품 이하의 자제와 서민이라고 볼 수 있다. 향교의 재정으로 정부에서 토지와 노비를 지급했으나 말기에 오면서 재정이 악화되어 향교가 쇠퇴하는 하나의 원인이 되었다.[6)]

3) 학당

24대 원종 2년(1261) 3월에 "동서학당을 두고 별감(別監)을 보내어 교학(教學)을 교도(教導)하였다."[7)] 또 "안으로 5부학당을 세우고 밖으로 향교를 설치하여 이로써 유술(유교)을 진흥시키라."[8)]는 조서를 내렸다는 기록을 근거로, 학당은 향교와 같은 수준의 서울에 설립한 교육기관이었음을 알 수 있다. 그러나 학당은 향교와 달리 제사의 기능을 담당하는 문묘가 별도로 설치되지 않았으며, 국자감의 3학에 입학할 수 없는 서민을 위한 교육기관으로 볼 수 있다.

고려말 공양왕 2년(1390)에 정몽주는 국자감(당시 명칭은 성균관)에 재직하면서 동서학당 외에 남부, 북부, 중부에 학당을 증설할 것을 주장했으나, 북부학당은 끝내 설치되지 못하여 5부학당은 실제로 4부학당으로 그쳤다.

2. 사립 교육기관

고려 조정은 계속되는 내우외환에 시달려 관학의 진흥에 그다지 힘쓰지 못했다. 그러나 지방에 숨어 지내는 뜻있는 선비들에 의한 사설 교육기관이 건국 초기부터 있었을 것이다. 초학자를 위한 기초 교육기관으로 서당이 등장하여 발전했으며, 특히 고려 중기에 나타난 12도는 중앙에 설립된 사립 고등교육기관이라는 점에서 특별한 의미를 갖는다.

---

6) 박찬수, 고려시대의 향교(「한국사연구 42」, 37~73쪽), 67쪽 참조.
7) 「高麗史」 券74, 學校考.
8) 「高麗史」 券117, 鄭夢周傳.

1) 십이도

최충(崔沖)은 목종 8년(1005) 문과에 장원급제하여 현종·덕종·청종·문종 등 5대에 걸쳐 여러 관직을 두루 역임한 문무의 재능을 겸비한 학자로 '해동공자'라는 호칭을 받았다. 최충은 72세(1055)에 은퇴하여 사재를 털어 학교를 설립하여 9경 3사와 제술을 가르치니, 그의 학식과 덕망을 흠모하여 많은 학생들이 모여들었다. 이들 학생들을 수용하기 위하여 9재(齋)[9]를 짓고 학원의 이름을 시중최공도 혹은 문헌공도라 했다.

최공도의 교육성과가 널리 알려지자 다른 많은 학자들이 이를 본받아 비슷한 학원을 세웠는데, 그 중에 특히 유명한 11개의 학원을 더하여 '12도'[10]라고 불렀다.

12도(十二徒)는 여름철에는 절에 가서 하기 강습회도 열고, 과거에 급제하고 아직 관직에 오르지 않은 우수한 제자를 뽑아 조교로 활용하기도 하였다. 또 각촉부시라는 방법을 도입하여 학습에 흥미를 더하도록 했다. 각촉부시란 촛불에 금을 그어 놓고 정해진 시간에 시를 짓게 하여 우수한 작품을 뽑아 순서대로 방을 붙이고 주연(술과 노래와 춤)을 베풀어 격려하면서 흥을 돋우는 것으로, 학습의 흥미와 동기를 유발하기 위하여 일종의 '게임' 방식을 도입한 것이다.

이리하여 과거를 보려는 학생들은 국립 교육기관보다 12도를 더 선호하기까지 하였다. 당시 국자감과 향교는 부진했고, 학당은 아직 출현하기 전이었으므로, 사립교육기관인 12도는 약 360년간 존속하면서 고려시대의 교육에 중요한 역할을 했다.

2) 서당

고려시대의 서당에 관하여는 명확한 기록이 없다. 다만, 목종 6년(1003) 왕의 교서(敎書)에 "태조 때부터 쑥대집의 천인 자제들이 책보를 끼고 스승을 따라 배운다."고 했으며, 또 인종 2년(1124)에 송나라 사신을 수행하여 고려에 왔던 서긍이 쓴 「고려도경」에는 "마을의 거리에도 경관(經館)과 서사(書舍)가 두셋씩 서로 바라보고 있으며,

---

9) 9재(齋)는 9개의 전공별 기숙사라고 볼 수 있으며, 9재의 이름은 낙성재·대중재·성명재·경업재·조도재·솔성재·진덕재·대화재·대빙재이다.

10) 12도의 이름과 설립자는 문헌공도(최충), 홍문공도(정배걸), 광헌공도(노단), 남산도(김상빈), 서원도(김무대), 문충공도(은정), 양신공도(김의진), 정경공도(황영), 충평공도(유감), 정헌공도(문정), 서시랑도(서석), 귀산도(미상)이다.

민간의 미혼 자제들이 모여 스승에게 경서를 배우고, 좀 더 장성하면 각각 저희들끼리 벗을 택하여 절간으로 가서 공부하고, 아래의 서인(서민)이나 아주 어린아이까지도 역시 마을의 선생에게 나아가 배운다"[11]라고 하면서 서민 교육이 성행하는 것을 보고 감탄했다는 기록이 보인다.

이로 미루어 보아 서당이 매우 성행했을 것으로 짐작할 수 있다. 고려에도 고구려의 경당과 같은 민간 사설 교육기관이 있었으며, 4학이나 향교 혹은 12도와 같은 교육기관에 입학하기 전 단계로 마을에서 기초교육을 담당할 초급 수준의 사설 교육기관이 있었을 것이라는 것은 충분히 짐작된다.

3. 과거제도와 교육

1) 과거제도의 기원

과거제도는 고려 4대 광종 9년(958) 후주(後周)의 한림학사 쌍기(雙冀)의 건의로 처음 시작되었다. 유학의 성적을 기준으로 인재를 선발했다는 점에서 통일신라의 독서출신과에서 유래를 찾기도 하나, 엄밀한 의미에서 과거제는 중국 수나라의 문제가 중국을 통일한 후에 관제를 정비하고 중앙집권체제를 확립하기 위하여 처음 채택했으며, 이를 당나라가 계승하여 발전시켰다. 고려의 과거제도는 당나라의 제도를 원형으로 하고 있으며, 역시 중앙집권적 전제왕권을 강화하기 위한 목적이 포함되어 있다고 볼 수 있다. 그 후 차츰 내용을 정비하여 인종 때 과거시행법을 규정한 과거절목(科擧節目)을 제정함으로써 과거제도가 완비되었다.

2) 과거제도의 내용

고려시대의 과거는 제술업, 명경업, 잡업 등 세 업(과)으로 나뉜다. 제술업과 명경업을

11) 『고려도경』 제40권 유학조.

양대업이라 하여 문관의 등용시험이고, 잡업은 기술관의 등용시험으로 명법업(법률), 명산업(수학), 명서업(글씨), 의업(의학), 지리업, 주금업(침, 뜸, 맥, 종기, 약초) 등이 있다. 이 중 제술업은 주로 시·부·송·책·론 등의 문장력을 시험하고, 명경업은 유교 경전의 내용을 시험하였고, 잡업은 해당되는 기술과 기능에 관한 능력을 시험했다. 고려시대에는 명경업보다 주로 제술업이 우대되어 성행하였으며, 제술업에 합격한 자를 진사라 하고 명경업에 합격한 자를 생원이라 했다.

양대업의 시험 절차는 3단계로 이루어지는데, 예비시험인 초시(1차 시험)를 거쳐 국자감에서 행하는 2차 시험, 즉 국자감시에 합격하여야 3차 시험인 동당감시에 응시할 수 있었다. 예외적으로 국자감에서 3년 이상 재학하면 2차 시험인 국자감시를 거치지 않고 동당감시에 응시할 수 있는 자격을 주었다.

과거에 응시할 수 있는 자격은 원칙적으로 제한이 없었으나, 오역(불교에서 말하는 다섯 가지 무거운 죄), 오천(노비, 백정, 광대, 무격, 창기 등의 천민), 불충·불효한 자, 향·소·부곡에 거주하는 자, 악공 및 잡류의 자손들에게는 응시자격을 주지 않았다. 과거의 시기는 3년에 한 번을 원칙으로 하였으며, 시험관을 지공거라고 하였는데, 지공거와 급제자는 좌주(座主)와 문생(門生)의 관계를 맺어 서로 부자(父子)의 예로 대하였다.

이 밖에도 고려 말 공양왕 때 무과를 설치했으나 실제로는 실효를 거두지 못하였다. 또한 승려에게 승계(승려의 계급)를 주기 위한 승과가 있었는데, 승과는 교종선(教宗選)과 선종선(禪宗選)으로 나뉘었다. 교종선의 승계는 대선-대덕-대사-중대사-삼중대사-수좌-승통-왕사·국사이며, 선종선의 승계는 대선-대덕-대사-중대사-삼중대사-선사-대선사-왕사·국사의 등급 체계로 되어 있다. 왕사와 국사는 최고의 법계를 가진 고승을 임금의 스승으로 추대하는 제도로 광종 때 도입되었다.

관리등용의 방법은 과거제 외에도 조상의 공로를 참작하여 채용하는 음서와 지방관의 추천에 의해 채용하는 유일이라는 제도가 있었으나, 과거에 합격하여 관리가 되는 것을 가장 명예롭게 여겼다.

3) 과거제도와 교육

과거(科擧)는 국가의 관리를 선발하는 제도일 뿐만 아니라 교육제도와 연계되어 교육의 발달을 촉진하기도 하였다. 특히 앞에서 언급한 바와 같이 국자감에서 3년 이상 공부한 학생에게 2차 시험을 생략하고 곧바로 최종 시험인 동당감시에 응시할 자격을 준 것은 국학을 장려하기 위한 방법이기도 하다. 국자감시는 국자감 입학 자격(조선시대의 진사시에 해당)을 부여하는 시험이 있고, 국자감 교육을 이수하지 않고 동당감시에 응시할 수 있는 과거의 2차 시험에 해당하는 국자감시(재시험)가 있다.[12)]

이처럼 과거제는 교육의 발달을 촉진하는 계기가 되었지만, 한편으로 시험에 의한 관리등용제도가 자리 잡아 가면서 교육은 곧 출세를 위한 수단이 되었다. 특히 고려시대의 과거가 경서를 공부하는 것보다 문예 중심으로 흘러 학문 자체에 대한 관심보다 문장의 형식과 기법을 익히는 데 치중하게 되었다. 그로 인한 부작용 또한 적지 않았음을 후세의 많은 학자들의 비판을 통하여 알 수 있다. 중국의 임시선이 과거의 폐단을 지적한 글에서, "과거교육의 유일한 의의는 시험에 필요한 지식을 가르치는 데 있고 문장형식의 학습에 치우쳐 진실한 학문은 포기하였다. 이렇게 하여 얻은 학문은 도저히 넓을 수가 없고 헛되고 쓸모없는 배움이 될 수밖에 없다."[13)]라고 했다. 고려 말의 이제현 역시, "과거를 설치하여 선비를 뽑는 것은 오직 실속 없고 겉치레뿐인 글을 번창시켜 후세의 폐해는 이루 말할 수 없다."[14)]고 비판하였다.

고려시대에는 앞서 언급한 바와 같이 유교와 불교가 비교적 자유롭게 공존하면서 발전하였으므로 뛰어난 유학자와 고승들이 많이 나와서 학문의 발전과 교육에 이바지했다. 이 시대의 교육사상가 중에서 특히 두드러진 업적으로 후세에 크게 영향을 끼친 인물로 십이도에서 언급한 최충 외에 지눌 · 안향 · 정몽주 등을 꼽을 수 있다.

지눌(知訥)은 고려시대를 대표하는 고승으로 '불일보조국사'라는 시호를 받았다. 그는 "선(禪)은 부처님의 마음이고 교(敎)는 부처님의 말씀"이라고 하여 '선'과 '교'가 둘이

---

12) 이성무, 「한국의 과거제도」(서울: 한국일보사, 1976), 105~114쪽. 역사학회편, 「과거」(서울: 일조각, 1983), 115쪽.

13) 이만규, 「조선교육사 I」(서울: 거름, 1988), 97쪽.

14) 위의 책, 같은 쪽.

아님을 주장하여 선종과 교종의 통합을 추구했다. 또한 수양방법으로는 돈오점수(頓悟漸修)를 주장하여, 순간적 각성을 의미하는 돈오와 점진적 수련의 과정인 점수가 조화를 이루어야 한다고 했다.

안향(安珦)은 호를 회헌(晦軒), 시호를 문성공이라 한다. 그는 18세에 과거에 급제하여 정부의 요직을 두루 거쳤고, 충렬왕 11년(1285)에는 원나라에서 주자학을 들여와 보급했으며, 국학을 재건하기 위하여 섬학전(贍學錢)을 설치하기도 있다.

정몽주(鄭夢周)는 호를 포은, 시호를 문충공이라 하며 문무를 겸비한 인물로 정부의 요직을 두루 거쳤다. 그는 성리학을 깊이 연구하여 이론이 독창적이고 명쾌하여 조선 성리학의 시조로 꼽힌다. 한 때 이성계를 도와 외적을 물리치는데도 일익을 담당했으나 이성계가 조선을 세울 때는 끝까지 반대하여 고려에 대한 지조를 지키다가 이방원에게 죽임을 당했다.

Ⅳ 조선시대의 교육

1. 국립 교육기관

조선 전기에는 우리나라 역사상 가장 엄격한 신분계급제도가 유지되었고, 교육과 과거시험은 양반 사대부 계층을 유지하고 고위 관직에 진입하는 중요한 수단이 되었다. 따라서 교육과 학문이 크게 발전하였다. 조선시대의 사회와 교육을 이해하기 위해서는 조선시대의 신분계급 체계에 대하여 먼저 이해할 필요가 있다.

조선시대의 신분계급은 '왕족-양반-중인-양인-천민'으로 구분된다. 양반은 고려시대부터 형성된 문반과 무반을 통칭하는 말이며, 사대부와 유사한 의미로 사용되었다. 양반은 학문을 하여 관리로 등용될 수 있으며, 생산과 부역 등 국가에 대한 의무가 면제되었고, 관리가 되면 국가로부터 토지와 녹봉을 받는다. 양반은 그들의 신분을 세습해 가는 동안 그 수가 증가되는 것을 막기 위하여 자신의 신분에 대해서도 엄격한 규제를 마련하였다. 그리하여 첩의 자손은 '서얼'이라 하여 과거의 문과에 응시할 자격조차 제한하였다. 중인은 기술직이나 지방의 하급관리를 담당하며, 대개 종 6품까지 승진이 가능했다. 양반이 서울의 북촌과 남촌에 주로 모여 산데 반하여 그들은 서울의 중앙에 모여 살았으므로 중인으로 불렸다. 양인은 평민·서민·서인·상민·백성 등 여러 가지 명칭으로 불렸으며, 농업·공업·상업 등의 생산직을 담당하는 절대 다수를 차지하는 계층이다. 천민은 노비와 백정·재인(광대)·무격(무당과 박수)·창기(기생)와 같이 천한 직업에 종사하는 사람들이다.

조선시대의 교육기관과 학제는 고려의 것을 계승하여 이를 더욱 발전시켰다. 먼저 국립 교육기관으로 성균관, 4학, 왕실 교육기관, 향교, 기술 교육기관에 대하여 알아보기로 한다.

1) 성균관

(1) 설립과 명칭

조선 최고의 국립 교육기관인 성균관(成均館)은 태조 7년(1398)에 지금의 성균관대학교 자리에 건립되었다. 그러나 이 건물은 정종 2년에 불타버리고 태종 7년(1407)에 다시 지었으나 임진왜란 때(1592) 다시 불타고, 선조 34년(1601)에 대성전을, 39년(1606)에 명륜당을 다시 지어 오늘에 이르고 있다.

성균관이라는 명칭은 고려 말부터 국자감의 명칭을 개칭하여 사용하기 시작했고, 이를 조선시대에도 계승하여 사용하였다. 그러나 성균관은 간혹 국학·태학·국자감·반궁(泮宮) 등으로 불리기도 한다. 태학은 고구려, 국학은 통일신라, 국자감은 고려의 국립 최고 교육기관이었으나 조선시대에는 이들 명칭을 혼용해 사용하기도 했다. 반궁은 둘레에 물이 흐르고 있어서 붙여진 이름이다.

(2) 시설

성균관의 시설은 문묘(文廟)와 명륜당(明倫堂)과 양재(兩齋)가 가장 중요한 건물이다. 문묘는 대성전(大成殿)과 양무(동무와 서무)로 이루어져 있으며, 공자와 10철 및 72현을 비롯한 선현들의 위패를 모시는 곳이다. 명륜당은 대강의실이며, 명륜당을 중심으로 동쪽과 서쪽에 유생이 거처하며 공부하는 동재와 서재가 있다. 그 밖에 존경각(서고), 계성사(공자를 비롯한 다섯 성인의 부친을 제사지내는 사당), 비천당(불교 금지의 상징으로 유생의 학습장과 과거장으로 사용), 육일각(활 등을 보관하는 일종의 무기고) 등의 부속 시설이 있다.

(3) 직제

시대에 따라 조금씩 바뀌었지만, 태조 7년에 개정한 것을 기준으로 하면 다음과 같다. 즉 지사(정2품) 1인, 동지사(종2품) 2인, 대사성(정3품) 1인, 사성(종3품) 2인, 제주(종3품) 2인, 사예(정4품) 3인, 직강(정5품) 4인, 전적(정6품) 13인, 박사(정7품) 3인, 학정(정8품) 3인, 학록(정9품) 3인, 학유(종9품) 3인 등으로 되어 있다.

(4) 입학 자격과 정원

입학자격은 생원(生員)과 진사(進士)를 원칙으로 하고, 이들만으로 부족할 경우 13세 이상의 4부학당의 학생으로 소학과 4서와 1경에 능통한 자, 일찍이 문과나 생원·진사 또는 향시와 한성시에 합격한 자, 현직 관리로서 학문에 뜻을 둔 자, 공신의 적자(嫡子)로서 소학에 능통한 자, 서울과 지방의 나이 어리나 우수한 자 중에서 선발했다.

정원은 200명으로 되어 있으나 100명도 못되던 때도 있었다.

(5) 교육과정과 수학 기간

사서삼경 및 제사(諸史)의 강독과 제술(製述) 및 서법을 배우고 익히되, 노자와 장자 및 불교서적과 제자백가와 잡학에 관한 책은 읽지 못하게 했다.

4서는 「논어」·「맹자」·「대학」·「중용」의 네 교과를 의미하며, 3경은 「시경」·「서경」·「역경(주역)」을 말한다. 「논어」는 공자와 제자들의 대화 내용을 기록한 책이며, 「맹자」는 맹자의 언행을 기록한 책이다. 대학과 중용은 각각 5경 가운데 하나인 「예기」의 한 편(chapter)으로 있던 것을 중국 송나라 때 주희(주자)가 주석을 붙여 각각 별도의 책으로 독립시켰다. 제사는 「사기」·「한서」·「후한서」를 비롯한 여러 종류의 역사책을 의미한다. 제술은 시·부·송·책 등 다양한 형식의 글짓기를 의미한다. 고려시대 까지 5경3사가 핵심을 이루었으나 조선시대에는 주자학의 영향으로 4서3경이 핵심 교과로 자리 잡게 되었다.

수학 기간은 4년 반이 원칙이나 실제로는 8년 이상 걸리는 것이 보통이었다.

(6) 학칙과 생활

경국대전을 비롯하여 원점절목, 권학사목, 학교사목 등 여러 가지 규칙이 있었으며, 이 규칙들에는 교육과정과 성적 평가방법 및 일상생활에 관한 상세한 규정이 포함되어 있다. 예를 들면, 매월 1일에 문묘를 참배하고, 매일 일정한 시간에 북소리에 맞추어 일어나 식사하고 강의를 듣고 독서하도록 되어 있다. 규칙을 위반할 경우 엄격한 벌을 받고 심하면 쫓겨나게 된다. 평가는 대통, 통, 약통, 조통, 조통 이하로 오늘날의 수·우·미·양·가처럼 5단계로 이루어졌으며, 조통 이하는 엄격히 벌하였다.

한편, 성균관 유생에게는 자치활동에 대한 자유가 주어져 있어서 스스로 대표를 선출하여 이를 '장의'라 하고, 장의는 재회(일종의 학급회의)를 열어 필요한 사항을 결정하며, 경우에 따라서는 국가의 정책에 대하여 상소를 올려 의사표시를 하고, 정부의 반응이 온당치 못할 경우 권당(식당에 들어가지 않음), 공재(기숙사를 비움), 공관(성균관 밖으로 나가는 것, 즉 동맹 휴학) 등과 같은 방법으로 저항했다. 공관을 단행하면 도성 안의 상점도 문을 닫고 이에 호응하였고, 국가에서는 유생들의 의견을 존중하는 것이 상례였다. 이는 유생들의 사기를 진작하고 학자를 존중하는 기풍에서 비롯된 것이다.

(7) 장학 재원

태조 때부터 양현고를 두어 성균관의 재정을 관리했다. 세종 때 이미 섬학전으로 1,035결의 학전이 있었고, 13년(1431)에 추가로 965결을 더 지급했다.[1] 이보다 앞서 세종 원년에는 성균관에 노비 10명을 주어 노역을 담당케 했고, 세종 12년에는 이미 주어진 채전(채소밭) 5결에 1결을 추가로 지급했다. 종합해 보면, 성균관의 양현고는 2,000결의 토지와 300여 명의 노비가 있었을 것으로 보인다.

'결'이란 면적과 수확량을 함께 고려한 단위이다. 따라서 토지의 비옥도에 따라 그

---

1) 「世宗實錄 地理志」 券148 京都 漢城府.

면적은 달라진다. 1등전의 경우 1결은 2,753.1평이며, 5등전의 경우는 6,897.3평으로 그 차이가 크다. 결당 수확은 약 300두(말)이다. 결의 등급 구분과 면적은 시대의 변천과 토지정책에 따라 계속 바뀌었다.

2) 4학

4학은 고려 말의 5부학당(혹은 4부학당)을 계승한 것이다. 조선 초에 학당은 학사를 따로 짓지 않고 순천사(동부학당), 미륵사(서부학당) 등의 사원(절)을 빌려 쓰다가[2] 태종 11년에 남부학당을 비롯한 5부학당을 정비했다. 세종 18년까지도 북부학당의 이름이 보이나, 세종 20년(1438)에 북부학당은 폐지되고 이후 동학·서학·남학·중학 등의 4학으로 정착되었다.

4학은 성균관의 부속학교와 같은 성격을 지녔으며, 향교와 비슷한 중등 수준의 교육기관이었다. 따라서 학제와 교육방침은 성균관과 별 차이가 없으나, 유현들의 위패를 모신 문묘를 따로 둘 필요가 없다는 점에서 향교와 다르다고 할 수 있다.

직제로는 교수 2명과 훈도 2명을 두었으나, 이들은 대개 성균관의 관원이거나 양반직에서 겸하는 경우가 많았다.

입학자격은 양반자제로서 10세 이상을 원칙으로 하며, 15세가 되어 학문이 우수하면 성균관에 입학할 수 있었다. 학생 정원은 각 학에 100명씩으로 하며, 교육과정은 경서와 제사의 강독 및 제술이었다. 예조에서는 매달 학생들이 공부한 내용을 직접 강독하게 하여 그 결과를 평가하였다. 4학에서 각각 20명씩 뽑아 6개월마다 남학에 모이게 하여 3품 이하의 문신 3인이 강론이나 제술로 시험하였다. 그 결과에 따라 우수자 10명을 선발하여 생원이나 진사 시험의 2차 시험(복시)에 응시할 수 있는 자격을 주었다.

4학에도 역시 성균관과 같이 국가에서 토지와 노비를 주어 장려하는 한편, 성균관 직원과 예조 및 사헌부로 하여금 수업실태를 감독하게 하였다. 그러나 학생이 정원에 미달되는 경우가 많고, 재정적 뒷받침도 부족하여 크게 발전하지 못하였다.

---

2) 「定宗實錄」 卷5, 2年 庚辰 8月.

3) 왕실 교육기관

왕실의 임금과 세자 및 종친을 위한 교육기관으로 경연(經筵)과 세자시강원과 종학(宗學)이 있다.

경연은 신하와 함께하는 임금의 공부 모임이다. 학식이 높은 신하들이 임금에게 학문과 나라를 잘 다스리는 법과 임금의 올바른 도리에 대하여 강의하며, 때로는 국가의 정책을 논의하기도 한다.

세자시강원은 왕세자의 교육을 담당하는 곳으로 유학의 경서와 역사를 가르쳤다. 직원은 모두 문관으로 충당하였으며, 영의정과 좌·우의정 및 찬성(의정부 차관)을 비롯하여 학식이 뛰어난 고관이 주로 교육을 담당했고, 그 밖에 몇 명의 사무직원을 두었다.

종학은 왕족, 즉 종친의 자제를 교육하는 곳으로 세종 10년에 처음으로 종학을 세워 대군 이하가 입학하도록 하였으며, 세종 11년에 경복궁 건춘문 밖에 종학 건물을 새로 짓고, 이듬해에 종학의 학식을 제정하여 종학의 체제가 정비되었다. 종학박사 4~6명(동반과 서반 3~6품)을 교관으로 두고, 입학 자격은 15세 이상의 종친 자제로 하였다. 정원은 초기에 40명이었으나 성종 때는 150명까지 늘어났던 때도 있다.

4) 향교

향교(鄕校)는 고려시대부터 지방에 보급되기 시작한 중등 수준의 교육기관이었으나, 조선시대에 들어와서 크게 발전하게 되었다. 태조는 즉위한 해부터 관심을 보였고, 태종 이후에 더욱 적극적으로 장려하여 전국의 주·부·군·현 등에 향교가 설치되었다.

향교의 구조는 문묘와 명륜당과 양재를 고루 갖추고 있어 성균관의 축소판이라고 할 수 있다. 교육과정은 소학, 4서, 5경을 중심으로 하고, 근사록, 제사(諸史)의 강독과 제술 및 습자가 있었으며, 간혹 농업과 잠업 등에 관한 실업교육도 이루어졌다.

입학자격은 16세 이상의 양반 또는 향리(지방 관리)의 자제를 원칙으로 했으며, 간혹 16세 이하의 자제도 입학이 허용되었으나 그들은 정원의 범위 밖에서 예외적으로 인정되었다. 정원은 부(府)와 대도호부(大都護府)와 목(牧)에는 90명, 도호부에는 70명, 군에는 50명, 현에는 30명이었다.

향교의 교원은 종6품관의 교수와 종9품관의 훈도, 그리고 품관이 명시되지 않은 학장이라는 3종이 있으며, 생원·진사 또는 문과 합격자를 원칙으로 하였으나, 점차 그 자격이 완화되면서 교관의 질도 떨어졌다. 각 지방의 수령은 학생들의 성적을 평가하여 월말에 관찰사에게 보고하고, 우수한 학생을 선발하여 상을 주었다.

향교는 문묘에 제사하고, 유학을 가르치는 외에 지방의 풍습을 순화(純化)하고 백성을 계도하는 사회 교육기관으로서의 역할도 담당했다. 이런 목적으로 향교가 주관하여 실시하던 행사에는 향음례, 향사례, 양노례, 특별강습 등이 있다. 향음례란 매년 10월에 향촌의 나이 많고 덕행이 높은 이들을 주빈으로 모시고 예의를 갖추어 음악과 주연을 베풀고 향약(鄕約)을 읽는 의식이다. 이 의식이 있을 때는 원근의 선비들과 학생들은 물론 많은 구경꾼들이 모였다. 향사례는 매년 봄과 가을에 두 차례 행한다. 이는 성균관의 대사례와 마찬가지로 예절 훈련을 목적으로 한다. 효(효도)·제(우애)·충(충성)·신(신뢰)하고 예를 숭상하는 이를 주빈으로 초청하여 예의를 갖추고, 술과 노래와 활쏘기를 하며 함께 즐기는 의식이다. 양노례는 노인 존중의 풍습을 기르기 위하여 지방관이 향교와 협력하여 노인들을 초빙하여 예의를 갖추어 노래와 주연을 베푸는 행사이다. 특별강습은 「삼강행실록」을 한글로 번역하여 부녀자들과 어린이들에게 가르치고, 만약 그 뜻을 충분히 이해하고 행실이 뛰어난 자가 있으면 지방의 수령이 이를 확인하여 상을 주었다.

향교의 재정은 국가에서 지급한 학전(學田)과 지방의 재정으로 충당했으며, 조선 중엽까지 대단히 융성했으나 임진왜란으로 황폐화된 곳이 많으며, 그 후 서원이 발달하면서 더욱 쇠퇴하여 점차 교육기관으로서의 기능은 쇠퇴하고 문묘에 제사지내는 기능만 남게 되었다.

5) 기술 교육기관

기술 교육기관은 유학 이외의 생활에 필요한 실용적인 기능과 생산기술을 가르치는 곳으로, 크게 잡학교육과 공장교육으로 나눌 수 있다. 잡학과 공업기술은 양반 중심의 조선사회에서 천시하던 직종이라서 중인 이하의 신분이 주로 담당하였지만, 실생활에서의 중요성을 인식하여 정부에서 관장하였으므로 국립 교육기관으로 분류한다.

(1) 잡학 교육기관

잡학교육은 각각 그 소속된 관아(관청)에서 교육을 담당하며, 그 교육을 담당하는 자나 학생은 모두 중인 계층이다. 이들은 과거를 통하여 자격을 부여받거나 해당 관청에 등용되기도 한다. 잡학 교육기관의 종류와 성격을 간단히 설명하면 다음과 같다.

- 역학: 통역관 양성을 위하여 중앙은 사역원(司譯院)에서, 지방은 지리적으로 외국과 인접한 몇몇 지역의 해당 관아에서 담당했다. 주로 중국어, 몽골어, 여진어, 왜어(일본어) 등을 가르쳤다.
- 율학: 법령의 집행과 일반 소송을 담당할 관리 양성을 목적으로 중앙은 형조에서, 지방은 단위 행정구역의 해당 관아에서 담당했다.
- 의학: 중앙은 전의감(典醫監)과 혜민서(惠民署)에서, 지방은 그 행정구역의 크기에 따라 관아에서 일정한 수의 학생을 뽑아 교육했다.
- 천문학: 중앙의 관상감(觀象監)에서 교육을 담당했다.
- 지리학: 역시 중앙의 관상감에서 담당했다.
- 명과학: 종전에는 음양학이라고 하던 것을 세조 13년에 명과학이라 했으며, 교육은 역시 관상감에서 담당했다.
- 산학: 재정과 곡식의 회계를 담당할 관리를 양성하기 위하여 중앙의 호조에서 담당했다.
- 화학: 궁중에서 필요한 화공(그림 그리는 사람)을 양성할 목적으로 도화서에서 그 교육을 담당했다.
- 악학: 궁중의식에 필요한 악공을 양성하기 위하여 중앙의 장악원에서 음악과 무용 교육을 담당했다.
- 자학: 교서관에서 담당하며, 문서정리와 교정 등을 맡아보는 하급 관리의 양성을 목적으로 한다.
- 무학: 병조에서 담당하며, 훈련원에서 주관했다. 무예의 연습과 경서의 강습이

주된 내용이었다. 무인관료의 양성을 목적으로 한다는 점에서 일반 잡학과는 성격이 다르다.

(2) 공장 교육기관

공장(장인)이란 제조업에 종사하는 기술자로서 경공장(서울 거주자)과 외공장(지방 거주자)으로 구분되며, 경공장은 공조(工曹) 및 봉상시(奉常寺), 내의원(궁중 의료원), 상의원(궁중 의복 만드는 곳), 군기시(군기를 만드는 곳) 등에 소속되고, 외공장은 지방 관청에 소속된다. 중앙과 지방의 공장은 명부가 소속기관에 있어서 60세가 되어야 그 역을 면한다. 공장들의 기능별 직종은 98종이나 될 정도로 세분화되어 있고, 대부분 세습직이며, 사회적 신분은 천인 출신에서 점차 양인(평민)들로 교체되어 지위가 다소 향상되었다. 공장교육은 해당기관에서 도제식으로 이루어졌다.[3] 도제식이란 숙련된 장인의 도제(견습생)가 되어 숙식을 함께하며 잔심부름도 하고 생산 활동을 도우며 기술을 배우는 방식이다.

2. 사립 교육기관

조선시대에는 관료제도의 발달과 양반계급의 증가로 인하여 교육에 대한 수요도 더욱 증가하여 국립 교육기관과 더불어 사립 교육기관도 더욱 발전하고 번창했다. 고려시대의 12도가 쇠퇴한 후에 조선시대에는 새로운 형태의 사립학교인 서원이 발전하였고, 고려시대부터 있던 서당 역시 조선시대에 더욱 번창하였다.

3) 한국교육사연구회(편), 「한국교육사」(교육출판사, 1984), 141쪽.

1) 서원

(1) 유래와 발전

서원(書院)은 조선 초 세종 이전부터 시작된 새로운 교육기관이다. 서원이 설립된 정확한 연대는 알 수 없으나, 세종 임금이 즉위한 해(1418) 11월에 학교교육을 장려하고 개인적으로 '서원'을 세워 교육활동을 한 선비들을 찾아 포상하라는 명령을 내렸다. 그리하여 세종 2년(1420)에 사재로 서원을 세워 학생들을 가르친 김제의 정곤과 광주의 최보민이란 사람이 중앙 정부로부터 포상을 받았다는 기록이 있다.

그 후 중종 38년(1543)에 풍기 군수 주세붕이 안유(안향)의 옛 집이 있던 순흥에 사당과 학교를 지어 봄과 가을에 제사지내며 이울러 학생들을 모아 가르쳤다. 그 후 명종 5년(1550)에 풍기 군수로 부임한 퇴계 이황은 이를 더욱 발전시키기 위하여 중국 '백록동서원'의 예를 들어, 국가에서 재정적 지원을 해 줄 것을 그 고을 감사에게 건의하였다. 그리하여 임금이 친히 '소수서원'이라는 편액과 함께 4서5경, 성리대전(性理大典) 등 다수의 서적과 노비를 내리고 아울러 토지를 하사하여 운영비에 충당하게 하였다.

이때부터 국가에서 사립 교육기관인 서원에 대하여 사액(재정 지원)하는 풍습이 생기게 되었으며, 소수서원은 최초의 사액서원이 되었다. 또한 서원은 이때부터 교육기능과 문묘에 제사하는 기능을 함께 하게 되었다.[4] 서원의 문묘는 그 서원과 관련되는 한 명 혹은 몇 명의 학자만을 모신다는 점에서 국립 교육기관(성균관, 향교)의 문묘와 다르다.

그 후 명종 9년에는 정몽주의 출생지에 서원을 세웠고, 이를 모방한 서원들이 전국에 속출하여 선조 때 이미 전국의 서원이 100곳을 넘었다. 이에 따라 사액서원의 수도 점차 증가하였고, 사액서원에 대하여는 국가에서 서적·노비·토지 등을 주는 것이 상례가 되었다. 때마침 쇠퇴해 가는 향교를 대신하여 국가의 보조를 받는 서원이 급증하였고, 서원은 한편으로 정권 다툼에서 밀려난 퇴직 관료들의 생활 수단이 되기도 하였다.

---

4) 박의수, 한국교육사에 있어서 書院의 기원에 관한 재고찰(고려대학교교육문제 연구소, 「교육문제연구」 제10집, 1998), 1~19쪽.

(2) 목적과 교육과정

서원의 설립 목적은 선현존숭과 교육의 두 가지로 요약된다. 즉 학덕이 높은 선현을 제사하며 그 학식과 덕망을 본받고 계승한다는 윤리적 측면과 학문을 연마한다는 지적인 측면과 아울러 과거 준비를 위한 교육도 이루어졌다.

서원의 교육과정은 전통적인 유교 경전과 문장 공부가 중심을 이루는 것으로 서원에 따라 약간의 차이는 있으나, 대개 소학, 4서5경, 가례(家禮), 역사, 성리학, 격몽요결(擊蒙要訣), 근사록(近思錄) 등이 주를 이루었다.

(3) 특징과 폐단

첫째, 서원은 한적하고 산수가 아름다운 곳에 위치하여 학문과 수양에 적합한 환경을 가지고 있었다.

둘째, 국립 교육기관에 비하여 까다로운 학령(학칙)의 규제를 덜 받고 자유로운 가운데 학문과 수양 활동을 할 수 있는 장점이 있다.

셋째, 향교의 교육적 기능이 쇠퇴하면서 서원이 이를 대신하여 지방의 문화와 교육을 진흥시키는 데 크게 기여하였다.

반면 서원은 정부의 규제를 받지 않고 자유롭게 설립하고 운영할 수 있기 때문에 여러 가지 폐단이 생겨났다.

첫째, 지나치게 많은 서원들이 마구잡이로 설립되어 향교의 쇠퇴를 가져온 원인의 하나가 되었다.

둘째, 교육을 장려하기 위하여 국가가 베푸는 특권을 악용하여 군역(軍役)과 부역(負役)을 피하려는 자들의 도피처가 되었다.

셋째, 양반 자제들이 공부는 안 하고 놀고먹으면서 민중 위에 군림하여 그들을 착취하고 횡포를 부리는 부패한 서원도 적지 않았다.

넷째, 중앙에 정쟁이 생기면 서원이 이에 가담하여 끝내는 당쟁의 온상(溫床)이 되기도 했다.

이런 폐단은 결국 조선 말기 고종 8년(1871)에 대원군이 전국의 서원 중 47개만 남기고 모두 폐쇄해 버리는 원인이 되기도 하였다.

2) 서당

(1) 성격과 종류

서당은 어린이를 대상으로 가장 초보적인 교육이 이루어지는 사설 교육기관이다. 그러나 훈장의 능력과 학생의 수준에 따라 더 높은 수준의 교육도 이루어졌다. 고려시대부터 성행했던 서당은 조선시대에 이르러 더욱 발전하여 크고 작은 서당이 마을마다 있었다. 그 설립과 폐지에 아무런 제약이 없었으므로 뜻있는 사람이면 누구나 서당을 운영할 수 있었다. 따라서 그 규모와 수준과 성격도 매우 다양했다. 서당의 종류를 그 설립 주체에 따라 분류해 보면 크게 네 가지로 나눌 수 있다.

① 훈장자영서당: 훈장 스스로 자신의 생계를 목적으로 혹은 교육적 취미로 직접 설립하여 학생을 가르치는 서당이다.

② 유지독영서당: 마을에서 비교적 경제적 여유가 있는 사람이 단독으로 설립하여 운영비를 부담하고, 훈장을 초빙하여 자기의 자제나 문중(門中)의 자제를 가르치는 서당이다. 때로는 이웃의 어린이를 무료로 배우게 허락하기도 했다.

③ 유지조합서당: 마을의 뜻있는 사람들이 그들의 자제를 가르치기 위하여 공동으로 경비를 부담하고 훈장을 초빙하여 운영하는 서당이다.

④ 촌조합서당: 한 마을에서 조합을 만들어 공동의 경비로 훈장을 두고 마을의 어린이를 교육하는 서당이다. 이를 운영하기 위하여 마을에서는 계를 조직하기도 했다.

(2) 입학자격과 교육과정

서당의 입학자격에는 별도의 제한이 없으며, 연령은 보통 7,8세부터 15,16세의 아동이 중심이었으며, 더러는 20세 내지 25세 이상의 학생도 있었다. 서당의 교육과정은 다른 교육기관과 마찬가지로 크게 강독과 제술 및 습자로 이루어져 있다.

① 강독은 유교의 교재를 강의하고 암송하고 뜻을 풀이하는 과정이다. 교재는 천자문(千字文), 동몽선습, 격몽요결, 소학, 통감, 4서3경, 사기, 당송문, 당율 그리고 예기, 춘추, 근사록 등이다.

② 제술은 다양한 형식의 글짓기 공부다. 오언절구, 칠언절구, 사율, 십팔구시 등의 정형시와 여러 유형의 작문과 논문 등의 문장을 다룬다.

③ 습자는 글씨쓰기 연습이다. 전서, 예서, 해서, 행서, 초서 등의 글씨체를 익히며, 자획의 모양이 숙달되면 실용적인 글쓰기 연습도 했다.

(3) 교육방법

서당에서의 학습의 순서와 교수법 및 기타의 특징을 요약하면 다음과 같다.

① 학습의 순서: 먼저 「천자문」으로 글자와 뜻을 익히고, 다음은 「동몽선습」, 「격몽요결」 같은 책으로 글자를 붙여서 읽는 법을 익힌다. 다음으로 경서의 내용과 문장의 뜻을 풀이하고, 다음 단계는 스승 없이 혼자서 읽고 해득할 수 있도록 한다.

② 교수법: 날마다 수준에 맞는 범위를 정하여 숙독하되 그 읽은 횟수를 기록하여 매 단마다 100회 이상 숙독하게 한다. 다음 날은 전날 숙독한 것을 훈장 앞에서 다시 암송한 후에 새로운 것을 숙독시키며, 암송하지 못하면 암송할 때까지 다시 숙독시킨다. 따라서 학습의 진도는 학생의 능력에 따라 개인마다 다를 수밖에 없었다.

③ 특징: 간혹 학동이 많은 경우에는 우수한 자를 접장(반장)으로 뽑아서 대신 가르치게 하는 일종의 조교제도를 활용했다. 또한 완전한 이해를 강조하고 능력에 따른 개별학습을 강조한 것은 현대 교육학의 관점에서 보더라도 장점이라 할만하다. 특히 서당 교육은 학생의 연령과 수준이 매우 다양하고, 가르치는 훈장의 수준 또한 천차만별이므로 거기서 이루어지는 교육수준 역시 매우 다양했다.

서당은 조선시대에 가장 보편화된 기초교육 기관으로 국민 대중의 문자교육과 그 마을의 도덕적 기풍을 수립하는 데 크게 기여하였다. 또 사회교육의 역할과 기능이

켰던 향약과 계(契)도 대부분 이 서당을 중심으로 발전했다. 사설 초등교육기관이 이토록 일찍부터 널리 보급된 것은 세계 교육사에서도 보기 드문 일이다.[5)]

3. 교육 법규

조선시대의 교육에 관한 법규는 조선 최대의 법전인 「경국대전」 중의 교육 관련 규정들을 비롯하여 여러 종류의 법규가 있어서, 매우 구체적이고 합리적으로 교원의 직제, 교육과정, 학생 생활 및 평가 등에 관하여 규정하고 있다. 그 중 대표적인 몇 가지만 살펴보면 다음과 같다.

(1) 경국대전

경국대전은 태조 때 시작하여 예종 원년(1469)에 완성된 법전으로 조선왕조 통치의 기본법이다. 그 뒤 네 번의 개정과 증보(增補)가 있었다. 예조에서는 예악·제사·학교·과거 등의 업무를 관장하도록 규정하고 있으며, 성균관의 직제, 입학자격, 정원, 평가제도 및 4학의 설치와 직제, 그리고 학생 정원 등을 규정하고 있다.

(2) 학령

학령은 조선 초에 제정한 성균관에 관한 규정이다. 성균관 유생들의 생활과 평가에 관한 것이 상세하게 기록되어 있다.

(3) 권학사목

조선 초기 권근이 태종에게 지어 올린 것으로, 「소학」이 인륜(사람됨)에 꼭 필요한 것이므로 서울과 지방의 학생들에게 이 책을 먼저 읽히고 다른 책을 읽혀야 하며,

5) 박선영·한명희(공저), 「교육사신론」(서울: 명지사, 1981), 63~64쪽.

생원시와 태학(성균관) 입학시험에 「소학」의 내용을 다루어야 한다는 내용도 포함되어 있다.

(4) 진학절목

성종 원년(1470)에 예조에서 지은 것으로, 교관의 취임과 전직(전근) 그리고 태만한 학생에 대한 규제에 관한 보충 규정이다.

(5) 경외학교절목

명종 원년(1546)에 제정하여 반포한 것으로, 교사채용, 교과과정, 입학, 평가, 상벌 등에 관하여 상세히 규정하고 있다.

(6) 학교사목

선조 15년(1582)에 율곡 이이가 왕명으로 제정한 것으로, 모두 10개 항으로 되어 있다. 앞의 4개 항은 교사의 선택·임용·승급·대우에 관한 규정이고, 뒤의 6개 항은 학생의 입학·정원·선발·거재(기숙사 생활)·대우·장학 등에 관한 규정이다.

(7) 학교모범

학교사목과 아울러 율곡이 1582년에 지은 것으로, 모두 16개 조로 되어 있다. 그 내용은 ① 입지(뜻을 세움), ② 검신(바른 몸가짐), ③ 독서(독서의 태도와 순서), ④ 신언(말조심), ⑤ 존심(마음가짐), ⑥ 사친(부모 섬기는 법), ⑦ 사사(스승 섬기는 법), ⑧ 택우(친구 선택), ⑨ 거가(가정생활), ⑩ 접인(인간관계), ⑪ 응과(과거 응시), ⑫ 수의(의리를 지킴), ⑬ 상충(충직함을 숭상), ⑭ 독경(공경하는 태도), ⑮ 거학(학교생활), ⑯ 독법(독서하는 방법) 등으로 이루어져 있다.

(8) 원점절목

세조 5년(1460)에 처음 제정되었으나 몇 차례 개정되어 정조 때에 완비된 것으로,

재(기숙사)에 거처하는 유생의 출석 평가에 관한 규정이다. 매일 아침과 저녁 식당에 참석하는 것을 1점으로 계산하여 생원·진사가 성균관에 입학하여 300점이 되면 문과 초시에 응시할 자격이 주어졌다.

4. 과거제도와 교육

조선시대 과거제도의 기본 틀은 고려의 제도를 계승하였으나 시험의 종류와 시행 방법 등에 약간의 변화와 발전이 이루어졌다. 조선시대에는 과거가 공직에 진출하는 가장 보편적인 과정으로 정착되었다. 그러나 관료로 진출하는 길은 과거 뿐만은 아니고, 고려시대와 마찬가지로 공신의 자손이나 왕실의 친척을 대상으로 하는 특별채용 제도와 학행과 덕망이 뛰어나 중앙의 고관이나 지방관의 추천에 의하여 임용되는 경우도 있었다. 전자를 문음이라 하고, 후자를 천거라 하며, 이를 합하여 음직(蔭職)이라 한다. 실제로 음직을 통하여 벼슬하는 자가 과거를 통하여 진출하는 자보다 그 수가 많았고, 중기 이후 과거가 공정성을 잃게 된 뒤에는 음관(蔭官) 중에서 훌륭한 인재가 나오기도 했다.[6)]

1) 과거의 종류

조선시대 과거의 종류는 먼저 전공 영역에 따라 문과와 무과 및 잡과로 나누고, 시행방법에 따라 초시(1차 시험), 복시(2차 시험), 전시(3차 시험)로 나누며, 시행 시기와 형식에 따라 식년시와 특별시로 나눈다. 식년시는 3년마다 한 번씩 보는 정기 시험으로, 자(子)·오(午)·묘(卯)·유(酉)년의 봄에 보았다.

특별시에는 국가에 경사가 있을 때 보는 증광시와 별시, 임시로 문무의 응시자를 궁전의 뜰에 모아서 보이는 정시(당일 발표), 성균관 문묘에 제사지낼 때 왕이 친히 참석하여 시행하는 알성시, 왕이 창덕궁 내의 춘당대에 친히 참석하여 시행하는 춘당대

6) 이재룡·유영렬, 「한국사대계 5」(서울: 삼진사, 1979), 64~65쪽.

시, 10년마다 병(丙)년에 문·무과에 급제한 자와 현직에 있는 자에 대한 승진 시험인 중시 그리고 정월 7일, 3월 3일, 7월 7일, 9월 9일에 성균관 유생에게 제술(글짓기)을 시험 보여 선발하는 절일시 등이 있다.

2) 과거의 시행방법

문과는 다시 소과와 대과로 나누는데, 소과는 초급 문관 시험이며 동시에 대과 응시를 위한 예비시험의 성격을 띠고 있다. 대과는 중급 문관을 선발하는 시험으로 관료로서 벼슬길에 나아가는 정규 코스라 할 수 있다. 소과는 다시 유학의 경서를 평가하는 생원과(명경과)와 작문(제술)을 평가하는 진사과(제술과)로 나누며, 이들을 합하여 생진과 혹은 사마시라고 한다.

생진과의 초시는 한성(서울)과 각 도별로 행하며, 별도로 성균관 대사성이 4학의 유생에게 행하는 승보와 각 도의 관찰사와 유수부(개성, 강화)의 유수가 행하는 공도회가 있어, 이에 합격하면 소과(생진과)의 복시에 응시할 수 있다. 복시는 초시 합격자에 한하여 서울에서 예조의 주관 하에 시행한다. 이들 합격자에게는 합격증서인 백패를 주며, 명경과 합격자에겐 '생원', 제술과 합격자 에겐 '진사'의 칭호가 주어진다. 이로써 생원·진사는 사회적 지위를 공인받고, 하급 관리에 임명될 자격이 부여되었다. 동시에 대과에 응시할 수 있는 자격과 아울러 성균관에 입학할 수 있는 자격이 주어졌다.

대과(좁은 의미의 문과)에는 생원과 진사 또는 이미 하급 관리가 된 자가 응시할 수 있다. 대과는 초시와 복시 및 전시의 세 차례의 시험이 있는데, 1차 시험은 한성과 8도 관찰사의 주재하에 시행되며, 아울러 대과 초시에 대신하여 전국의 유생에게 시행하는 '통독'이 있다. 통독이란 매년 성균관 대사성이 전국의 유생에게 제술과 강독을 11차에 걸쳐 시험하여 이를 종합하여 합격한 자(10명 정도)에게 대과 1차 시험(초시)을 면제하고, 곧바로 2차 시험(복시)에 응시할 수 있는 자격을 주는 것이다.

2차 시험인 복시는 1차 시험과 통독의 합격자 중에서 한성의 예조가 주관하여 33명을 뽑는다. 이들 33명을 대상으로 국왕이 친히 참석한 자리에서 3차 시험인 전시를 행하여 갑과(甲科) 3명, 을과(乙科) 7명, 병과(丙科) 23명의 등급을 결정하며, 이들 모두에게 임금이 홍패(紅牌)를 하사하였다. 갑과 합격자를 다시 순위에 따라 1등을 '장원'

이라 하여 종6품, 2등을 '방안'이라 하고, 3등을 '탐화'라 한다. 갑과 합격자에게는 정7품, 을과 합격자는 정8품, 병과 합격자는 정9품으로 각각 관리에 임용하였다. 현직 관료 중에서 장원을 하면 4등급 승진, 방안과 탐화는 3등급, 을과 합격자는 2등급, 병과 합격자는 1등급을 승진시켰다.

무과는 무관을 선발하는 시험인데 대과와 소과의 구별은 없고, 다만 초시와 복시 및 전시의 3단계 시험이 있다. 초시는 중앙은 훈련원에서, 지방은 각 도의 병사(병마절도사)가 주관하여 전국에서 실시한다. 복시는 초시 합격자를 대상으로 서울의 병조와 훈련원의 주관 하에 28명을 선발한 후에, 3차 시험인 전시에서 갑과 3명, 을과 5명, 병과 20명의 등급을 결정한다. 이들 3차 시험 합격자는 등급에 따라 관리로 등용되었으며, 무과의 품계는 문과의 경우와 같았다.

잡과는 특수 기술관을 등용하기 위하여, 중앙이나 지방의 해당 관아에서 양성하는 잡학교육 이수자를 대상으로 시행하며, 초시와 복시 두 차례의 시험만 실시한다. 초시는 서울에서 해당 관청의 주재 하에 시행되며, 복시는 각 관청과 예조가 합동으로 담당하되 시험 과목은 초시와 같이 각 학의 기술과목으로 하였다. 잡과에 합격한 자는 종7품 내지 종9품의 품계를 주어 관리로 등용하였다.

3) 선발 인원

각 과별 선발 인원은 약간의 변화가 있었으나 정기 시험인 식년시의 정원은 대체로 〈표 2〉와 같다.

표 2 과거제도

과 명		초 시	복 시	전 시
소 과	생원과	700(한성 200, 향 500)	100	–
	진사과	700(한성 200, 향 500)	100	–
대 과(문과)		240~340	33	33(갑3, 을7, 병23)
무 과		230	28	28(갑3, 을5, 병20)
역 과		34	19	
의 과		18	9	
음양과		18	9	
율 과		18	9	

4) 과거와 교육

고려시대와 마찬가지로 과거제도는 교육과 밀접한 관계가 있어서, 교육의 목적을 관리 양성과 유교적 윤리의 보급에 두었기 때문에 교육과정이 과거의 시험과목과 거의 일치하고 있었다. 따라서 과거는 학교교육을 촉진시키는 역할을 했으며, 아울러 실력 위주의 인재등용이라는 성적주의에 입각한 관료체제를 확립하는 데 기여하였다. 그러나 한편으로 역기능 또한 적지 않았다. 과거의 시험과목에 포함되지 않은 영역의 학문은 도외시될 수밖에 없었고, 또한 유교 본연의 가르침을 실천하는 일(인성교육)과 학문 자체의 연구(진리탐구)와는 거리가 멀어지게 되고 교육이 출세의 수단으로 전락하게 되었다. 이는 오늘날 입시 위주의 교육이 인성교육과 창의성 교육 모두를 해치고 있는 점과 다를 것이 없다. 이와 같은 과거의 폐단을 율곡은 다음과 같이 비판하고 있다.

> 옛날 배우는 자는 벼슬을 구하는 것이 아니라, 학문이 성취되면 위에서 천거하여 쓰는 것이니, 대개 벼슬은 남을 위한 것이요, 자기를 위한 것이 아니다. 지금은 그렇지 아니하여 과거로 인재를 뽑게 되므로 비록 천리(天理)를 통하는 학문과 인간에 뛰어난 행실이 있어도 과거가 아니면 출세하여 도(道)를 행할 수 없으므로, 아비가 자식을 가르치고 형이 아우에게 권하는 것이 과거 외에는 다시 다른 방법이 없으니, 선비 풍습의 버려짐이 이 과거 때문이다.[7)]

특히 조선 중기 이후로 오면서 과거제도의 문란으로 공정한 시험관리가 이루어지지 않아서 뜻있는 선비들은 더욱 과거를 기피하게 되었다. 이와 같은 과거의 폐단은 한두 가지가 아니었다. 따라서 실학자들은 과거제도에 대하여 신랄한 비판을 가했다. 박제가는 「북학의」에서 다음과 같이 비판하고 있다.

---

7) 「율곡전서」 권27, 격몽요결, 처세장.

민생은 아랑곳없이 보통 향읍(鄕邑)의 과시만 하더라도 원서 제출자가 천을 넘고 서울의 과거에는 응하는 유생이 왕왕 수만에 이르곤 한다. 그처럼 수만 인의 답안을 혹은 반일 안에 급락을 발표하게 되니 시험을 담당한 관리는 그만 붓을 드는 데도 지쳐버리면 눈을 감은 채 보지도 않고 넘겨버린다. 시험장은 또 시험장대로 그 많은 유생들이 취사도구를 가지고 있는가 하면 그 중에는 힘깨나 쓰는 사람도 들어오고 심부름꾼도 들어오고 술장사까지 들어오고 보니 뜰이 어찌 좁지 않을 수 있으며 마당이 어찌 문란하지 않을 수 있겠는가. 심지어는 서로 방망이로 치며 막대로 찌르며 문을 가로막으며 길에서 욕지거리를 하며 편의를 요청하기도 하고, 등 가끔 살상(殺傷)이 있는가 하면 눌리어 죽는 자도 생긴다.[8)]

이상의 기록을 보더라도 과거제도가 얼마나 문란하고 타락했으며, 국가의 관리가 허술했는가를 알만하다. 이로 인하여 파생되는 사회질서의 문란과 민심의 이완 또한 컸으리라고 짐작된다.

5. 한글 창제와 교육

1) 한글의 창제

한글의 창제는 조선 전기 최대의 문화적 업적일 뿐만 아니라 우리의 교육사에 획기적인 사건이라고 할 만하다. 한글 창제 이전까지는 한자의 음만을 사용한 이두나 그 자획의 일부를 떼어 표시하는 구결 등으로 한문 독해(讀解)와 의사 표시의 보조 수단으로 활용했을 뿐, 우리말을 자유롭게 표현할 문자가 없었다. 따라서 중국의 문자인 한자에 의존할 수밖에 없었고, 더구나 서민은 어려운 한자를 배울 여유가 없어 문맹의 상태를 벗어날 수 없었으며, 한자를 사용한다고 하더라도 글자와 말소리가 달라 많은 어려움을 겪어야 했다.

8) 박종홍, 「한국의 사상적 방향」(서울: 박영사, 1972), 51~52쪽.

어학에 조예가 깊었던 세종대왕은 이런 문제의 해결을 위하여 궁중에 정음청(正音廳)을 설치하고, 최항·박팽년·신숙주·성삼문 등 집현전의 젊은 학자들과 함께 한자의 음운을 연구하고, 한편으로 13차에 걸쳐 요동에 학자들을 파견하여 거기 머물고 있던 명나라 어학자 황찬을 찾아가 자문을 구하기도 하였다. 다년간의 연구 끝에 1443년(세종 25년) 모음 11자와 자음 17자로 구성된 한글 28자를 창제하였다.

세종은 음소를 블록 안에 배열하여 음절로 분류하고, 발음할 때의 혀와 입술모양에 착상하여 자음의 모양을 고안했으며, 글자마다 정해진 소리를 대표하도록 만들었다. 이는 세계의 어떤 문자 체계에서도 유례가 없는 놀랍고 새로운 원칙이다[9].

세종대왕의 한글 창제에 대하여 최만리·신석조·하위지 등 사대사상에 찌든 많은 학자들의 반대가 있어 어려움을 겪기도 했다. 그러나 세종은 집현전 학자들로 하여금 「운회(韻會)」와 「삼강행실(三綱行實)」을 새로 지은 문자로 번역하게 하고, '용비어천가' 등을 지어 새로운 문자를 실험하는 등 오랜 연구와 실험을 거쳐 그 실용성과 과학성을 확인한 후 1446년에 '훈민정음'이라는 이름으로 반포하였다.

2) 한글의 보급과 교육

훈민정음 반포 후에 세종은 「동국정운」·「석보상절」·「월인천강지곡」을 비롯하여 농업과 양잠, 유교와 불교의 경전 등 많은 서적을 번역하고 혹은 편찬하기도 하여 한글의 보급에 심혈을 기울였다. 세조 때에는 간경도감(刊經都監)을 설치하여 불경의 국역이 성행하였고, 김수온을 비롯한 학자들에 의하여 사서오경 등의 구결(口訣)이 정해졌다. 성종 때에는 「두시언해」를 비롯하여 여러 시집과 「삼강행실도」, 「향약집성방」 등이 서거정·노사신·허종 등에 의하여 번역되었다.

연산군 때는 왕의 실정을 비난하는 한글 투서사건이 일어났다. 이를 계기로 한 때 한글을 가르치고 사용하는 것을 금지하는 법령까지 만들고 한글 서적을 태워버린 일까지 있었다. 그러나 얼마 지나지 않아서 한글의 사용이 다시 허용되었다.

한편, 훈민정음이 반포된 몇 개월 뒤에 과거시험의 잡과 시험과목에 훈민정음이

9) 재레드 다이아몬드(저), 김진준(역), 「총, 균, 쇠」(서울: 문학사상, 2018), 8쪽.

채택되었고,[10] 세조 원년에는 식년 과거에 경서와 아울러 훈민정음과 「동국정운」을 시험과목으로 채택했다.[11]는 이런 사실로 미루어 훈민정음의 보급을 위하여 적극적인 노력을 기울였음을 알 수 있다.

그러나 정부와 양반 사대부 계급에서는 여전히 한자가 공식적인 문자로 통용되었고, 훈민정음은 양반 사대부 계층에는 일종의 교양 정도로만 인식되었다. 반면, 일반 서민과 부녀자들에게는 한글이 중요한 의사소통 수단으로 널리 보급되었다. 그리하여 중종 때는 「소학」·「삼강행실」·「여씨향약속」·「이륜행실」 등과 같은 책을 번역하여 전국에 배포하였고, 임진왜란 때는 선조가 지원병을 모집하기 위한 공고문을 한글로 작성했던 것으로 보아 이미 한글 사용이 보편화되었던 것으로 볼 수 있다.

이처럼 한글이 보편화됨에 따라 일반 서민의 오락과 교화를 위한 국문학이 탄생하게 되었다. 허균의 「홍길동전」과 같은 국문 소설과 가사문학 및 시조 등 한글을 이용한 새로운 문학 장르가 탄생된 것은 모두 훈민정음의 탄생과 보급으로 인한 것이었다.[12]

한글 창제가 우리 민족사에 끼친 영향과 의의는 결코 가볍게 볼 수 없다. 첫째, 한글은 우리 민족의 독창적인 문자로서, 지배계층이 아닌 일반 서민을 위한 숭고한 애민정신(humanism)의 소산이라는 점에서 세계사에 그 유래를 찾아볼 수 없는 정신적 자산이다. 둘째, 세계에서 가장 과학적이고 체계적인 문자의 하나로 평가되고 있으며, 우리 민족의 과학정신과 창조성을 반영하고 있다. 셋째, 한글 창제는 거의 한자에 의존했던 문학에서 명실상부한 국문학의 탄생을 가능케 했고, 조선시대의 서민문학의 출발을 가능케 했다. 넷째, 한글 창제는 우리 민족으로 하여금 독자적인 문자를 가진 민족이 되게 하여, 민족의 문화적 독자성을 구축하였다.

다이아몬드(Jared Diamond)는 한글은 세계 언어학자들로부터 세계에서 가장 뛰어난 문자 체계라는 칭송을 받고 있으며 "인간의 창조성과 한국인의 천재성에 대한 위대한 기념비"라고 극찬하고 있다. 오늘날 정보화시대를 맞아 그 편리함과 우수성이 더욱

10) 「세종실록」, 권114, 28년 병인 12월.
11) 「세종실록」, 권116, 29년 정묘 4월.
12) 차석기·신천식, 「한국교육사연구」(서울: 재동문화사, 1985), 191~195쪽.

입증되고 있는 한글을 우리는 긍지를 가지고 잘 가꾸어가야 할 것이다.

6. 성리학과 교육

성리학(性理學)은 중국 송나라 때 공자와 맹자의 유교사상을 인성론(人性論)과 이기론(理氣論)을 중심으로 새롭게 해석한 학문이다. 특히 주자(주희)에 의하여 체계화 되었으므로 주자학이라고도 부르며, 정주학, 이학, 도학, 신유학, 송학이라고 부르기도 한다.

고려 말에 안향이 성리학(주자학)을 소개한 이후 조선 전기의 학문은 성리학을 중심으로 발달하였다. '정몽주-길재-김숙자-김종직-김굉필-조광조'의 계보로 이어지는 성리학의 전통은 조선 중기 이황(퇴계)과 이이(율곡)에 이르러 절정에 달했다. 성리학은 인간의 본성을 논하는 사단칠정론과 우주와 자연의 이치를 형이상학적(形而上學的)으로 설명하는 이기론 그리고 의리와 예(禮)의 문제를 주로 다루었다. 따라서 이 주제에 대한 학자들의 활발한 토론을 거치면서 학문은 더욱 발전하였다.

성리학을 기반으로 하는 조선시대의 교육은 인성교육과 예절교육을 특히 강조하였다. 인간으로서 지녀야 할 참된 마음가짐(誠)과 공경하는 태도(敬) 그리고 오상(五常)과 오륜(五倫)을 강조했다. 임금(국가)에 대한 충성과 부모에 대한 효도, 부자간의 사랑과 공경, 부부간의 역할 존중, 형제간의 우애, 연령에 따른 질서, 친구 사이의 믿음을 실천윤리로 강조했다. 이와 같은 생활윤리는 양반사회는 물론 문자를 모르는 일반 서민에 이르기까지 영향을 주어 실질적인 생활규범으로 정착되었다.

한편 성리학은 양반 사회의 통치이념으로 자리 잡게 되면서 불교는 물론 일체의 다른 학문을 배척하였다. 이와 같은 성리학 위주의 학문풍토는 다양한 학문의 발전은 물론 실용적인 기술 발전을 가로막는 결과를 초래했다. 한편 '이(理)'와 '기(氣)'의 본질과 상호관계, 인성(人性)에 대한 깊이 있는 연구와 활발한 토론은 조선 성리학을 최고의 수준으로 끌어올렸다. 그러나 학문적 견해의 차이가 파벌을 형성하고, 이에 더하여 의례(儀禮) 문제를 둘러싼 입장 차이가 정치적 이해(利害)와 결부되어 당파싸움으로 확산되고 나아가서 국론을 분열시키는 폐단을 낳기도 했다.

그런 가운데서도 인격과 학식을 갖춘 훌륭한 학자와 교육자들이 많이 배출되었음은 민족사의 귀중한 자산이다. 조선 전기의 기라성 같은 많은 학자들 중에 대표적 교육사상가로 꼽히는 권근, 조식, 이황, 이이에 대하여 간단히 살펴보기로 한다.

양촌 권근(1352~1409): 양촌은 의정부찬성사, 대제학 등의 요직을 거치며 학문과 저술활동에 힘써 사서오경의 구결과 「오경천견록」, 「입학도설」 등의 저서를 남겼다. 특히 「입학도설」은 「대학」과 「중용」을 쉽게 이해할 수 있도록 40여 종의 도표를 활용하여 설명한 책으로 유명하다. 양촌은 교육목적을 인재 양성에 두고, 학습의 순서를 가깝고 작은 것으로부터 멀고 큰 것으로 진행해야 한다고 주장하였다. 또한 학문을 하려는 자는 먼저 「소학」을 읽어 인간의 도리(인륜)를 익혀야 하며, 수양의 요목으로 공공성, 근면성, 관용, 신의 등 네 가지 덕목을 강조했다.

남명 조식(1501~1572): 남명은 세상이 어지러운 것을 보고 과거를 포기하고 두류산(지리산)에 들어가 집을 짓고 '산천재(山天齋)'라 하였다. 그는 명종과 선조가 몇 차례 벼슬을 주었으나 끝내 사양하고 관직에 나가지 않고, 평생을 자연과 벗하며 학문과 제자 양성에 힘썼다.

그는 주자학의 실천적인 측면을 특히 강조하여, 「소학」·「대학」·「논어」를 중요시하고, 의(義)를 강조하였다. 산천재에서 길러낸 제자가 100명쯤 되는데, 그 중 절반이 임진왜란 때 의병장으로 목숨을 바쳤다고 한다. 그 대표적인 인물이 의병장 곽재우다.

조식은 교육목적을 윤리적 덕목을 실천하여 성현의 경지에 도달하는 것이라고 보았다. 그리고 교육방법으로 첫째, 스스로 터득하기, 둘째, 경(敬)과 성(誠)의 자세, 셋째, 박문약례(학문을 널리 닦아 몸가짐을 예법에 맞게 함), 넷째, 널리 배우고 깊이 묻고 신중히 생각하고 올바르게 판단할 것, 다섯째, 주체적·실용적 학문 태도, 여섯째, 개성과 자질에 적합한 교육을 강조했다.

퇴계 이황(1501~1570): 퇴계는 1528년에 진사시에 합격하고, 1533년에 성균관에 들어가 이듬해에 문과에 급제하고 박사, 전적, 호조좌랑을 거쳐 1539년에 홍문관 수찬

(修撰, 정6품)이 되었다. 명종 초에 단양 군수와 풍기 군수를 역임하고, 1552년에 홍문관 교리(校理), 대사성, 부제학, 공조참판 등에 임명되었으나 모두 사양하고 1555년 고향으로 돌아가 도산서당(陶山書堂)을 지어 학문과 교육에 힘썼다.

명종 말에 다시 예조판서가 되고, 선조 1년(1568) 대제학, 판중추부사 겸 지경연사[13] 등의 요직을 두루 거쳤으나 결코 자리에 연연하지 않고, 기회 있을 때마다 물러나 학문과 제자 양성에 힘썼다. 풍기 군수로 재직할 때는 주세붕이 세운 백운동서원에 사액을 받아 '소수서원'이라는 최초의 사액서원을 탄생시켰고, 향약을 만들어 보급했다. 「성학십도」·「자성록」·「주자서절요」·「퇴계집」·「도산십이곡」 외에 많은 저서를 남겼다.

퇴계는 인간은 누구나 보편적 본성을 지녔지만 음양의 기를 받는 과정에서 그 기질의 차이가 생기며, 능력 면에서도 뛰어난 자(상지), 보통인 자(중인), 어리석은 자(하우)의 구별이 생긴다고 보았다. 퇴계는 교육목적을 일차적으로 인(仁)을 체득한 성현이 되도록 하는 데 있다고 보았다. 따라서 배우고자 하는 자는 먼저 뜻을 바로 세워 성인이 될 것을 스스로 기약해야 한다고 했다.

교육과정으로는 「주자대전」·「심경」·「태극도설」과 「소학」·「근사록」·「효경」·「가례」와 4서(四書) 등을 중요시하였다. 교육방법으로는 거경(居敬)과 궁리(窮理)를 근본원리로 삼았다. 거경은 마음을 잘 다스려 도덕적 심성을 배양하는 것이고, 궁리는 사물의 이치를 철저하게 연구하는 것이다.

율곡 이이(1536~1584): 율곡은 3세에 말을 배우기 시작하면서 동시에 글을 읽었고, 6세부터 어머니 사임당으로부터 본격적인 글공부를 시작했다. 8세에 화석정(花石亭)에 올라 한시를 지었으며, 13세에 진사시에 합격하고, 학문에 더욱 정진하여 경서는 물론 불교서적까지 섭렵하여 학문의 폭을 넓혔다. 23세에 과거시험 답안으로 작성한 '천도책(天道策)'은 율곡철학의 핵심이 담긴 논문으로 시험관들을 놀라게 했고, 명나라에까지 알려져 존경을 받게 되었다. 그 후 29세에 처음 벼슬길에 나갈 때까지 아홉 번이나 각종 과거시험에 장원급제하여 '구도장원공'이라고 불리게 되었다.

---

13) 판중추부사(判中樞府事)는 중추부의 종1품 관직이며, 지경연사(知經筵事)는 경연청의 정2품 관직이다.

16세 되던 해에 어머니가 세상을 떠나자 3년 상을 마치고 이듬해에 금강산에 들어가 한 때 불교에 심취했다. 그러나 불가의 가르침이 헛된 것임을 깨닫고 하산하여 다시 유학에 정진하면서 '자경문(自警文)'을 지어 삶의 지침으로 삼았다. 29세에 호조좌랑을 시작으로 거의 해마다 승진하여 이조판서에 이르기까지 요직을 두루 거치면서, 임금을 교화하여 성군을 만들기 위해 간언을 주저하지 않았다. 또한 국정의 폐단을 분석·비판하여 그 개혁안을 임금에게 건의하였다. 그는 약 20년의 관직생활 동안 무려 40번이 넘게 사의(辭意)를 표할 정도로 자리에 연연하지 않고 오직 국가와 백성을 위해 헌신했다. 가정에서는 효도와 우애를 실천했고, 공직생활에서는 청렴결백한 공직자의 모범을 보였다.

벼슬에서 잠시 물러나 있는 동안은 초보자들을 위하여 「격몽요결」을 짓고, '은병정사'라는 서원을 세워 교육활동을 하였다. 율곡은 "교화를 베푸는 방법은 학교가 으뜸이라"고 하여 학교교육을 매우 중요시했고, 「학교모범」·「학교사목」·「성학집요」·「동호문답」·「경연일기」 등의 수많은 저서를 남겼다.

율곡은 교육의 목적을 성인(聖人)이 되는 데 두고, 교육과정으로 「소학」과 4서3경을 차례로 공부한 후에 「근사록」과 그 밖의 성리학 책을 정독하고, 여유가 있으면 역사책을 읽도록 했다. 교육방법은 먼저 뜻을 세우고(立志), 참된 마음(誠)과 경건한(敬) 태도로 앎과 삶이 일치할 것과 반복학습을 통한 점진적 발전을 강조했다.[14)]

7. 실학운동과 교육

1) 실학의 개념

실학(實學)은 단순히 말뜻으로만 보면 '헛된 학문(虛學)'에 대한 반대 개념으로서 '실용적 학문'이란 뜻이다. 그런 의미의 실학은 과거에도 있었다. 즉 고려 말 신흥 유학자들이 타락한 불교를 배격하고 인간의 실제 생활에 필요한 윤리 규범을 제시하는 예학

14) 박의수, 栗谷 李珥의 教育思想, 한국사상문화학회, 「한국 사상과 문화」 제7집(2000.3.), 213~244쪽 참조.

(禮學)을 '실학'이라고 불렀으며, 조선 초기에는 정통 유학자들이 비실용적인 사장학(문장학)에 대비하여 자신들의 학문인 성리학을 '실학'이라고 강조하기도 하였다.

그러나 여기서 실학이라고 함은 조선 후기 영·정조 시대에 양심적인 지식인 학자들을 중심으로 나타난 일정한 시기의 학문 경향을 말한다. 그들은 집권층의 부패와 실정에 대한 비판과 아울러 집권층의 이데올로기를 대변하는 관념적이고 사변적인 주자학에 대하여 비판을 가하였다. 그들의 학문 경향은 근대 지향적이었고, 그들의 관심은 토지제도의 개혁과 상공업 생산기술의 향상 등에 있었으며, 그들의 정신은 실용과 실증에 입각하고 있었다.

이와 같은 실학운동의 성격을 흔히 경세치용(經世致用)·이용후생(利用厚生)·실사구시(實事求是)로 표현한다. 실학운동의 제1기(18세기 전반)를 대표하는 학파를 흔히 경세치용학파라고 하며, 이들은 반계 유형원과 성호 이익을 중심으로 하는 학파로 토지제도와 행정기구 및 제도의 개혁에 주된 관심을 가졌다. 제2기(18세기 후반)는 연암 박지원을 중심으로 하는 이용후생학파로, 이들은 상공업의 유통, 생산기구 및 일반 기술 분야의 혁신으로 생산력을 향상시킬 것을 주장했다. 제3기(19세기 전반)는 완당 김정희를 중심으로 하는 실사구시학파로 경서·금석문(金石文; 금속이나 돌에 새겨진 글)·전고(典故; 고대의 기록과 문서) 등의 고증(考證)에 주력하여 엄격한 객관적 태도로 사실을 밝혀내려고 하였다.[15)]

실학이 비록 주자학의 비실용성을 비판하고 있지만, 그 본질은 유학(유교)의 범위를 벗어나지 못하고 있다는 점에서 '개신유학'이라고 불리기도 한다. 여기서 유의할 점은 '신유학'과 '개신유학'은 다른 개념이라는 것이다. 신유학(Neo-Confucianism)은 성리학(주자학)과 같은 의미로 고대의 유학(유교)과 구분하기 위한 개념이며, 개신유학이란 신유학을 다시 개혁했다는 의미로 조선 중기의 실학을 의미한다.

실학은 큰 테두리에서 유학의 범주를 벗어날 수 없지만 다음 몇 가지 점에서 성리학과 분명히 구별된다.

첫째, 실학은 민족주의적 성격이 강하다. 주자학은 동양사회의 사상 전반을 지배한 지배계층의 사상이었다. 주자학적 세계관 아래서는 우리나라의 역사나 문화도 중국

15) 역사학회(편), 「실학연구입문」(서울: 일조각, 1980), 1~6쪽.

문화의 일부로 밖에 인식되지 않았다. 그러나 실학자들은 중국 중심의 세계관에서 탈피하여 우리의 역사와 지리·언어·정치·경제·군사 등에 대한 연구에 집중하여 이를 체계화하였다.

둘째, 근대 지향적이다. 실학자들 스스로는 동양 고대를 이상사회로 추구하였으나, 그들의 주장이나 이론은 중세적 계급제도의 타파, 금속화폐의 유통, 상공업의 발달, 외국무역의 개발, 토지제도의 개혁 등 근대지향성이 강하여 개항 이후에까지 큰 영향을 주었다.

셋째, 주자학이 조선왕조 지배계층의 이익을 대변했다면, 실학은 민중과 서민의 편에서 그들의 이익을 대변하고 서민의 생활 향상을 추구한 지식인들의 개혁사상이었다.[16] 실학자들은 그들 자신의 신분은 양반계층에 속했지만 그들의 관심과 연구 대상은 일반 백성들의 권익과 삶에 관련된 것이었다.

2) 실학 발생의 시대적 배경

실학이 왜 조선 후기 18세기 영·정조 시대에 발생되었는가? 이 시기에 실학이 발생할 수 있었던 시대적 상황을 다음 몇 가지로 생각해 볼 수 있다. 먼저 서학(西學)의 전래를 들 수 있다. 16세기 초 서양의 종교개혁 이후 로욜라(Ignatius Loyola, 1491~1556)에 의하여 설립된 예수교단(Jesuit Order)은 서구에서의 구교(가톨릭)의 열세를 동양에서 만회하기 위하여 선교사를 파견하기 시작했다. 마테오리치(Matteo Ricci)와 사비에르(Fransisco Xavier) 등이 중국과 일본에 포교하기 시작하면서 기독교와 아울러 서구문물을 동양에 전파하였다. 이 무렵 조선에서는 네덜란드인 벨테브레(Weltevree: 박연)가 1627년에, 하멜(Hamel)이 1653년에 제주도에 표류하여 화포(火砲) 제조 기술과 역법(曆法)을 전했다. 한편, 명나라에 사신으로 갔던 이수광과 정두원이 「천주실의」·「교우론」 및 화포·천리경(망원경)·자명종·만국지도·천문서·서양풍속기 등을 가지고 왔으며, 병자호란 때 볼모로 잡혀갔던 소현세자는 청나라에 있는 동안 서양 선교사들 및 진보적인 학자들과 친교를 맺고 여러 가지 과학 서적과 천주교 서적을 가지고

---

16) 강진철·강만길 외, 「세계사에 비춘 한국의 역사」(서울: 고려대 출판부, 1975), 136~138쪽.

왔다(1645). 이리하여 서양의 문물이 전해지기 시작했으며, 특히 천주교 서적은 남인 학자들에게 깊은 관심을 불러 일으켜 그들의 사상에 커다란 변화가 일어나는 계기가 되었다.

다음으로 고증학(考證學)의 영향을 들 수 있다. 청나라에서는 양명학[17]에서 탈피하여 실증적으로 유학의 참뜻을 찾으려는 과학적 방법과 실사구시(實事求是)의 학문태도가 일어났는데, 이를 '고증학'이라 한다. 조선은 병자호란 이후 사대(事大)의 대상이 명나라에서 청나라로 바뀌면서, 자연히 청나라와의 접촉이 잦아져서 고증학적 학문태도를 받아들이자는 움직임이 일어났다.

이와 같은 외부로부터의 영향과 더불어 조선 후기로 오면서 나타난 정치·사회적 변화 또한 중요한 요인으로 작용했다. 조선시대의 엄격한 신분계급 질서는 조선 전기까지 잘 유지되어 왔다. 그러나 시대가 내려오면서 양반의 수는 급증하는 반면에 관직의 수는 한정되어 있어서 양반 사대부 계층의 치열한 자리다툼으로 분열과 대립이 격심해지고, 그것이 사화(士禍)와 당쟁으로 이어졌다. 되풀이되는 당쟁과 정치적 대립 과정에서 승자는 고위 집권층으로, 패자는 영구 몰락계층으로 갈라지게 되었다. 전라도·경상도·충청도 지역의 양반들은 일찍이 벼슬을 포기하고 조상으로부터 물려받은 농토를 보유하고 지주로서 양반의 신분을 누리면서 안정된 삶을 유지할 수 있었다. 반면 권력에서 밀려나 서울 부근의 경기도 지방에 거주하는 선비들은 신분은 양반이지만 그들의 살림살이는 농·공·상업에 종사하는 평민들보다도 비참한 것이 현실이었다. 이러한 처지의 선비들은 자신의 문제와 더불어 정치·사회적 개혁과 농·공·상업의 문제에 더 관심을 갖게 되었다. 따라서 실학운동의 핵심 인물들 중에 서울 주변의 경기도에 거주하는 남인 출신 학자들이 많았던 것은 당연하다고 할 수 있을 것이다.[18]

17) 양명학(陽明學)은 주자학(성리학)에 반대하여 명나라 왕양명(왕수인)이 주창한 새로운 유가철학으로 지행합일(知行合一)을 강조했다. 따라서 주자의 성리학을 신봉하던 조선시대에는 양명학을 배척했다.
18) 강진철·강만길 외, 「세계사에 비춘 한국의 역사」(서울: 고려대 출판부, 1975), 136~138쪽.

3) 실학의 발전과 교육

실학은 이수광·한백겸·김육 등을 선구자로 하여 유형원에 이르러 학문적 체계가 확립되고, 숙종 때 이익에 의하여 실학파의 성립을 보았으며, 영조·정조·순조 시대에 그 전성기를 이루었다. 영조와 정조는 탕평책(蕩平策)을 써서 당파에 관계없이 고르게 인재를 등용하였으므로, 남인이라도 점차 관리로 임용되었고, 정조가 설치한 규장각에는 많은 실학자들이 등용되고, 서얼(첩의 자식) 출신의 학자도 채용되었다.

그리하여 「속대전」·「동국문헌비고」·「속오례의」·「속병장도설」·「해동농서」 등 편찬사업이 성행했고, 많은 실학자들이 나와서 각각 특색 있는 학풍을 가지고 빛나는 업적을 남겼다. 즉 역사에는 안정복의 「동사강목」, 이긍익의 「연려실기술」, 유득공의 「사군지」·「발해고」가 있고, 지리에는 이중환의 「택리지」, 신경준의 「강계고」·「도로고」와 정약용의 「강역고」·「대동수경」 등이 있고, 지도에는 정상기의 「팔도분도」, 김정호의 「대동여지도」가 있으며, 국어학에는 신경준의 「훈민정음운해」, 유희의 「언문지」가 유명하고, 금석학에는 김정희의 「금석과안록」, 농학에는 서유구의 「임원경제지」, 동물학에는 정약전의 「자산어보」, 의학에는 정약용의 「마과회통」 등이 있다.

한 가지 예로, 정약전은 유배지 흑산도에서 어부들의 도움을 받아가며 바다에서 서식하는 각종 동식물의 명칭·분포·생김새·습성에 관하여 직접 관찰하고 고증하여 「자산어보」를 지었다. 이 책은 우리나라 최초의 해양생물 전문 서적으로 평가된다. 조선시대 양반사회의 분위기에서 고위 관직을 지낸 양반이 당시 천직으로 분류되던 어부들과 어울려 직접 해양생물을 탐구하는 장면만으로도 실학자들의 정신이 얼마나 시대를 앞선 것인가를 단적으로 보여준다.

당시의 대표적 실학자들 중 교육사에 특히 의미 있는 영향을 준 유형원, 이익, 박지원, 정약용 등의 교육개혁 사상을 간단히 살펴보기로 한다.

반계 유형원(1622~1673): 반계의 대표적 저서 「반계수록」에 나타난 교육과 선발 제도에 관한 주장을 보면 매우 근대적이고 민주적임을 알 수 있다.

첫째, 과거제도를 폐지하고 학교교육을 통하여 능력 있는 인물을 관리로 등용할 것을 주장하였다.

둘째, 체계적 학제의 도입을 제안하였다. 즉 서울에는 태학·중학·사학을 설치하고, 각 도의 감영(監營; 오늘날의 도청 소재지)에는 영학(營學)을 설치하고, 군(주)·현에는 읍학을 설치하고, 서울의 각 방(동)에는 방상, 주·현의 향에는 향상을 설치할 것을 주장했다. 여기서 영학, 읍학, 방상, 향상은 모두 학교를 가리킨다.

셋째, 읍학에 입학할 수 있는 자격을 양반 사대부에만 국한하지 않고, 서얼과 평민의 자제에게도 부여하여 사대부의 관직 세습을 막고 인재등용의 기준을 문벌보다 개인의 능력에 두어야 한다고 하였다. 또한 학교교육에서도 문벌보다는 나이와 능력에 따라 차례를 정해야 한다고 했다.

성호 이익(1681~1763): 성호는 그의 저서 「곽우록」에서 경연, 인재양성, 학교교육, 식년시, 임용제도, 과거제도 등에 관하여 광범위하게 논하고 있다. 특히 그는 과거제도의 폐단에 대하여 신랄하게 비판하고, 그 대안으로 과천합일(科薦合一)을 주장했다. 과거 시험장의 무질서와 대리시험, 지방에 따른 차별은 물론 합격만 시키고 등용하지 않는 자가 많아서 결국 무위도식하는 자가 늘어남을 개탄했다. 그가 대안으로 제시한 과천합일은 과거시험을 통한 선발과 추천에 의한 선발을 병행하자는 것이다. 성호의 교육사상을 요약하면 다음과 같다.

첫째, 교육과정에 「퇴계집」과 「동국사」 등 우리나라 역사를 포함시켜야 한다고 주장했다. 둘째, 인간이 다른 동물들과 다른 점은 예의를 숭상하는 데 있다고 보고, 교육에서 숭례와 근검을 강조했다. 셋째, 민본사상을 바탕으로 능력에 따른 개인차가 반영되어야 한다고 하였다. 넷째, 교육방법에 있어서 탐구심의 계발을 위하여 매일 새롭게 스승을 구하고, 왕성한 호기심을 가지고 즐겨 질문할 것을 강조했다. 특히 강의나 맹목적인 암기보다 질의응답을 중요시했으며, 지행합일을 강조했다.

연암 박지원(1737~1805): 연암은 조선의 양반계급이 시장에 나가는 것을 부끄럽게 여기는 것은 낡은 습관이라고 지적하고, 한 나라의 지도층이 실사(실용적인 일)를 소홀히 하고 어떻게 산업이 번창할 수 있겠느냐고 한탄했다. "이용이 있은 다음 후생이 있고, 경제생활이 풍부해진 후에 도덕을 바로잡을 수 있다."고 했다. 또 "참으로 백성에게 이롭고 나라에 도움이 되는 것이면, 비록 그 법이 이적(오랑캐)으로부터 나온

것이라도 받아들여 본받아야 한다."고 했다.[19)]

연암은 사회와 교육 분야에도 많은 개혁적 주장을 했다. 첫째, 「양반전」·「호질」 등의 소설을 통하여 양반사회의 허식과 모순을 풍자했다. 둘째, 「허생전」에서는 선비는 결코 능력이 없어서 돈을 벌지 못하는 것이 아니라 다만 돈을 탐하지 않을 뿐이라는 것을 보여주었다. 셋째, 기존의 「천자문」이 어린아이의 일상생활과 거리가 멀고, 시의 운율에 따라 배열되었으므로 비실용적이라고 비판하였다.

다산 정약용(1762~1836): 다산은 실학을 집대성한 인물로 「목민심서」·「흠흠신서」·「경세유표」를 비롯한 500여 권의 방대한 저술을 남겼다. 그의 교육개혁에 관한 주장을 살펴보면 첫째, 헛된 이론과 담론에 불과한 이(理)와 기(氣)에 대한 논쟁을 지양하고 실용적인 학문을 해야 한다고 했다. 또한 도참설(圖讖說)이나 정감록(鄭鑑錄) 같은 근거 없는 주장들이 어리석은 백성을 현혹시킨다고 보고, 이를 바로잡으려면 사실에 입각하여 진리를 추구해야 한다(실사구시; 實事求是)고 했다.

둘째, 교육을 통해 길러내야 할 이상적 인간상은 자기 수양에 의하여 인격과 능력을 닦고, 이것을 천하와 국가를 위하여 실천하는 사람이라고 했다. 본질적으로 전통적 유교의 '수기치인'과 다를 것이 없지만, 다산은 특히 국가와 사회를 위한 실천과 봉사에 역점을 두었다고 볼 수 있다.

셋째, 연암의 천자문 비판에 대한 구체적 해결 방안으로 어린이를 위한 한자 입문서로 '아학편 이천자문'을 저술했다. 아학편 이천자문은 아동이 감각기관으로 경험할 수 있는 구체적인 개념을 먼저 학습하게 하고, 다음으로 추상적인 개념을 학습하도록 구성했다.

지금까지 살펴본 바와 같이 실학운동은 정치·경제·사회·문화·과학·교육 등 전 분야에 걸친 조선 후기의 르네상스 운동이라고 할 수 있다. 실학자들의 훌륭한 아이디어들이, 순조 이후의 세도정치와 당파싸움으로 인하여, 정책으로 구체화되어 실현되지 못한 것은 안타까운 일이다. 그러나 사대부를 중심으로 하는 지배계층의 부패와 모순을 지적하고, 정치·경제·사회·문화에 걸친 광범위한 개혁안을 제시했다는 점에서

---

19) 역사학회(편), 「실학연구입문」(서울: 일조각, 1980), 179쪽.

역사적 의미가 크다. 특히 교육에 관한 근대적인 개혁안을 요약하면 다음과 같다.

첫째, 신분을 초월한 교육의 기회균등과 개인차를 고려한 근대적 교육이념을 제시했다. 둘째, 과거제도 자체의 불합리성과 관리·운영상의 불공정, 시험 위주의 교육이 갖는 교육적 역기능과 그로 인하여 파생되는 사회적 문제들을 비판하고 대안을 제시했다. 셋째, 한글의 보급과 발전에 기여했으며, 넷째, 중국 고전 중심의 교육을 비판하고 교육과정에 우리의 역사와 지리를 포함시킬 것을 주장했다. 다섯째, 유형원이 제안한 학제에서 볼 수 있는 바와 같이 발달단계에 따른 체계적인 학제를 제시했다.

V 개화기의 교육

1. 정부주도의 교육개혁

조선은 오랫동안 성리학을 정치 이념으로 하고 중국 대륙과의 사대적(事大的) 외교를 통하여 체제를 유지해 왔다. 그러나 말기에 이르러 대내적으로 집권층의 분열과 사회적 혼란, 대외적으로는 서세동점(西勢東漸)의 세계사적 흐름과 이에 편승한 일본 제국주의의 침략 야욕에 의하여 문호를 개방하지 않을 수 없게 되었다.

1876년 강화도조약을 체결한 이후 김기수를 중심으로 한 75명의 사절단이 일본을 시찰하였고, 4년 후인 1880년에는 김홍집을 중심으로 하는 58명의 수신사가 일본에 파견되었다. 이어서 1881년 1월에는 다시 홍영식·박정양·어윤중 등 60여 명의 신사유람단을 일본에 파견하여 70여 일간 군사·교육·공업·행정기관 등을 상세히 시찰하도록 했다. 같은 해 11월에는 청나라의 권고로 김윤식을 영선사로 하여 60여 명의 학생들을 중국 천진으로 보내어 서양식 무기 제조법과 군사 조련 방법을 배우게 하였으며, 1882년에는 일본을 시찰하고 돌아온 김옥균이 서재필 등 61명을 선발하여 일본 유학을 주선하기도 하였다. 유길준(兪吉濬)은 그보다 앞서 1881년 신사유람단을 수행하여 일본에 가서 후쿠자와 유키치(福澤諭吉)가 세운 게이오기주쿠(慶應義塾)에서 유학하고, 그 후 서구 여러 나라를 유람하고 돌아와 「서유견문록」을 써서 서양의 발달된 문물을 우리나라에 소개했다.

이와 같이 서양의 발달된 기술문명을 접한 개화 사상가들은 개화의 선결 요건은 서양의 발달된 과학기술을 도입하는 데 있다고 주장하였으며, 조선정부도 서양 문물에 대하여 적극적인 관심과 그 수입을 위한 노력을 기울이게 되었다. 외국과의 빈번한 교류가 이루어지게 되자 정부 당국이 가장 시급하게 필요성을 느낀 것은 외국어 교육이었다. 정부의 외교 고문으로 있던 독일인 묄렌도르프(P. G. von Möllendorff)가 세운 통변학교와 정부가 세운 육영공원은 바로 그와 같은 현실적 필요에 의한 것이다.

1883년에 설립된 통변학교(School for Training Interpreters)는 영국인 할리팍스(T. E. Halifax)를 주임 교사로 하여 영어를 주로 가르쳤으나 오래 지속되지는 못했다.

1886년에 설립된 육영공원(育英公院: Royal English School)은 정부가 외국어를 해득할 수 있는 관리를 양성하기 위하여 미국인 길모어(George W. Gilmore), 벙커(D. A. Bunker), 헐버트(H. B. Hulbert) 등과 중국인 당소의(唐紹儀)를 교사로 초빙하여 정부가 세운 최초의 근대식 학교라고 할 수 있다. 학급은 좌우 양원으로 편성하였는데, 좌원에는 나이 어린 정부 관리를, 우원에는 양반계층의 자제들을 수용하였다.

한편, 갑신정변 때 부상을 입은 민영익을 치료하여 정부의 신임을 얻은 미국인 선교사이며 의사인 알렌은 1885년 국립병원인 광혜원(제중원)을 열고, 이듬해 4월에 조수 양성을 목적으로 의학교육을 실시하였다.

그러나 정부가 본격적으로 정부 조직을 개편하고 근대식 교육제도를 도입하기 위한 학제를 마련하게 된 것은 갑오개혁 이후의 일이다. 갑오개혁은 1894년 조선시대의 오래된 정치적 폐단을 자주적으로 개혁하려는 고종의 의지에 따라 단행되었다. 그러나 그 배후에는 청일전쟁에 승리한 일본이 조선으로부터 청국의 영향력을 배제하고 독점적인 지배권을 확립하기 위한 음모가 도사리고 있었다. 갑오개혁은 김홍집을 수반으로 하는 군국기무처가 중심이 되어 정치·경제·사회·군사·교육 등에 관한 제도를 개혁하게 되었다. 갑오개혁은, 비록 일본의 강압에 의한 타율적 측면이 있기는 하지만, 한국 근대화 과정에서 중요한 하나의 전기를 마련한 것은 사실이다. 1894년 6월에 설치된 군국기무처를 중심으로 이루어진 갑오개혁의 중요한 내용을 요약해 보면 다음과 같다.

① 중앙 관제를 2부 8아문(衙門)으로 개편했다. 즉 의정부(議政府)와 궁내부(宮內府)를 두고, 의정부는 그 밑에 내무·탁지·군무·법무·학무·공무·농상무 등의 8아문을 두어 중앙행정을 관장하게 하였다.
② 과거제를 폐지하고 새로운 관리임용 시험제도를 채택했다.
③ 종래의 신분계급을 타파하여 귀천과 문벌을 가리지 않고 인재를 등용할 수 있도록 했다.
④ 공사(公私) 노비의 문서를 없애고 인신매매를 금지했다.
⑤ 종래에 문관을 우대하고 무관을 천대하는 문무의 차별을 폐지하였다.
⑥ 조혼을 금지하고 남자는 20세, 여자는 16세 이상이 되어야 결혼을 허락한다.
⑦ 아내와 첩에게 모두 아들이 없을 때만 양자를 허락한다.
⑧ 과부의 재혼을 허락한다.
⑨ 범죄자 가족의 연좌제를 폐지한다.
⑩ 행실이 바르고 학력이 우수한 청년을 해외로 유학시킨다.

그 밖에도 정치·경제 및 사회제도 전반에 관한 광범위한 개혁이 단행되었으며, 특히 학무아문을 중심으로 새로운 학제와 학교의 설립에 관한 법령을 제정·공포하는 한편, 근대식 교과서를 편찬하기도 하였다.

또한 1894년 12월에 제정하여 이듬해 1월 7일에 공포한 '홍범14조'에서는 각 기관의 직무와 권한을 확정하고, 세금 징수는 법정 세율에 의할 것, 우수한 자제를 널리 파견하여 외국의 학술과 기예를 배워오게 할 것, 문벌을 타파하고 인재를 등용할 것 등을 규정하고 있다.

이어서 1895년 2월에는 고종이 이른바 '교육입국조서'를 발표하여 종래의 유교 중심 교육을 지양하고, 덕·체·지 3양(三養)을 힘쓰고, 허명(虛名)과 실용을 분별하여 실용의 교육에 힘쓸 것을 강조했다.

그리하여 학무아문이 중심이 되어 정부에서는 소학교·중학교·사범학교·외국어학교·실업학교 등의 설립에 관한 법령을 제정하는 한편, 그 법령에 따라 각급 학교를 설립하고 교과서를 편찬하여 본격적인 근대식 학교 설립의 길을 열었다. 이무렵 제정·공포된 각종 학교 관제 및 규칙은 〈표 3〉과 같다.

표 3 대한제국의 학교 관제 및 규칙

학교 관제 및 규칙	년 월 일	학교 관제 및 규칙	년 월 일
한성사범학교 관제	1895. 4. 16	보조공립소학교 규칙	1896. 2. 20
외국어학교 관제	1895. 5. 10	의학교 관제	1899. 3. 24
성균관 관제	1895. 7. 2	중학교 관제	1899. 4. 4
소학교령	1895. 7. 19	상공학교 관제	1899. 6. 24
한성사범학교 규칙	1895. 7. 23	외국어학교 규칙	1900. 6. 27
성균관 경학과 규칙	1895. 8. 9	농공상학교 관제	1904. 6. 8

조선 정부는 이상의 관제와 규칙을 바탕으로 다음과 같은 교육기관을 설립하였다. 이는 과거의 교육기관이 일관성 있는 단계적 학교제도를 갖추지 못했던데 비하여 근대화된 학제를 갖추게 되었다는 점과 교과 내용도 유교의 경전 중심에서 벗어나 다양한 근대적 교과목을 도입했다는 점에서 역사적 의의를 찾을 수 있다.

- 소학교: 1895년에 제정된 소학교령에 따르면 소학교를 관립·공립·사립의 세 종류로 나누고 그 편제는 심상과(3년)와 고등과(2~3년)로 하였다. 그리고 만 8세부터 15세까지의 8년간을 학령으로 하여 각 부(府)·군(郡)은 그 관내의 아동을 취학시킬 공립학교를 세워야 한다고 규정하여 의무교육 정신을 반영하였다. 교과목은 심상과가 수신·독서·작문·습자·산술·체조 등이고, 고등과는 심상과의 과목 외에 한국지리·한국역사·외국지리·이과·도화로 하되 각각 시의에 따라 외국어(일본어)를 가할 수 있다고 하였다. 이 소학교령에 따라 을사조약이 체결될 때까지 서울에 10개교, 지방에 50개교가 설립되었다.[1] 그러나 이들 소학교 중 서울의 학교는 비교적 순조롭게 운영되었으나, 지방의 것은 규모나 내용면에서 옛 서당과 별로 다를 것이 없었다.
- 중학교: 1899년에 제정된 중학교 관제는 모두 17개조로 된 것으로 학과와 교과

1) 원유한·윤병석, 「한국사대계 7」(서울: 삼진사, 1979), 191~192쪽.

과정에 대한 규정은 없고, 다만 수업 연한을 7년으로 하고 처음 4년을 심상과 뒤의 3년을 고등과로 정하고, 지방에서 중학교를 세울 때는 해당 지방의 향교로 할 것을 정했다. 이는 폐교 상태나 다름없던 향교를 중학교로 대치하려는 계획이었던 것 같다. 그러나 실제로 이 법령에 따라 설립된 중학교는 오직 서울의 한 곳밖에 없었다. 이는 취업과 관련되는 실업계통의 학교를 선호했기 때문이라고 생각된다.

- 사범학교: 사범학교 관제가 가장 먼저 제정된 것을 보더라도 정부로서는 교사 양성이 얼마나 시급한 일이었던가를 짐작할 수 있다. 사범학교는 본과와 속성과를 두고, 그 수업 연한은 본과가 3년, 속성과가 6개월이었으나 1899년 본과의 수업 연한을 4년으로 개정하였다. 학령은 본과가 20~25세, 속성과가 22~35세였고, 학년은 7월 21일에 시작하여 이듬해 6월 15일에 끝났다. 교육과정은 한국사·만국사·수학·지리·한문·한국어·작문·한문고전 등이었으며, 정원은 50명으로 국비로 숙식을 제공하였다. 그러나 이 사범학교 역시 점차 학생이 줄어들어 유명무실해졌다.
- 외국어학교: 1895년에 이미 일어학교·영어학교·불어학교 등이 있었으며, 1896년에 러시아어학교, 1900년에 한어(중국어)학교·독어학교 등이 추가로 설립되었다. 입학 연령은 16~25세였으나, 1900년의 외국어학교 규칙에서는 15~20세로 개정하였다. 수업 연한은 일어학교와 한어학교는 3년이며, 그 밖의 학교는 5년이었으나 정규의 수업 연한을 마치고 졸업하는 학생이 드물었다.
- 경성의학교: 1899년 2월에 설립되었으며, 각종 의술의 교수를 목적으로 하였으며 수업 연한은 3년이었다. 식비와 옷, 교과서 등을 국비로 지급하였으나 그 때까지도 의술을 천시하는 인습 때문에 초기에는 지원자가 많지 않았다.
- 상공학교: 1899년 본과와 예과의 편제를 가지고 설립되었다. 1904년 이름을 농상공학교로 고치고, 농과·공과·상과로 나누어 수업 연한은 예과 1년, 본과 3년으로 하였다. 이 학교는 당시에 유일한 실업학교였음에도 역시 기술교육을 천시하는 인습 탓으로 지원자가 많지 않았다.
- 그 밖의 학교들: 1900년 8월에 광무(광산)학교, 1895년에 법관양성소, 1897년에

우편학당과 전무(전신 · 전화)학당이 설립되었다. 다른 교육기관이 부진한 반면, 법관양성소는 관직과 직결되어 비교적 지원자가 많아서 처음 단기과정에서 1903년에는 1년 6개월로, 1905년에는 3년으로 연장하였다.

이상 정부에서 설립한 각종의 학교들은 당시 국민들의 이해 부족과 정부의 재정적 뒷받침이 빈약하여 그다지 성공을 보지 못하다가, 1905년 일제가 통감부를 설치한 후에는 교육내용에 대한 통제가 강화되어 친일 교육장으로 변해가게 되었고, 민족적 반감을 갖게 되어 더욱 국민들로부터 외면당하게 되었다.

2. 민족 선각자들의 교육 구국운동

개화와 더불어 열강의 침략 야욕이 노골화되고 정부는 정책 방향을 잃고 흔들리게 되어 국권이 점차 위태롭게 되었다. 특히 청일전쟁의 승리를 계기로 일본 제국주의의 침략 야욕은 드디어 1905년의 을사조약(을사늑약)의 체결로 구체화되어 나타나기 시작했다. 이에 뜻있는 민족의 선각자들은 국민 계몽을 통한 국권회복을 위하여 다각적인 노력을 전개했다. 혹자는 정치 · 사회단체를 결성하고, 어떤 이는 언론기관을 설립하고, 또 어떤 사람은 학회와 학교를 설립하였다.

독립협회(1896) · 보안회(1904) · 헌정연구회(1905) · 대한자강회(1906) · 신민회(1907) 등의 단체와 독립신문(1896, 서재필) · 황성신문(1898, 남궁억) · 대한매일신보(1904, 베델 · 양기탁) · 만세보(1906, 손병희 · 오세창) · 대한민보(1909, 대한협회) 등의 신문과 국민교육회 · 동서개진교육회 · 여자교육회 · 흥사단(1907, 유길준) 등의 교육단체와 서우학회 · 서북흥학회 · 한북흥학회 · 기호학회 · 교남학회 · 태극학회 · 호남학회 · 관동학회 등이 그 대표적인 예라 하겠다.

이들 민족 선각자들은 외세의 침략을 막아내고 국권을 회복하는 길은 국민의 각성을 통한 민력(民力)의 양성에 있다고 보고, '아는 것이 힘이다. 배워야 문명하고 부강한 국가를 만들 수 있다'는 신념 아래 각종 문화운동, 강연회, 토론회, 육영사업 및 민중 교화사업 등을 전개했다. 그리하여 전국에 수많은 사립학교들이 세워지고, 더러는 재래식 서당을 근대식 학교로 개편하기도 하였다. 1883년부터 1908년까지 약 15년 사이에 전국의 사립학교는 경성 시내의 약 100개교를 비롯하여 모두 5,000개교에 달했으며, 학생 수는 약 20만 명에 달했다. 특히 서북지방에 성행하여 평안남북도에만 약 2,000개교, 선천군에만 100개교를 헤아렸다. 그러나 1908년 8월 일제 통감부는 이른바 '사립학교령'을 발표하여 '사학의 질적 충실'을 기한다는 명목으로 민족교육을 탄압하여 사립학교의 위축을 가져오게 되었다. 그리하여 1909년의 전국 사립학교 총 수는 2,250개교로 줄어들었으며, 그 중 순수 민족자본에 의한 학교는 1,402개교였다.

이들 중 고종 20년(1883) 개항장인 원산에 세워진 '원산학사'는 개화파 관료였던 덕원부사 정현석이 지역 유지들과 주민들의 출연으로 설립한 '최초의 근대적 사립학교'로 알려져 있다. 특히 학교 설립을 위한 모금에 지역 유지와 118명이나 되는 주민들이 참여했다는 점에서 역사적 의미를 갖는다.

그러나 최근 김태근은 이에 대하여 반론을 제기하고 있다. 우선 학교의 명칭부터 '원산학사'가 아닌 '교영재(敎英齋)'가 공식 명칭이며, 1883년은 정부의 허가를 받은 해이며 학교 설립은 1885년이고, 교육과정 역시 전통적인 유학 교과가 주를 이루고 있다는 점에서 '최초의 근대적 사립학교'로 보기 어렵다는 것이다. 그 무렵 양사재(養士齋)와 같은 유사한 학교들이 존재했으며 교영재 역시 그와 유사한 학교의 하나일 뿐이라고 주장한다.[2] 역사에서 '최초'라는 표현을 쓴다는 것은 언제나 조심스럽고 언제든 바뀔 수 있다는 것을 다시금 생각하게 된다.

1895년에는 특명전권대사로 서구 여러 나라를 순방하고 돌아온 민영환이 흥화학교를 세워 영어와 일어 외에 측량술을 주로 가르쳤고, 학생 수가 130여 명에 달했다. 또한 도산 안창호가 1899년에 세운 점진학교는 남녀공학을 실시한 최초의 사립 초등 교육기관이라는 점에서 역사적 의의가 크다.

당시 대한제국 내장원경(內藏院卿)이었던 이용익(李容翊)은 1905년 5월 5일에 교육

---

2) 김태근의 미발표 논문 '갑오개혁 전후 향교의 학교 설립과 운영'(2018) 참조. 그는 '유일한' 사료인 '春城誌(덕원부지)'를 근거로 신빙성 있는 주장을 하고 있다.

구국의 이념 아래 최초의 사립 전문학교인 보성전문학교(고려대학교 전신)를 설립하였고, 이어서 1906년에는 보성중학교를 설립하였다. 엄주익의 양정의숙(1905), 민영휘의 휘문의숙(1906), 남궁억의 현산학교(1906), 이승훈의 오산학교(1907)와 안창호의 대성학교(1908) 등은 항일 독립정신의 요람으로 많은 애국지사들을 배출했다. 대성학교는 특히 안창호가 가장 모범적인 교육기관을 설립하기 위한 원대한 뜻을 품고 이종호의 재정적 지원과 윤치호의 자문을 얻어 설립한 학교로, 우수한 교사진과 다양한 교육과정, 그리고 훌륭한 시설을 갖추어 출발부터 많은 관심을 끌었으며, 건전한 인격과 애국정신의 함양을 중요한 교육방침으로 삼았다.[3)]

이들 근대 민족 사학의 기본 성격은 국권회복을 위한 민족운동 지도자의 양성, 민족의식의 고취, 과외활동을 통한 애국사상의 함양과 항일운동, 건전한 인격과 강건한 신체의 함양 등으로 요약할 수 있다. 이 시기에 민족주의자들에 의하여 설립되고 민족교육사에 크게 공헌한 대표적인 학교들은 〈표 4〉와 같다.

표 4 개화기의 민족 사학

교 명	연 대	세운이	세운곳	교 명	연 대	세운이	세운곳
원산학사	1883	정현석	원산	신학원	1907	여자교육회	서울
홍화학교	1895	민영환	서울	서우사범학교	1907	서우학회	서울
낙영의숙 (을미의숙)	1895	사회유지	서울	동인학교	1907	대한동인회	서울
중교의숙	1896	민영기	서울	강명의숙	1907	이승훈	정주
점진학교	1899	안창호	강서	오산학교	1907	이승훈	정주
낙연의숙	1901	서광세	서울	봉명학교	1907	이봉래	서울
우산학교	1902	양재새	서울	오성학교	1907	서북학회	서울
청년학교	1904	김덕기	서울	정리사	1907	유일선	서울
양정의숙	1905	엄주익	서울	경성중학교	1907	이종호	서울
보성전문학교	1905	이용익	서울	양실학원	1907		의주
광성실업학교	1905		서울	양산소학교	1907	김구	안악

3) 박의수, 개화기 大成學校의 교육사적 의의, 「한국교육사학」 제19집(한국교육사학회, 1997), 179~202쪽 참조.

교 명	연 대	세운이	세운곳	교 명	연 대	세운이	세운곳
한성법학교	1905		서울	장훈학교	1908		서울
휘문의숙	1906	민영휘	서울	대성학교	1908	안창호	평양
진명여학교	1906	엄귀비	서울	기호학교 (중앙학교)	1908	기호흥학회	서울
숙명여학교	1906	엄귀비	서울				
보성중학교	1906	이용익	서울	동덕여자의숙	1908	이재극	서울
중동학교	1906	신규식	서울	대동전수학교	1908	대동학회	서울
현산학교	1906	남궁억	양양	보인학교	1908	보인학회	서울
양규의숙	1906	여자교육회	서울	소의학교	1908	장지영	서울
화야의숙	1906	이철용	포천	융희학교	1909	유길준	서울
정화학교	1906		개성	양산중학교	1909	김흥량	안악

3. 종교계의 교육활동

이 시기 종교계의 교육활동은 기독교계와 불교계의 두 분야로 나누어 볼 수 있다. 개화와 더불어 입국한 서양 선교사들은 가장 먼저 그들의 교세확장을 위한 교리의 전파가 주된 목적이었으나, 그와 더불어 기독교의 평등사상과 인도주의 정신에 입각하여 소외계층을 대상으로 교육과 서구문물을 전파하고 기독교 문화를 전수하려고 했다.

우리나라에 개신교(改新敎) 선교사들이 입국하게 된 것은 1884년 이후부터이다. 한미조약이 체결된 이듬해인 1883년 여름에 정부는 민영익을 정사(正使)로 하는 친선사절단을 미국에 파견했다. 이들로부터 조선의 사정을 들은 뉴욕의 감리회 선교 본부가 일본에 있던 선교사 맥클레이(Robert S. Macley)를 파견하여 고종을 뵙고 교육과 의료사업의 허락을 받은 후부터이다. 그리하여 1884년 9월에 알렌 부부가 입국하고, 이어서 1885년에는 언더우드(H. G. Underwood), 아펜젤러(H. G. Appenzeller), 스크랜튼(Mrs. M. F. Scranton) 등의 선교사들이 입국하게 되었다.

알렌은 1885년 4월 3일 광혜원(제중원)[4]을 세워 최초로 서양식 의료기술을 전파하였고, 아펜젤러는 1885년 7월에 서울에 들어와서 1개월 먼저 와있던 의사 스크랜튼의 집에 방 두 칸 벽을 헐어서 교실을 만들고 1885년 8월에 2명의 학생으로 수업을 시작하니, 이에 고종이 배재학당이라는 교명과 함께 재정지원을 했다. 이후 배재학당은 학생 수도 급속도로 늘어났고 교육과정은 한문(경서, 사기)·영어·천문·지리·생리·수학·수공·성경 등이었으며, 연설회·토론회·야구·축구·정구 등의 과외활동이 부과되었다. 그 밖에 잘 정비된 현대적 규칙과 평가방법에 따라 근대적인 기독교계 사학으로서의 면모를 갖추었다.

1885년 4월에 입국한 언더우드는 알렌이 개원한 광혜원(제중원)에서 화학과 물리학을 가르치다가 1886년에 고아원과 고아학교를 창설하니 이 학교를 구세학당 혹은 원두우학교라고 불렀다. 이것은 일종의 기숙학교이며, 경신학교(1905)의 전신이다. 언더우드는 이 밖에도 1887년에는 정신여학교를 세웠고, 이어서 1914년에는 경신학교 대학부를 병설하기도 하였다.[5] 경신학교 대학부는 후일 연희전문학교(연세대학교 전신)로 발전하였다.

1885년 6월에 입국한 감리교 선교사 스크랜튼 부인은 선교사업의 중요한 분야로 한국여성을 위한 학교를 세울 결심을 하고, 1886년 5월 한 명의 여학생으로 수업을 시작하였다. 이듬해 1887년 학생이 7명으로 늘어났을 때 명성황후 민비가 '이화학당'이라는 이름을 하사했다. 이화학당은 우리나라 최초의 여학교로서 여성교육기관의 효시가 되었다. 이를 계기로 여성교육에 그다지 관심이 없었던 당시에 남녀평등의 기독교 정신에 입각하여 여학교의 설립이 급격히 늘어갔다.

처음에는 서울에서 시작했으나 점차 전국 방방곡곡에 기독교계 학교가 설립되었다. 1910년 2월까지 기독교계 학교를 각 종파별로 보면 장로파의 학교가 501개교, 감리교파가 158개교, 성공회가 4개교, 안식교가 2개교, 종파미상이 84개교, 각파 합동이 11개교,

---

4) 광혜원(廣惠院)은 엄밀히 따지면 고종 임금의 승인을 얻어 정부에서 설립한 국립병원이다. 광혜원은 '널리 은혜를 베푸는 곳'이란 뜻이다. 1885년 4월 3일 정부에서 서울 사대문과 종각에 써 붙인 벽보에 의하면, "오늘부터 매일 오후 1시에서 5시까지 병원을 열고" "약값은 나라에서 지급할 것이다"라고 했다. 4월 26일에는 이름을 다시 고종의 재가를 얻어 '제중원(濟衆院)'으로 고쳤다. '널리 베풀어 백성을 구제한다'는 뜻이다. 김상태. 「제중원 이야기」(서울: 웅진씽크빅, 2010) 97~100쪽.

5) 오천석, 「한국신교육사(상)」(서울: 광명출판사, 1975), 57쪽.

천주교가 46개교 등 모두 806개교에 달했다. 이들 중 대표적인 학교를 설립 연대별로 살펴보면 〈표 5〉와 같다.

표 5 개화기 기독교계 사립학교

교 명	연 대	교 파	세운곳	교 명	연 대	교 파	세운곳
광혜원	1885	장로회	서울	정명여학교	1903	장로회	목포
배재학당	1885	감리회	서울	덕명학교	1904	감리회	원산
이화학당	1886	감리회	서울	호수돈여학교	1904	감리회	개성
경신학교	1886	장로회	서울	진성여학교	1904	장로회	원산
정신여학교	1887	장로회	서울	의창학교	1904	감리회	해주
광성학교	1894	감리회	평양	영명학교	1905	감리회	공주
숭덕학교	1894	감리회	평양	계성학교	1906	장로회	대구
정의여학교	1894	감리회	평양	신성학교	1906	장로회	선천
일신여학교	1895	감리회	동래	보성학교	1906	장로회	선천
정진학교	1896	감리회	평양	의명학교	1906	안식교	수안
공옥학교	1896	감리회	서울	한영서원	1906	감리회	개성
숭실학교	1897	감리회	평양	미리흠학교	1906	감리회	개성
신군학교	1897	감리회	서울	약현학교	1907	천주교	서울
영화여학교	1897	감리회	인천	수피아여학교	1907	장로회	광주
배화여학교	1898	감리회	서울	신명여학교	1907	장로회	대구
맹아학교	1898	감리회	평양	기전여학교	1907	장로회	전주
명신학교	1898	장로회	재령	신흥학교	1908	장로회	전주
평양신학교	1900	장로회	평양	창신학교	1908	장로회	마산
숭의여학교	1903	장로회	평양	의정학교	1909	감리회	해주
근씨여학교 (원산여학교)	1903	감리회	원산				

한편, 개화와 더불어 외국 선교사들과 일본의 승려들이 내한하여 선교와 포교활동을 활발히 함에 자극받아 정부는 조선조 500년간의 억불정책을 철회하게 되고, 불교계에서도 교계의 통일을 추진했다. 그리하여 1902년 36개조로 된 대한사찰령이 제정되고, 이에 따라 서울의 원흥사를 수사찰(首寺刹)로 하고, 16개의 지방 수사찰을 정하여

불교행정을 정비했다. 아울러 대한사찰령 29조에 의거하여 불교계 최초의 근대식학교인 명진학교가 원흥사에서 1906년에 개교하였다. 이 명진학교는 불교사범학교-불교고등강숙-중앙학림-불교전수학교-중앙불교전문학교-혜화전문학교를 거쳐 오늘날의 동국대학교로 발전하였다.

이 명진학교의 설립은 불교계에 큰 자극을 주어 지방 각 사찰에서 자체적으로 학교를 세우게 되었다. 1910년까지 지방의 사찰이 세운 근대식 학교 가운데 중요한 것을 살펴보면 〈표 6〉과 같다.[6]

표 6 개화기 불교계의 근대식 학교

교 명	연도	설립 · 경영자
명립학교	1906	해인사(합천)
명화학교	1906	용주사(수원)
봉명학교	1906	건봉사(고성)
명정학교	1906	범어사(동래)
석왕사보통학교	1906	석왕사(안변)
대흥보통학교	1906	대흥사(해남)
경흥학교	1907	대승사, 금용사, 남장사, 용문사, 명봉사, 광흥사
봉익학교	1907	위봉사(전주)
신명학교	1909	화엄사, 천은사, 태안사, 관음사
보명학교	1909	송광사(승주)
화산강숙	1910	화장사(장단)
보명학교	1910	쌍계사(하동)

개화기에는 어느 때보다도 교육에 대한 민족적 각성과 열의가 높았고, 많은 민족 선각자들이 다양한 방법으로 교육활동을 하였다. 그 중에서 특히 민족교육을 통한 민족의식과 애국정신 고취에 뚜렷한 업적을 남겨 길이 민족의 사표(師表)가 될 교육자들이 적지 않다. 특히 이용익 · 남궁억 · 이승훈 · 안창호 · 김교신 등은 길이 민족의 스승으로 기억될 인물들이다.

---

6) 한명희 · 박선영, 「교육사신론」(서울: 명지사, 1981), 82~84쪽.

이용익(1854~1907)은 강직한 인품으로 궁내부 내장원경, 탁지부대신 등 정부의 요직을 두루 거치며 근대적 산업 발전에 힘썼고, 보성전문학교(고려대학교 전신)와 보성중학교를 세웠다.[7]

남궁억(1863~1939)은 통변학교를 최우등으로 졸업하여 고종의 통역관으로 활동했고, 독립신문 영문판을 편집하고, 황성신문을 창간하기도 했다. 현산학교와 모곡학교를 설립하고 무궁화 보급 운동과 조선어와 조선역사 교재를 편찬하여 국어와 한국사 교육에 힘쓰는 한편 다양한 방법으로 실업교육에도 힘쓴 선구적 교육자이다.[8]

남강 이승훈(1864~1930)은 근대식 소학교인 강명의숙과 중학교인 오산학교를 세워 독립정신을 고취하고, 3·1운동 당시 민족대표 33인의 한 사람으로 참여하여 끝까지 지조를 지켰다. 죽은 후 자신의 시신(屍身)을 표본으로 만들어 오산학교 표본실에 비치하도록 유언하기도 했다.[9]

도산 안창호(1878~1938)는 점진학교, 평양대성학교, 동명학원(중국 난징) 등의 학교를 세워 학교교육을 실천했고, 청년학우회, 신민회, 흥사단 등의 단체와 공립신문, 신한민보, 독립신문 등 언론을 통한 사회교육활동에 힘썼다. 또한 미국과 상해 등 해외 독립운동의 구심점으로 평생을 민족을 위해 봉사한 겨레의 스승이다.[10]

김교신(1901~1945)은 일본 동경사범학교를 졸업하고 귀국하여 영생여자고등보통학교, 양정고등보통학교, 경기중학교, 송도고등보통학교 등에서 교사로 근무하며 사제동행(師弟同行)의 모범을 보인 참 교사이다. 특히 양정고보 재직 시절에는 손기정 선수의 마라톤 코치로도 활약했다. 또한 김교신은 「성서조선」이라는 잡지를 발행하고, 만년에는 흥남질소비료회사에서 한국인 노동자들을 위해 생활개선과 교육활동을 하다가 발진티푸스에 감염되어 45세의 젊은 나이로 세상을 떠났다.[11]

---

7) 손인수, 「한국교육사상가 평전」(서울: 문음사, 1990), 222~229쪽.
8) 손인수, 「한국교육사상가 평전」(서울: 문음사, 1990), 264~283쪽.
9) 김도태, 「남강 이승훈」(서울: 문교사, 1950), 205~206쪽.
10) 박의수 외, 「도산과 힘의 철학」(서울: 흥사단출판부, 1985), 15~34쪽.
11) 김정환, 「金教臣: 그 삶과 믿음과 소망」(한국신학연구소, 1994), 18쪽.

Ⅵ 주권 상실기의 교육

1. 일제 식민지교육의 전개 과정

일본제국은 1904년 러일전쟁을 일으키고, 2월에 한일의정서를 체결하고, 8월에는 제1차 한일협약을 체결하여 재정과 외교에 외국인 고문을 두기로 하였다. 일제는 이어서 1905년에 미국과 비밀조약(테프트·가쓰라 밀약)을 체결하고, 제2차 영일동맹을 체결함으로써 일본의 한국지배를 위한 걸림돌을 차례로 제거했다. 그리고 11월에 을사늑약(제2차 한일협약)을 강제로 체결함으로써 조선은 외교권을 일본에 빼앗겨 반식민지 상태로 떨어지게 되었다. 이듬해 2월에 통감부(統監府)가 설치되어 이른바 통감정치가 시작되고, 8월에는 경찰권마저 일본 헌병이 장악하게 되었다. 1907년 7월에는 일제의 강압에 의하여 고종 황제가 순종에게 양위하고, 한일신협약(정미조약)을 체결하여 내정까지 간섭을 받게 되었다. 그리하여 1910년 8월 29일 일제의 강압에 의한 한일합방이 체결됨으로써 우리 민족은 주권을 상실하고 35년간 노예 상태로 전락하게 되었다.

이후 일제는 한국 민족을 지구상에서 영원히 말살하기 위하여 말과 글을 빼앗고, 역사를 말살하고, 민족의 얼마저 실종시키기 위하여 온갖 책동을 계속하며 경제적 수탈을 감행했다. 이와 같은 식민지 정책에 일제가 가장 간교성을 드러낸 것이 교육과 문화 정책이었다. 따라서 일제의 식민지 교육정책은 세계사에 유례가 없을 만큼 교활하고 잔혹했다.

1) 일제 식민지 교육정책의 특징

19세기 이후의 제국주의와 식민주의의 조류에 따라 산업화에 앞선 구미(유럽 · 북아메리카) 여러 나라는 중남미와 아시아, 아프리카 등 근대화에 뒤진 여러 지역을 침략하여 그들의 지배 아래 두고 온갖 착취와 약탈을 자행하였다. 이러한 침략은 필연적으로 이들 피식민지 지역의 민족적 저항의식을 자극하여 끊임없는 반항과 독립 항쟁을 불러일으켰고, 이를 무마하고 식민지정책을 효과적으로 수행하기 위하여 필연적으로 교육을 활용하게 된다. 이들 열강의 식민지 교육정책을 몇 가지 유형으로 분류해 볼 수 있다.

첫째, 스페인 · 포르투갈 등이 남미의 잉카제국에 대하여 행한 무단주의적 식민지 정책으로, 이는 군사력을 앞세워 자원의 약탈과 가혹한 인권 탄압으로 나타났다. 따라서 이들의 교육정책은 식민지의 이교도들을 자기네 종교로 교화(教化)시키는 것을 목적으로 하는 초보적인 교육에 집중되었다.

둘째, 프랑스가 그의 식민지 지역에 실시한 동화주의(同化主義) 정책이다. 이는 프랑스인의 문화적 우월의식을 바탕으로 식민지에 본국과 동일한 학교를 세우고, 프랑스어를 가르치고 프랑스 문화를 유포하여 인종적으로 동화시키려는 정책이다.

셋째, 영국이 그의 식민지에 실시한 간접통치의 방식이다. 식민지에 가능한 한 많은 정치적 자유를 허용하고, 경제적인 면에서 본국에 예속시키고자하는 정책이다. 따라서 식민지 고유의 전통과 문화를 어느 정도 존중하면서 프랑스와는 달리 토착민의 언어에 의한 원주민학교를 설립하여 교육하도록 허용했다.

넷째, 미국이 그의 식민지에 실시한 방임적 식민지정책이다. 미국은 권력에 의한 영토적 지배보다는 미국화에 의한 문화적 지배에 더 관심을 기울였다. 따라서 식민지 민족에 대한 교도(教導)의식이 강하여 교육을 통하여 식민지 민족의 문화수준과 생활수준을 향상시키고 생산력을 높여서, 궁극적으로는 미국의 시장을 확대하고자 한다.

물론 이들 네 유형이 다소 차이가 있지만 궁극적으로 자국의 이익을 위하여 식민지 민족을 착취하기 위한 것임은 말할 나위가 없다. 그러나 일제의 한반도에 대한 식민지 정책은 위의 어느 유형보다 가혹하고 잔인하며 교활하기까지 했다. 일제는 한반도를 완전히 자기네 영토로 편입하고, 한민족을 영원히 말살하고, 한민족 고유의 역사와 문화를 말살함으로써 저들의 노예적 신분으로 복종시키고자 하였다. 이를 위하여 군사력과 경찰력을 활용한 협박과 탄압을 가하는 한편 간교한 술책으로 회유하고자 하였다. 이와 같은 식민지정책을 효과적으로 수행하기 위하여 교육에 대한 통제는 필수불가결한 수단이 되었다. 더욱이 구미 열강들의 식민지 지역과 달리 이미 일본보다 우수한 문화적 전통과 높은 교육열과 강한 민족적 자존심을 지닌 한민족을 통치한다는 것은 일제로서는 힘에 벅찬 일이 아닐 수 없었다. 따라서 이들의 교육정책은 더욱 간교할 수밖에 없고, 자생적인 민족교육을 차단하고 방해하는 데 총력이 집중되었다.

일제의 식민지 교육정책의 실상을 좀 더 자세히 알아보기 위하여 다음과 같이 세 시기로 나누어 고찰하기로 한다.

- 제1기: 무단적(武斷的) 식민지교육 정책기(1910~1919)
- 제2기: 유화적(宥和的) 식민지교육 정책기(1919~1938)
- 제3기: 전시 동원을 위한 황민화(皇民化)교육 강행기(1938~1945)

2) 무단적 식민지교육 정책기(1910~1919)

1910년 8월 29일 한일합방으로 '대한제국'은 '조선'으로 명칭을 바꾸고, 조선총독부를 설치하고 초대 총독에 군인 출신인 데라우치(寺內正毅)가 부임함으로써 총칼로 협박하는 무단적 식민지 정책을 수행하기 시작하였다. 따라서 헌병이 경찰을 대신하고, 교원까지도 제복을 입고 칼을 차게 하고, 언론·출판·집회·결사의 자유를 박탈하고 공포 분위기를 조성했다.

1911년 8월 23일에는 이른바 제1차 조선교육령을 발표하고, 이어서 10월에는 사립학교규칙을 제정하여 우리의 교육을 탄압하고, 나아가서 개정사립학교규칙(1915), 교원시험규칙(1916), 교원심득(1916), 서당규칙(1918), 그 밖에 각 급 학교의 여러 규칙과 수많은 법령과 통첩을 발하여 민족교육을 말살하려 했다. '교원심득'이란 '교원수지'

라고도 하며, 교원이 마땅히 마음에 새겨두어야 할 일을 뜻한다. 이들을 기초로 일제의 식민지 교육정책 내용을 요약해 보면 다음과 같다.

① 충량(忠良)한 국민을 만드는 것을 교육목적으로 하고, 시세(時勢)와 민도(民度)에 맞는 교육을 한다는 것이다(조선교육령 2조, 3조). 즉 한민족을 일본의 식민지 정책에 잘 순응하는 일본 왕의 충성스러운 신하로 만들고, 고등교육은 억제하고 낮은 수준의 생산 노동자를 양성하기 위한 실업교육을 강화하자는 것이다.

② 교육 연한을 보통학교 4년(지방 실정에 따라 1년 단축 가능), 고등보통학교 4년, 여자고등보통학교 3년, 실업학교 2~3년, 전문학교 3~4년으로 한다(조선교육령 9, 12, 16, 26조). 이는 일본인 학교의 수업 연한보다 1~2년씩 짧게 하여 우리 민족에 대한 차별교육을 실시한 것이다.

③ 보통학교 교원양성을 위하여 관립 고등보통학교에 1년 과정의 사범과와 1년 이내의 교원속성과를 두도록 하고(조선교육령 14조), 한성사범학교를 폐지했다. 이는 식민지 교육을 강화하기 위하여 일본인 교원으로 대치하기 위한 속셈에서 비롯된 것이다.

④ 교육과정은 보통학교에서는 일본어를 '국어'라고 하여 주당 10시간, 조선어 및 한문 6시간, 산술 6시간, 수신 1시간, 창가 및 체조 3시간으로 되어 있으며, 고등보통학교에서는 4년간에 걸쳐 수신(修身) 4, 국어 30, 조선어 및 한문 14, 역사 4, 지리 4, 수학 16, 이과 13, 실업 12, 습자 3, 도화(미술) 8, 창가(음악) 및 체조 12 단위를 이수하도록 하고, 수의(선택)과목으로 영어(2)를 더할 수 있도록 했다. 여기서 주목할 것은 일본어를 강화하고, 윤리교과(수신)를 중시했으며, 박물(博物)·물리·화학을 이과로 통합하고, 실업과 법제와 경제를 실업으로 통합했다는 점이다. 또한 영어를 선택 과목으로 하여 상급학교 진학을 어렵게 했다는 점이다.

⑤ 외국어학교를 폐지하여 우리 민족의 해외 진출과 교류를 억제했으며, 성균관을 폐지하고 경학원으로 대치하고, 서당을 통제함으로써 우리의 전통교육을 말살하려 하였다.

⑥ 사립학교규칙을 통하여 학교의 설립과 폐쇄 및 학교장과 교원의 채용은 총독부의 인가를 받아야 하고, 각 급 학교의 수업 연한, 교과목, 주당 수업시간, 학생정원

등도 총독의 인가를 받아야 하며, 이를 어겼을 경우에는 학교의 폐쇄 혹은 교장이나 교원의 해임을 명할 수 있게 하였다.

⑦ 교과서는 총독부가 편찬하거나 혹은 총독부의 검정을 거친 것이어야 한다. 따라서 한국인이 쓴 교재는 사용할 수 없게 하였다.

⑧ 교원수지(심득)를 '대강3조'와 '주의9항'으로 나누어 공포했다. 그 요지는 충효를 바탕으로 덕성을 함양하라는 것, 실용적 인재를 육성하여 수요에 응하라는 것, 건강한 신체를 육성하라는 것이다.

이와 같은 교육정책의 결과로 1912년 4월에 1,717개교였던 각 급 학교의 총 수가 1919년 5월에는 1,320개교로 오히려 줄었으며, 학생 수는 103,051명에서 131,975명으로 약간의 증가를 보이고 있다. 특히 절대 다수를 차지하는 사립학교가 현저히 줄어들었다.[1] 이는 일제의 사립학교 탄압에 기인한 것으로 볼 수 있다. 뿐만 아니라 교사의 경우에도 1919년 보통학교의 교사 수가 2,525명인데, 그 중 일본인이 759명으로 전체의 30%를 차지하고 있다. 1912년의 약 19.5%에 비하면 일본인 교사가 현저히 증가했다고 할 수 있다. 일본인 교사의 비중은 상급학교로 올라갈수록 더욱 심하여 고등보통학교와 여자고등보통학교의 경우 일본인 교사 비율이 60%, 전문학교의 경우에는 92명 중 71명으로 77%를 넘어선다. 이는 한국인에 대한 사범학교교육 및 고등교육을 억제함으로써 유자격 교원이 절대적으로 부족한데도 원인이 있지만, 한편으로 일본인 교사를 다수 채용함으로써, 한국인의 의식 속에서 민족의 전통과 얼을 몰아내고 일본의 식민지 정책에 부합되는 이른바 '충량한 신민'으로 육성하기 위한 치밀한 계략의 결과라고 볼 수 있다.

3) 유화적 식민지교육 정책기(1919~1938)

1919년 3월 1일 독립선언과 거족적 만세운동은 일본인의 간담을 서늘하게 하였고, 대외적으로도 일본이 조선을 통치할 능력을 상실했음을 보여주는 증거가 되었다.

1) 이만규, 「조선교육사」(서울: 거름, 1988), 151~153쪽.

따라서 일제는 지금까지 총칼로 억압만 하면 된다고 믿었던 조선에 대한 식민지 정책의 방향을 재점검하지 않을 수 없었다.

거족적인 3·1운동에 놀란 일제는 한민족의 민심을 수습하고, 한편으로 국제사회에서의 여론을 무마하기 위하여 무단정치에서 소위 '문화정치'로의 전환이 불가피하게 되었다. 그리하여 1919년 8월에 3대 총독으로 사이토(齋藤實)를 임명하였다. 9월 2일 경성역(서울역) 앞에서 강우규 의사의 폭탄세례를 받으며 부임한 사이토 총독은 월 3일에 다음과 같은 요지의 담화를 발표했다.

> 헌병경찰제 대신에 보통 경관에 의한 경찰제도로서 하며, 복제를 개정하여 일반 관리·교원 등의 제복대검(制服帶劍)을 폐지하고 조선인의 임용 대우 등을 고려하려고 하는 것이다. 요컨대, 문화적 제도의 혁신으로 유도제시(誘導提撕)하고서 그의 행복과 이익증진을 도모하며 장래 문화 발달과 민력 충실에 응하여 정치상·사회상의 대우에 있어서도 일본인과 같은 취급을 할 궁극 목적을 달성하도록 하겠다. 언론·집회·출판 등에 대해서도 질서와 공안 유지에 방해가 되지 않는 한 상당한 고려를 가하여 민의의 창달을 기하려고 한다.2)

위의 담화에서 보듯이 사이토 총독의 새로운 정책은 먼저 헌병경찰제를 폐지하고 일반 경찰이 치안을 담당한다는 것이다. 다음은 관리들과 교원들이 제복을 입고 칼을 차는 행위를 폐지한다는 것이다. 그리고 문화적 제도를 개혁하여 문화 수준을 끌어올리겠다(유도제시)는 것이다. 또한 한글 신문의 발간을 허용하고, 관습을 존중하며, 한국인 관리에 대한 차별을 철폐한다는 내용이었다.

그러나 이는 사실상 '문화정책'이라는 미명하에 은폐된 회유책에 불과하며 속임수에 지나지 않는다. 명목상 헌병을 일반경찰로 바꾼다고 했으나 실제로 경찰병력은 더욱 강화되었다. 1919년에 736개소였던 경찰관서의 수가 1920년에 2,746개소로 늘어났으며, 경찰관의 수도 6,387명에서 20,134명으로 3배 이상 늘어났다는 사실이 이를 증명

2) 大野謙一, 「朝鮮教育問題管見」(京城: 朝鮮教育會, 1936), 95쪽. 손인수, 「한국교육사 II」(서울: 문음사, 1987), 633쪽 재인용.

한다. 경찰의 고문 방법 또한 잔인하고 포악하기 짝이 없었으며, 필요한 경우에는 없는 죄까지도 만들어내는 수단으로 사용되었다. 언론·출판의 자유를 겉으로 허용하는 체 하였으나 철저한 검열과 자의적인 해석으로 언론·출판·집회 및 결사에 대한 통제는 더욱 교묘하고 치밀해졌다. 실제로 1929년 1년 동안의 일제의 공식 집계에 따르면 집회 규제가 총 2,000여 건, 신문 압류가 63회, 기사 삭제가 82회, 그리고 57종의 출판물 압수 등이 이루어졌다. 또한 관습을 존중한다는 미명하에 허례와 미신으로 국민정서를 병들게 하였다. 관리에 대한 차별 철폐 역시 겉으로는 같은 봉급령을 적용받게 하면서, 본봉과 상여금을 구분하고 상여금은 일본인 관리에게만 지급하여 실질적으로는 격차가 더 커지게 하였다.

이러한 식민지 정책의 변화는 교육정책에도 그대로 반영되어 1922년 2월 제2차 조선교육령으로 나타났다. '일시동인(一視同仁, 성인은 모든 사람을 똑 같이 사랑한다는 중국 고전에서 따온 말)', '내선일체(內鮮一體, 일본과 조선이 하나라는 뜻)', '내선공학(內鮮共學)', '일선융화(日鮮融和)'라는 명목으로 자행된 식민지교육 정책의 특징은 다음과 같다.

① 외형상 일본과 동일한 학제를 적용하였다. 즉 수업 연한을 보통학교는 6년으로, 고등보통학교는 5년으로, 여자 고등보통학교는 4년(또는 5년)으로 연장하였다. 그리하여 한국인에게도 상급학교 진학의 길을 열어 주었다(제2차 조선교육령 5, 7, 9조).

② 각 급 학교에서 조선어를 필수과목으로 부과하였으며, 이과를 물리, 화학, 박물 등으로 세분화하였고, 실업 과목도 실업, 법제 및 경제로 나누었다.

③ 한국인과 일본인의 공학을 원칙으로 하였다.

④ 사범교육은 독립된 사범학교에서 실시하도록 하고, 수업 연한은 남자 사범학교 6년, 여자 사범학교 5년으로 하고, 이를 다시 보통과 각각 5년과 4년, 연습과 1년으로 하였고, 그 안에 다시 제1부와 제2부를 두어 각각 소학교 교원과 보통학교 교원을 양성하게 하였다(제2차 조선교육령 13-21조).

⑤ 대학교육 및 그 예비교육에 관한 조항이 신설되었다(제2차 조선교육령 12조). 수업 연한은 예과 2년, 본과 3~4년으로 하고, 한국인과 일본인이 공학하도록 하였다.

이들 표면상 학제와 교육과정에 있어서 한국인에 대한 제약을 철폐하고 동등한 교육기회를 제공하는 것 같았으나, 사실상 일본어를 강화하고, 국어(일본어)를 상용하는 자와 상용하지 않는 자를 엄격히 구별하였으며, 다양한 방법으로 민족적 차별 대우를 했다. 특히 고등교육에 대한 기회를 철저히 봉쇄하였다. 거족적으로 일어났던 조선 민립대학 설립운동을 봉쇄하고, 그 대신 관제의 경성제국대학을 설립하고 고등교육기관에 대한 한국인의 입학을 엄격하게 제한했던 것은 이를 입증하고 있다.

4) 전시 동원을 위한 황민화교육 강행기(1938~1945)

1931년 만주 침략에 이어 1937년 중국 대륙에 대한 전면적 침략을 감행하고, 1941년에는 이른바 태평양전쟁을 일으켜 일본 군국주의는 힘에 겨운 전쟁을 수행하기 위하여 마지막 발악을 하고 있던 시기이다. 일제는 전쟁 수행에 전 국력을 총동원하고 한반도를 그들의 전쟁 수행에 필요한 물자와 인력을 조달하기 위한 수단으로 생각하고 온갖 탄압과 수탈을 감행하였다. 이 시기는 우리 민족으로서는 참으로 견디기 어려운 절망의 시기였고, 민족교육은 질식 상태에 빠져 앞날을 예측할 수 없었다.

전시 동원 체제에 맞추어 한반도에 대한 전시 동원을 쉽게 하기 위하여 1936년 8월 7대 총독으로 일본 군부의 실력자이며 철저한 전쟁 확대론자인 미나미(南次郎)가 부임해 왔다. 그는 1936년 8월 부임하기 전 일본에서 발표한 성명서에서 진정한 내선융화의 열매를 거두어 일시동인의 성지(聖旨)를 받들겠다고 하였으며, 1937년의 도지사 회의에서는 국체명징(국가 체제를 명확하게 함), 선만일여(조선과 만주는 하나와 같음), 교학진작(教學振作), 농공병진(農工並進), 서정쇄신(庶政刷新) 등의 다섯 가지 강령을 발표하였다. 이러한 강령을 실천하기 위한 방편으로 1937년 10월 2일 총독부는 '황국신민서사(皇國臣民誓詞)'를 제정하여 암기하도록 하였다. '황국신민서사'는 소학교 아동용과 중등학교 이상 일반용으로 나누어 제정했는데, 그 내용(중등학교 이상 일반용)은 다음과 같다.

① 우리는 황국신민이다. 충성으로 군국에 보답하련다.

② 우리 황국신민은 서로 신애 협력하여 단결을 굳게 하련다.

③ 우리 황국신민은 인고(忍苦) 단련하여 힘을 길러 황도(皇道)를 선양하련다.[3]

이어서 1938년 3월에는 국체명징, 내선일체, 인고단련의 3대 강령을 바탕으로 하는 제3차 조선교육령이 발표되었다. 국체명징이란 일본 왕의 정통성에 대한 확고한 믿음을 바탕으로 '천황체제'에 대한 충성을 강조하는 내용이며, 내선일체란 일본과 조선이 동일한 조상의 후예이므로 서로 사랑하고 협력해야 한다는 뜻으로 '황국신민'화를 강조한 것에 불과하다. 인고단련이란 어떠한 어려움도 이겨내고 국가의 목적을 위하여 죽음도 불사해야 한다는 것으로 철저하게 군국주의 일본의 도구가 되도록 하겠다는 것이다. 결국 3대 강령은 우리 민족의 문화적·정신적 전통을 말살하고 철저하게 일본 왕의 신민으로 복속시키려는 민족 말살정책에 다름 아니다.

일본은 그들의 왕을 신의 자손이라는 날조된 창조신화에 맞추어 '천황'이라고 했다. 따라서 일본의 고고학자와 역사학자도 왕이 신의 핏줄이라는 틀에 맞추어 역사를 서술해야만 했다.[4] 이것이 제국주의 일본 통치자들의 역사의식이며 제국주의 일본의 침략행위를 정당화하기 위한 논리였다.

이러한 목적을 구체화하기 위한 것이 바로 제3차 조선교육령과 이에 따른 소학교 규정, 중학교 규정, 고등학교 규정, 사범학교 규정이다. 그 주요 내용을 요약해 보면 다음과 같다.

① 종래의 보통학교, 고등보통학교, 여자고등보통학교는 그 이름을 바꾸어 일본인을 위한 학교의 이름과 동일하게 소학교, 중학교, 고등여학교로 하였다.

② 현재 수업 연한 4년의 보통학교가 상당수 있는데, 이들을 전부 즉시 6년제 소학교로 승격시키는 데는 재정상 기타 이유로 곤란하므로, 당분간 4년제 심상소학교로 존속시키고, 점차 그 수업 연한을 연장시킨다.

③ 사범학교의 경우 종래에 소학교 교원 양성기관과 보통학교 교원 양성기관이 분립되어 있던 것을 하나로 통합한다.

④ 교수요지, 교과목, 교과과정 등에 관하여는 조선어 이외의 것은 양국인의 것을

3) 오천석, 「한국신교육사(상)」(서울: 광명출판사, 1975), 294쪽.
4) 재레드 다이아몬드(저), 김진준(역), 앞의 책, 627쪽.

같이 한다. 그리고 소학교의 교과서는 문부성이 편찬한 것을, 중학교와 고등학교의 교과서는 총독부가 편찬한 것을 사용한다.

⑤ 조선어는 정규 교과로부터 수의과(선택과목)로 밀려났다. 수의과라고 하지만 실제로는 이를 개설하지 못하도록 압력을 가하였다.

⑥ 교육 내용에 있어서는 수신과에서 3대 강령을 주입시키고 실천하도록 하고, 국어(일본어)는 조선인을 황국신민화하는 데 가장 중요한 과목이라고 하여 강조했다. 역사와 지리에서는 일본의 역사와 지리를 익히고, 동근동조론(뿌리와 조상이 같다는 주장)과 한국의 지정학적 약점을 강조하여 황국신민으로서의 충성심과 애국심을 배양하도록 했다. 심지어 수리 혹은 예체능 교과에서까지 황국신민의 정조를 함양하도록 할 것을 규정하고 있다.

한편, 1941년 3월 31일에는 '국민학교령'을 발표하여 '심상소학교'를 '국민학교'로 개칭하였으며, 그 교육목적을 "황국의 도에 따라 초등 보통교육을 실시하여 국민의 기초적 연성(鍊成)을 이루는 데 있다."고 하였다.

이처럼 '국민학교'라는 명칭은 일제 말기에 황민화교육 정책의 일환으로 사용하게 되었으며, 광복 후에도 1995년까지 계속 '국민학교'라는 명칭을 사용했었다. '국민학교'가 이와 같은 역사적 기원을 가지고 있다는 이유로, 1980년대부터 교명을 바꾸어야 한다는 주장이 꾸준히 제기되었다. 그 결과 해방 50주년을 맞은 1995년 관계 법령을 개정하여, 1996년 3월 1일부터 교명을 '초등학교'로 바꾸게 되었던 것이다.

이어서 전쟁이 막바지에 달한 1943년 3월에는 제4차 조선교육령을 발표하고, 10월에는 다시 '교육에 관한 전시비상조치령'을 발표함으로써 교육은 그 본래의 기능보다 전쟁수행을 위한 수단으로 전락하게 되었다. 그리하여 '황국신민서사 지주'를 건립하게 하고, 지원병제도를 설치하여 '지원'이란 미명하에 우리 청년들을 강제로 징집하여 전쟁터의 총알받이로 끌고 갔다. 또 많은 한국인 노동자들을 강제로 끌어다가 전쟁 수행을 위한 물자 생산에 동원하고, 근로동원이란 명목으로 각 급 학교 학생들의 노동력을 착취했다. 금품과 곡식을 강제 징발하고, 창씨개명(성과 이름을 일본식으로 바꿈)을 강요하고, 나아가서 애국채권(愛國債券)의 강매, 여자정신대의 동원, 궁성요배,

신사참배 등 이른바 '국민정신총동원' 운동을 전개했다. 이를 위하여 매스컴을 동원하고, 한국인 저명인사들을 공갈협박 혹은 회유의 방법으로 동원하여 이들을 앞세워 친일사상을 고취하고, 학생들을 학도병에 지원하도록 설득하고 선동하는 연설과 글을 쓰도록 강요했다. 그리하여 적지 않은 저명인사들이 이에 굴복하여 친일 혹은 매국노의 낙인이 찍히게 되었다. 이는 당사자의 치욕일 뿐만 아니라 민족사의 비극라고 아니할 수 없다.

2. 주권 회복을 위한 민족교육 운동

이와 같이 국권을 상실하고 일제의 강압과 간교한 식민지 정책 하에서도 우리 민족은 식민지 지배에 정면으로 도전하는 적극적 항일운동으로, 혹은 식민지 정책의 테두리 안에서 소극적인 언론·출판 활동 혹은 교육활동, 문화운동, 계몽운동 등을 통하여 국권회복을 위한 다양한 운동을 전개해 왔다. 3·1운동, 6·10만세운동, 광주학생운동, 그 밖의 각 급 학교 학생들의 동맹휴학이 비교적 적극적 항일운동이라면, 민족주의 선각자들에 의한 학교의 설립과 운영, 브나로드운동과 문자보급운동 그리고 야학운동, 농촌계몽운동 등은 소극적 저항운동이라고 볼 수 있다. 이들 중 대표적인 것들을 간단히 살펴보기로 한다.

1) 3·1 독립운동

3·1 독립운동은 단순히 1919년 3월 1일이라는 특정일에 일어난 일시적인 운동이 아니다. 이는 2월 8일의 일본 동경 유학생들을 중심으로 한 2·8독립선언에서부터 3월 1일 이후에 이어진 전국적인 만세운동과 이에 자극받은 광범위한 민족운동을 총칭하는 것으로 이해해야 한다. 이는 일제의 식민통치하에서 억눌렸던 민족의 울분이 지식인 계층의 주체적 민족자결의식의 각성을 계기로 폭발된 민족적 거사였다. 이로써 일제에게는 스스로 식민통치 방식에 대한 재점검을 하지 않을 수 없을 만큼 큰 충격을

주었고, 우리 민족에게는 잠재된 민족적 역량을 스스로 확인하는 계기가 되었다.

3·1운동은 민족 대표 33인의 독립선언서 낭독을 시작으로 학생층과 도시 노동자 및 상인층에 의하여 전국의 주요 도시로 확산되었고, 다음 단계로 전국의 각 농촌으로 확산되었다. 그리하여 민족 대표 33인이 3년의 형기 전에 모두 풀려난데 비하여 시위에 참가했던 학생과 민중들의 피해는 매우 컸다. 일제가 평화적인 시위에 무력으로 탄압함으로써 이에 맞서 폭력적 저항이 일어났기 때문이다. 시위 참가자 연인원은 약 200만 명으로 추산되며, 6월 30일 현재 투옥된 1,729명 중 972명(56%)이 학생이며, 276명(16%)이 교사로 집계되었다. 이를 보더라도 학생과 교사가 중심이 되었음을 알 수 있다. 이 운동은 이후의 민족 운동사에 중요한 영향을 준 사건으로, 그 교육사적 의의를 손인수는 다음과 같이 요약하고 있다.[5)]

① 3·1운동은 관·공·사립의 구별 없이 참여한 학생들의 민족감정이 결집된 것이었다. 그 후 의식 있는 학생들은 정부의 감시와 간섭이 심한 관·공립보다 상대적으로 자유로운 사립학교를 선호하는 경향이 나타났다.

② 사립학교 간은 물론이고 학생 간에도 유대의식이 더욱 강화되었다. 그리하여 학교 간의 자매결연, 혹은 '조선교육회'라는 협의회의 결성이 이루어지고, 1924년 9월에는 '조선총학생연합회', 1925년 9월에는 '조선학생사회과학연구회' 등이 결성되었다.

③ 아동중심 혹은 인간본위(人間本位)의 교육사상이 싹트고, '조선본위(朝鮮本位)'의 교육운동이 일어나게 되었다. 방정환이 '어린이'라는 말을 처음 사용하고, 어린이날을 제정하고, 1926년 최현배는 「조선민족 갱생의 도」에서 인간본위와 조선본위의 교육을 제창했다. 1927년 조선교육회와 신간회(新幹會)에서도 인간본위와 조선본위의 교육을 제창했다. 그리하여 각 급 학교에서 한국역사와 한국어에 대한 관심이 더욱 고조되었다.

④ 우리나라 학생운동의 전통을 수립하였고, 그 정신과 전통이 그 후의 학생운동으로 계승되었다.

⑤ 러시아와 서울과 중국 상하이 등지에서 임시정부가 수립되는 계기가 되었다.

---

5) 손인수, 「한국교육사 II」(서울: 문음사, 1987), 648~657쪽.

⑥ 여성의 사회참여 의식과 남녀평등 의식을 자극하여 이후에 많은 여성운동이 일어나는 계기가 되었다.

2) 조선 민립대학 설립운동

한국인에 대한 고등교육 억제는 일제 식민지교육 정책의 기본 방향이었다. 그러나 우리 민족 지도자들은 일찍부터 한국인에 의한 고등교육기관이 절실히 필요함을 느끼고 한국인에 의한 대학 설립을 위한 노력을 꾸준히 해왔다. 그 하나는 사립 전문학교의 대학승격 추진으로, 보성전문학교가 보성대학 기성회(期成會)를 설립하여 총독부에 인가를 신청하였으나 거절당한 일이다. 또 하나는 1907년부터 전개된 국채보상운동으로 모금운동을 전개하던 중 합방이 되자 모금된 돈으로 민립대학을 설립하기 위하여 민립대학 기성회를 조직하고 총독부에 대학 설립을 신청하였으나 거절당하고 이 운동은 수포로 돌아갔다.

그러다가 3·1운동 후 민족교육에 대한 열의가 더욱 고조되어 1920년 6월 23일 한규설, 이상재 등 100여 명이 재단법인 조선교육회를 결성하고, 민립 종합대학을 설립하기로 결의하였다. 이어서 동년 12월에 창립된 조선청년연합회 역시 민립대학의 실현을 촉구하였다. 그리하여 1921년 1월 23일 이상재·이승훈·윤치호·김성수·송진우·유억겸·신흥우·신석우·오세창 등 각계 인사들이 조선민립대학 기성회를 결성함으로써 민립대학 설립운동은 본격화되기에 이르렀다.

한편, 이런 움직임을 눈치 챈 일제는 일본대학의 분교를 설치할 것을 시도하였다. 그러나 일본의 '대학령'에 한국에 분교를 세울 수 있는 법적 근거가 없음을 확인하고 우리가 추진하는 종합대학을 일본 어느 대학의 분교로 하자는 제안을 하였으나 조선교육회 임원들은 이를 거절하였다. 그리고 1923년 1월 9일 '삼가 2천만 부모, 형제, 자매에게 고함'이란 제목을 걸고 발기인(發起人) 모집 광고를 전국에 배포하고, 3월 29일에는 YMCA회관에서 조선민립대학 기성회 발기총회를 개최하였다. 여기에는 전국 각 군의 발기인 1,170명 중에서 462명이 참석했고, 이어서 자금 모집을 위한 각종 사업을 추진해 나갔다. 동아일보와 조선일보를 비롯한 각 언론이 후원하고 전 국민의 호응을 얻어 거족적인 민중운동으로 번져나갔다.

그러나 일제의 교묘한 방해공작과 1923년의 대홍수, 1924년의 극심한 가뭄이 겹쳐 모금운동은 목표액 1천만 원의 10분의 1정도 수준에서 중단되고, 결국 민립 종합대학 설립운동은 실패로 돌아가고 말았다. 일제는 한국인의 대학설립 욕구를 무마하기 위하여 1924년 5월에 경성제국대학관제를 공포하여 그 해에 예과를 설치하고, 1926년에 법문학부와 의학부를 설치하고, 1941년에 전시체제에 응하여 이공학부를 설치하였다. 이것이 국립서울대학교의 전신인 관립 경성제국대학이다.

한편, 기성회 기금관리위원이었던 인촌 김성수는 독자적으로라도 대학 설립을 하려는 큰 뜻을 품고 1929년 12월부터 3년 동안 일본과 영국·프랑스·독일·체코·미국 등지의 유명 대학을 두루 순방하였고, 1932년 경영난에 봉착한 보성전문학교를 인수하여 사재를 투입하여 안암동에 새로운 교사를 신축했다. 1940년 다시 민립대학 승격을 추진했으나 총독부가 이를 허락하지 않아서 그대로 보성전문학교로 유지하다가 광복 후에야 비로소 고려대학교로 승격하게 되었다.[6)]

3) 브나로드 운동과 문자보급 운동

브나로드(vnarod)란 원래 러시아어로 '민중 속으로'라는 의미인데, 러시아 지식계급이 노동자 농민 속에 뛰어들어 민중들과 같이 생활하며, 민중을 지도하던 민중운동이다. '브나로드 운동'이란 동아일보사가 이 말을 따다가 1931년부터 1934년까지 실시한 농촌계몽과 문자보급 운동이다.

1928년 4월 동아일보는 창간 8주년 기념행사를 계기로 문맹퇴치운동을 전국 각지에 벌이려 하였으나 조선총독부의 방해로 중지하고 말았다. 그러나 다음해 여름 방학부터 조선일보사에서 귀향 학생들을 통한 문자보급 운동을 전개하여 크게 성공을 거두었다.

이에 동아일보는 1931년부터 '브나로드'라는 슬로건을 걸고 여름방학에 귀향하는 학생들을 동원하여 각 지방에서 한글과 산술을 가르치고, 연극·음악·오락도 가르쳤다. 당시에는 인구 2,000만 명 중 약 8할이 문맹이었으므로 학생들에 의한 문자보급 운동은

---

6) 손인수, 「한국교육사 II」(서울: 문음사, 1987), 657~663쪽.

매우 큰 의미를 갖는다. 참가하는 학생들은 주로 고등보통학교 4,5학년과 전문학교 학생들로 구성되었으며, 학생계몽대, 학생강연대, 학생기자대 등 세 분야로 조직하여 활동하였다. 계몽대는 주로 한글과 산술을 가르치고, 강연대는 학술강연, 시국강연, 위생강연 등을 실시하고, 기자대는 이들 활동을 취재하여 '고향통신', '생활수기' 등의 이름으로 신문에 투고하였다.

이 운동은 1935년 일제의 중지 명령으로 중단되고 말았으나, 조선일보와 동아일보에서 실시한 것을 모두 합하면, 전국에 걸쳐 남녀 학생 약 5,700여 명이 참가했고, 약 10만 명이 수강했으며, 배부된 교재의 수는 약 210만 부에 이른다. 이는 비록 짧은 기간이었지만, 언론기관과 학생이 협력하여 문자보급과 민중계몽에 앞장서서 민족의식을 고취했다는 점에서 그 역사적 의의가 크다.7)

4) 그 밖의 사회·교육 운동

정규학교교육이 점점 더 일제에 의하여 탄압과 간섭을 받게 되자, 다양한 형태의 사회운동과 교육운동을 통하여 민중을 계몽하고 민족의식을 고취하려는 노력이 그치지 않고 이어졌다. 이런 운동 중 특기할 만한 사례들을 몇 가지만 살펴보면 다음과 같다.

① 1914년 경성고등보통학교 부설 교원양성소가 조직한 조선물산장려계, 1917년 3월 평양 숭실학교 학생과 그 졸업생들이 조직한 조선국민회 등이 실시한 애국계몽운동과 물산장려운동은 특기할 만하다.

② 백산 안희제(安熙濟)는 1907년부터 교남학우회를 조직하고, 의신학교·창남학교를 설립하고, 대동청년당을 결성하는 등 다양한 방법으로 민족운동을 하다가 1911년 만주와 러시아로 망명하여 독립운동 방략을 모색했다. 1914년 귀국하여 부산에서 백산상회를 경영하며 독립자금을 지원하는 한편, 국내와 해외에 점포망을 두고 독립운동의 거점 역할을 했다. 1919년 11월에는 '기미육성회'라는 장학재단을 설립하여 국내외 유학생을 후원하고, 1933년에는 다시 만주로 망명하여 발해농장을 세워 독립투쟁을 위한 인적·물적 기반을 마련하는데 힘썼다.

---

7) 손인수, 「한국교육사 II」(서울: 문음사, 1987), 663~668쪽.

③ 1926년 수원농림고등학교 학생들이 '건아단'을 조직하여 화성군 안용면 고견리에 야학을 세워 민중교육에 참여했으며, 1930년대에도 '상록수운동'을 전개했다.

④ 1925년 10월에 천도교에서 조직한 조선농민사는 농촌계몽과 공생조합과 같은 생활운동을 전개했으며, 기관지로 「조선농민」과 「농민」을 발간하며, 「농민독본」, 「농민과학강좌」, 「위생강좌」 등의 교재를 만들어 야학을 실시했다.

⑤ 1923년부터는 기독교중앙청년회가 주관하여 농촌운동을 전개했다. 이들의 농촌활동은 주로 정신교육(종교활동), 보건교육, 농사개량지도, 농촌계몽, 문맹퇴치, 협동조합운동 등으로 이루어져 있다. 한편, 기독교계에서는 각 교회가 중심이 되어 주일학교를 실시하고, 하계 아동성경학교를 개설하여 성경과 한글을 가르쳤다.

⑥ 김용기(金容基)는 1938년에 경기도 양주군에서 기독교적 이상촌(理想村)을 만들어 협동조합과 소비조합운동을 하고, 1944년에는 여운형(呂運亨)과 함께 용문산에서 노동자 농민들을 중심으로 농민동맹을 조직하고 일제의 공출, 징용, 징병에 반대하는 여러 가지 활동을 전개하기도 하였다.

5) 항일 학생운동

3·1운동 이후 학생들의 항일 민족정신은 더욱 높아져서 다양한 형태의 항일 민족운동이 전개되었다. "한국인 교육은 한국인 본위로!" 혹은 "보통학교 교수 용어를 한국어로!"라는 구호를 외치며 일제의 식민지 교육에 항거하여 시위와 항의, 격문(檄文) 배포, 혹은 동맹 휴학 등의 형태로 이어졌다. 이러한 항일정신은 간간히 어떤 결정적 계기를 만나면, 1926년 6·10만세 운동과 1929년의 광주학생운동 등과 같은 형태로 표출되었다.

6·10만세 운동이나 광주학생운동도 그 발단의 계기는 조금씩 다르지만, 결국은 일제의 한민족에 대한 차별 대우에서 비롯된 민족적 저항정신의 발로이다. "우리의 교육은 우리 손에 맡기라.", "일본제국주의를 타파하라.", "토지는 농민에게 돌려라.", "집회·결사·출판의 자유를 획득하자.", "조선 민족아 궐기하라." 등의 구호에서 알 수 있는 바와 같이 학원의 자유와 민족문화의 자유 그리고 부당한 차별대우를 철폐하라는 것

이다. 또한 이런 운동은 처음에는 한 두 학교에서 발단이 되지만, 점차 전국적으로 확산되어 다수의 학교와 학생들이 참여하여 적지 않은 희생자를 내기도 했다. 이와 같은 민족운동의 불길은 쉽사리 꺼지지 않고 계속 이어졌다.

우리는 일본제국주의의 침략으로 주권을 상실한 과거 35년 동안의 역사를 결코 잊어서는 안 될 것이다. 왜 우리가 주권을 상실하고 이민족의 지배하에 들어가게 되었는가? 우리의 선열들은 조국 광복을 위하여 어떤 노력을 하였는가? 그리고 우리 민족이 겪은 고통과 수모와 수난의 역사는 물론, 그런 수난 속에서 어떻게 우리 민족의 얼과 언어와 역사와 문화를 지켜올 수 있었는가를 생각해야 할 것이다.

한 민족의 전통을 지키고 민족의 자존과 독립을 유지하는 데 교육이 얼마나 중요한가를 다시금 생각해 보고, 우리의 문화와 의식 속에 아직도 식민지교육의 잔재가 남아 있지 않은지를 반성해 보아야 한다. 또한 치욕의 역사를 되풀이하지 않기 위하여 교육이 해야 할 역할이 무엇인가를 다시 한 번 생각해 보아야 할 것이다.

Ⅶ 광복 후의 교육

1. 미군정기의 교육

1945년 8월 6일과 9일 히로시마와 나가사키에 원자폭탄이 투하되고, 8월 15일 일본이 무조건 항복을 선언함으로써 우리 민족은 35년간의 일제의 질곡에서 벗어나 꿈에도 그리던 광복을 맞게 되었다. 이때 패망한 일본군의 무장해제와 투항업무를 분담하기 위하여 미국과 소련은 북위 38도선을 경계로 9월 2일 북쪽은 소련이 남쪽은 미군이 진주하기로 합의했다. 그러나 소련은 협정을 어기고 8월 23일 38선 부근에 선견대(先遣隊)를 파견하고 26일 스치코프 대장을 사령관으로 하는 소련군이 평양에 진주하였다. 한편 9월 7일에는 하지 중장이 이끄는 미군이 인천을 통하여 서울에 진주했다. 민족 지도자들이 통일 정부를 수립하기 위하여 다각적인 노력을 기울였으나 수포로 돌아가고, 일시적 필요에 의하여 생겨난 경계선은 1948년 남과 북에 각각의 정부가 수립되면서 분단으로 고착되었다. 1950년에는 북한의 기습 남침으로 6·25전쟁이라는 동족상잔의 피비린내 나는 비극을 겪고 1953년 7월 27일 정전협정 체결로 38선은 휴전선으로 바뀌어 민족의 분단 상황이 오늘날까지 이어지고 있다.

1) 군정기의 교육행정

미군정은 1945년 9월 7일 하지(J. R. Hodge) 중장의 지휘하에 미군이 진주한 때부터 시작하여 1948년 8월 15일 대한민국 정부가 수립될 때까지 실시되었다. 하지는 서울에 미군정청을 설치하고 9월 12일 마지막 총독이던 아베(阿部信行)를 파면함과 동시에 육군 소장 아놀드(A. L. Arnold)를 초대 군정장관에 임명하였다. 극동군 사령관 맥아더의 포고문은 “점령군에 대한 모든 반항운동 또는 보안질서를 교란하는 행위를 하는 자는 엄벌에 처한다.”(3조)고 했으며, “군정기간 중에 영어를 모든 목적에 사용하는 공용어로 한다.”(5조)고 했다.

군정 시행과 동시에 109명의 장교가 각 부서의 책임자로 임명되었는데, 미군정기 한국교육의 책임을 맡은 사람은 미국 육군 대위 락카드(E. N. Lockard)였다. 이들은 대부분 한국의 실정에 무지할 뿐만 아니라 학력도 정규 대학을 이수하지 못한 사람들이 대부분이었다. 그들은 대부분 제2차 세계대전 수행을 위하여 전시에 급조된 장교나 직업군인들이었다. 락카드는 시카고의 어느 초급대학 영어 교수 출신으로 한 나라의 교육행정을 지도할 만한 지식과 경험을 갖지 못했다.[1] 오천석에 따르면 미군정 책임자들 특히 교육 관련 책임자들이 한국의 실정에 무지한 것이 한편으로 불행이고, 한편으로는 다행이라고 회고했다. 그들이 한국 실정에 어두운 탓에 한국 교육의 기초를 다지는 데 한국 지도자들의 뜻이 크게 반영될 수 있었다는 점에서 오히려 다행이라는 뜻이다. 따라서 이들은 우선 기독교인이면서 영어를 잘 구사할 수 있는 한국인의 도움을 필요로 했다.

그리하여 학무국장인 락카드가 처음 도움을 요청한 한국인은 오천석이었다. 1945년 12월부터 미군정청은 각 부서에 한국인과 미국인 2인의 책임자를 두도록 했고, 한국인 학무국장에 유억겸, 부국장에 오천석이 기용되었다. 오천석은 일찍이 미국에 유학하여 코넬대학을 졸업하고, 1929년 노스웨스턴대학교에서 석사학위를 받고, 1931년 콜롬비아대학교에서 교육학으로 박사학위를 받은 선각자였다. 오천석은 군정기의 문교차장과 문교부장을 역임하였고, 후에는 제2공화국의 문교부 장관을 지내기도 하면서

---

1) 오천석, 「한국신교육사(하)」(서울: 광명출판사, 1975), 7쪽 참조.

한국 교육의 정초를 다지는 데 주요한 역할을 했다.

오천석의 추천에 의하여 1945년 9월 16일 유억겸·김성수·백낙준·김활란·김성달·현상윤·최규동 등 7명으로 한국교육위원회를 조직했고, 그 뒤 윤일선·조백현·정인보·백남훈 등 4명이 추가되었다. 한국교육위원회는 실질적인 교육문제 전반에 대한 심의와 결정을 하였고, 각 도의 교육행정 책임자의 인사문제도 다루었다. 한국교육위원회의 심의를 거쳐 군정청은 1945년 9월 22일 당면한 교육방침을 결정했다. 그 요지는 첫째로 일제 잔재의 불식, 둘째는 평화와 질서의 유지, 셋째는 생활의 실제에 적합한 지식과 기능의 연마이다.

이어서 9월과 10월에는 응급조치로 '국민학교'와 중·고등학교의 개학을 추진하여 중단되었던 교육을 재개하였다. 1945년 11월 23일에는 군정청 학무국 산하에 교육계와 학계의 권위자 100명으로 조선교육심의회를 구성하고, 이념·제도·행정·초등교육·중등교육·직업교육·사범교육·고등교육·교과서·의학교육 등 10개의 분과위원회로 나누어서 1946년 3월 7일까지 분과회의 105회, 전체회의 20회를 거듭하며, 해방 후 한국교육의 기초를 다지는 작업을 하였다. 그 결과 홍익인간(弘益人間)을 교육이념으로 채택하고, 6-3-3-4제의 단선형(單線型) 학제를 채택했으며, 종래의 3학기제를 폐지하고 1년을 2학기로 나누어 1학기를 9월부터 다음해 2월까지, 2학기를 3월부터 8월까지로 정하고, 1946년 9월부터 의무교육을 실시하기로 했다.

한편, 군정 초기에 해야 할 시급한 일 중의 하나는 교과서의 편찬이었다. 일제의 잔재를 청산하고 진정한 민족교육을 실시하기 위하여 한국어로 새로운 교과서를 편찬하는 일이 무엇보다 급선무였다. 1945년 9월 조선어학회가 중심이 되어 초등용과 성인용 국어교과서를 편찬하기 시작하여, 11월 15일 최초의 한글 교과서인 「한글첫걸음」이 출판되었고, 이어서 「국어독본」(상·중·하)·「공민」[2)]·「음악」·「습자」·「지리」·「국사」·「교사용 국어독본」 등이 편찬되었다. 당시 교과서 편찬에서 특기할 사실은 상용한자를 1,000자(후에 1,300자)로 제한하고 한글 전용과 가로쓰기를 원칙으로 채택했다는 점이다. 1947년 12월 군정청이 발표한 교과서 편찬 수는 총 134종으로, 이 중

---

2) 「공민(公民)」이라는 교과는 1946년 중앙 학무국 편수과에서 처음 편찬한 중학교 1,2학년용 교과서이다. 내용은 국민생활에서 기초적으로 알아야 할 것들을 다루었다. 오늘날의 '사회'과목에 해당된다고 볼 수 있다.

초등용 교과서가 41종, 중등용 교과서가 70종, 대학 및 전문학교 교과서가 23종에 달하는 놀라운 성과를 거두었다. 아울러 각 급 학교의 수와 학생의 수도 놀라운 증가를 보였다. 해방 직후 1,600,330명이었던 초등학교 취학 아동수가 1947년 9월에 2,275,063명으로 증가했다.

학무국은 절대 부족인 교사 양성을 위하여 각 사범학교에 강습과 혹은 임시 초등교사 양성과를 부설하는 한편, 군정 첫해에 경기·개성·강릉·충주·부산에 5개의 사범학교를 신설하고, 이듬해인 1947년에 다시 군산·순천·목포·안동에 4개의 사범학교를 증설했다. 또 중등교사 양성을 위하여 경성사범학교와 경성여자사범학교를 합하여 경성사범대학으로, 대구사범학교를 대구사범대학으로, 1948년에는 공주사범학교를 2년제 사범대학으로 승격시켰다. 또한 새로운 교육이념과 교수법을 전달하기 위한 교사 재교육을 위하여 각종 강습회도 적극 추진하였다.

또한 군정 초기의 교육적 당면 과제의 하나는 77%에 달하는 문맹자를 해소하는 일이었다. 이를 위하여 학무국에 성인교육과를 설치하여 전국적으로 국문 강습회 운동을 벌이는 한편, 공민학교를 설치하여 학령을 초과한 청소년을 수용하여 기초교육을 실시하도록 하였다.

2) 군정기의 새교육 운동

해방과 더불어 한국교육이 민주주의 노선에 따라 재건되어야 한다는 생각은 거의 모든 교육자들에게 일치하였으나 구체적인 이념적·방법적 이해와 대안을 갖고 있지 못했다. 다만 전통적 교육을 지양하고 민주주의 이념을 토대로 교육을 재건해야 한다는 데에 동의하고 있었다. 이를 오천석은 '새교육'으로 명명하는 교육운동으로 전개하였다. 새교육은 곧 민주주의 교육이념과 미국식 진보주의 교육방법으로 요약될 수 있다. 새교육이 지향하는 바를 그 제창자인 오천석의 설명을 요약하면 다음과 같다.[3)]

첫째, 전통적 교육의 계급주의와 차별주의를 배격한다.

둘째, 인간을 도구화하는 교육을 배격하고, 사람 자체를 목적으로 하는 교육이다.

---

3) 오천석, 「한국신교육사(하)」(서울: 광명출판사, 1975), 33~35쪽 참조.

셋째, 억압과 복종의 교육이 아니라 자유인의 교육이다.

넷째, 획일주의 교육을 거부하고, 개인차를 인정하고 개성을 존중하는 교육이다.

다섯째, 과거의 문화유산을 전달하는 지식중심·서적중심의 교육을 배격하고, 생활중심의 교육, 즉 삶을 풍요롭게 하는 교육이어야 한다고 했다.

이를 위한 교육과정은 아동중심 생활중심의 교육과정이어야 하고, 미국의 진보주의 교육자들이 실험한 달톤플랜(Dalton Plan), 과제중심학습법(Project Method; 구안법) 등과 같은 학습방법을 소개하기도 하였다. 문교부는 종래에 공민, 역사, 지리로 나누어져 있던 교과를 사회생활과로 통합하고, 단원중심·활동중심의 교수법을 보급하려고 노력했다. 이런 운동은 각종 강습회와 잡지의 간행 등을 통하여 전개되었고, 해방 직후 이념적 공백상태였던 우리 교육을 지도하는 하나의 이념으로서 많은 관심을 불러 일으켰고, 호응을 얻기도 했다. 이는 당시 우리 교육을 이끌었던 인물들이 주로 1920~30년대에 진보주의 교육의 전성기에 미국에서 교육학을 공부한 인물들이었다는 점과도 관련이 있을 것이다. 그러나 교원도 시설도 열악한 당시의 교육환경에서 미국식 진보주의 교육이 성과를 거두기에는 한계가 있었으며, 한편으로 지나친 과거에 대한 부정이 전통의 단절로 이어졌다는 비판을 면할 수 없다.

3) 대학의 설립과 국대안 파동

1946년 8월에 제정된 대학설치령에 따라 억눌렸던 고등교육에 대한 요구는 기존의 전문학교를 대학으로 승격시키고 혹은 새로운 고등교육기관의 설립으로 나타났다. 김성수는 보성전문학교를 3개 단과대학으로 구성된 고려대학교로 개편함으로써 일제의 방해로 몇 차례 좌절을 겪었던 민립대학 설립의 꿈을 비로소 이루게 되었고, 이어서 연희전문학교는 연세대학교로 개편되었다.

한편, 문교부는 1946년 8월 27일 “부족한 인적 및 물적 자원을 최대한으로 활용함으로써, 교육의 질을 향상시키고 국가 재정을 가장 유효하게 사용할 것”을 목적으로 ‘국립 서울대학교 설치령’을 발표하여, 경성대학을 비롯한 기존의 관립 고등교육기관을 통폐합하여 9개 단과대학으로 구성되는 국립 종합대학을 만들기로 하였다.

이 안이 발표되자 관련된 학교 관계자 외의 일반 여론은 대체로 찬성을 표하였으나, 해당 직원과 학생들은 심한 반발을 하게 되었다. 반대의 이유는 경성대학 관계자의 입장에서는 질적 저하를 우려하였고, 다른 관립 전문학교에서는 전통의 상실과 자치권의 박탈을 우려했기 때문이다. 이와 같은 국립서울대학교설치안(국대안)에 대한 논란은 시간이 흐르면서 좌익분자들의 이념투쟁의 수단으로 변질되었다. '국대안' 반대의사는 좌익분자들의 숨겨진 정치적 목적과 영합하여 등록 거부와 동맹 휴학으로 번졌고, 문교부는 그해 12월에 서울대학교의 휴교를 선언하고 동맹휴학생 전원에게 정학처분을 내리는 극약처방을 하기에 이르렀다. 이 운동은 좌익계의 조직망을 타고 전국으로 번져 400여 개의 학교가 동맹휴학을 하는 대사건으로 번졌다. 한편, 이의 확산을 막아야 한다고 생각하는 학생들은 이듬해부터 전국건설학생연맹과 애국여학생회를 조직하여 '국대안' 지지운동을 벌이기도 했다.

국대안 파동은 약 1년 만에 진정되어 '국대안'은 계획대로 추진되어 국립서울대학교의 탄생을 보게 되었다. 그러나 이것은 미군정기 최대의 학생운동이며, 동맹휴학생의 절반에 해당하는 4천956명이 제적되고, 해당 교수의 3분의 2인 380명의 교수가 해임되는 엄청난 희생을 그 대가로 치러야 했다.

2. 대한민국의 교육

1948년 7월 17일에 공포된 대한민국 헌법은 대한민국이 민주공화국임을 규정하고, 국민의 자유와 평등과 창의를 보장하고, 제16조에서 "모든 국민은 균등하게 교육받을 권리가 있으며, 적어도 초등교육은 의무적이며 무상으로 한다."고 규정하였다. 이어서 8월 15일 정부수립과 더불어 새로 구성된 문교부에서는 교육의 기본법인 교육법 제정을 위하여 교육계 인사들을 망라하여 기초위원회를 구성하여 초안을 작성하고, 1949년 11월 30일 국회를 통과하여 12월 31일에 11장 173조로 된 교육법을 공포하였다.

교육법 제1조에서는 "교육은 홍익인간의 이념 아래 모든 국민으로 하여금 인격을 완성하고, 자주적 생활능력과 공민으로서의 자질을 구유(具有)하게 하여 민주국가 발전에 봉사하여 인류공영의 이상실현에 기여하게 함을 목적으로 한다."고 교육의 이념과 목적을 규정하고 있다. 또 제8조에서는 모든 국민은 6년간의 의무교육을 받을 권리가 있음을 규정하고, 국가의 지방자치단체는 이를 위하여 필요한 학교를 설치 운영하여야 하며, 학령아동의 친권자 또는 후견인은 그가 보호하는 아동에게 초등교육을 받게 할 의무가 있음을 규정하였다. 이와 같이 교육의 의무와 권리 및 교육자치제에 관한 규정을 명문화함으로써 적어도 제도적으로는 민주주의교육과 의무교육을 위한 법적 장치가 마련되었다. 그러나 완전한 무상 의무교육의 실시와 교육자치제의 실현을 위해서는 더 많은 시간을 기다릴 수밖에 없는 것이 당시의 정치적·경제적 현실이었다.

1950년 6월 25일 북한 공산군의 남침에 의한 동족상잔의 비극은 가뜩이나 열악한 교육환경을 더욱 악화시켰으며, 우리의 정치·경제·사회·문화 및 교육 발전을 지연시켰다. 뿐만 아니라 남북 간에 불신감과 적대감을 심화시키는 계기가 되었다. 문교부는 1952년 2월 전시 하에 '교육 특별 조치령'을 제정하여 피난 학생의 취학을 독려하고, 가교실을 건축하고, 피난 특설학교를 설치하고, 거제도에는 북한 피난 학생을 위한 특설학교 혹은 분교를 설치하였다. 한편, 대학교육의 특수성을 감안하여 전시연합대학을 부산·광주·전주 및 대전에 설치하였고, 전시 생활을 지도하기 위하여 '국민학교'용 「전시생활」, 중학교용 「전시독본」, 교사용 「전시학습 지도요항」 등의 전시 교재를 발행하여 배부하였다.

1953년 7월 27일 휴전협정이 조인된 후 1960년 4·19까지의 두드러진 특징은 교육의 양적 팽창이었다. 이는 학부모의 자녀교육에 대한 열성과 아울러 정부의 문호개방주의와 의무교육의 추진, 학령인구의 급격한 증가 등이 주된 원인으로 작용하였기 때문이다.

전쟁 후에 두드러진 교육정책은 반공민주교육의 추진과 과학기술교육의 강화를 들 수 있다. 시청각교육이 중시되고 지능검사를 비롯한 각종 표준화검사가 교육에 도입된 것도 이 기간의 일이다. 또한 1952년 5월 24일 시·군 교육위원회 위원 선거가 실시됨으로써 군정기부터 추진되어 온 교육자치제가 본궤도에 오르게 된 것도 이 시기의 일이다.

그러나 1950년대 말부터 자유당 정권의 독재와 횡포가 나날이 심해지더니 드디어 1960년 3·15 부정선거로 이어지고, 학생들이 주동이 된 4·19 혁명에 의하여 자유당 정권을 종말을 고하게 되었다. 이는 해방 후 민주주의 교육을 받으며 성장한 청년 학생들의 순수한 정의감의 발로였다. 혁명으로 이승만 자유당 정권이 물러나고 과도정부(過渡政府)가 들어서자, 억눌렸던 민주화의 요구는 각계각층에서 일시에 분출되고, 학원은 학원대로 연일 무능 혹은 어용(御用) 교사(혹은 교수)를 규탄하는 데모와 시위로 일대 혼란을 겪어야 했다. 따라서 과도정부의 문교정책은 학원의 정상화, 사도(師道)의 확립, 교육의 중립성 확보를 내걸었고, 정부수립과 동시에 창설되었던 학도호국단은 민주화 추세에 맞추어 해체되었다. 7월 29일 총선거에 의하여 제 2공화국이 수립되고 오천석이 문교부장관으로 취임하였다. 새 정부는 학원의 민주화, 교육행정의 분권화, 교육의 질적 향상을 정책 방향으로 제시했으나, 1년이 못되어 5·16 군사 쿠데타가 일어나서 민주화의 싹은 꺾이고 한국교육의 민주화를 위한 행진은 중단되고 말았다.

1961년 5·16 이후 약 2년여의 군정과 3공화국과 유신정부를 거쳐 5공화국에 이르기까지 군사정부에 의하여 민주주의는 크게 왜곡되고 교육의 자율권은 심히 훼손되었다. 군사정부의 문교정책은 간접침략의 분쇄, 인간개조, 빈곤타파, 문화혁신으로 요약된다. 그 후 군사정부는 경제건설과 철저한 반공 이데올로기의 주입 및 방위산업의 육성에 주력했다. 교육 또한 이와 같은 경제개발과 방위태세 강화를 위한 목적에 영향을 받을 수밖에 없었다. 특히 대학에 대한 모든 정책은 학원 안정에 초점이 모아졌다. 따라서 교육은 표면상의 구호와 슬로건이 무엇이건 궁극적으로 생산력 향상과 체제유지와 사회 안정에 집중되어 교육의 비인간화를 촉진시키는 결과를 가져왔다. 물론 제3공화국에서 4공화국에 이르는 박정희 대통령 집권 시기에 이룩한 괄목할만한 경제성장은 세계가 부러워할 만큼 눈부신 것이었으며, 궁극적으로 정치·사회의 민주화를 촉진시키는 기초를 마련했다는 점에서 긍정적인 측면이 있음은 부인할 수 없다. 그러나 이 시기에 형성된 물질만능주의와 쾌락주의의 풍조, 교육의 비인간화, 계층 간 지역 간의 갈등, 깊어진 불신의 골은 민족통일을 위하여 앞으로의 교육이 극복해야 할 중요한 과제로 남겨졌다.

이 시기의 특기할 만한 교육정책들을 요약하면 다음과 같다.

- 교육자치제의 부활: 5·16 후 폐지되었던 교육자치제가 1964년부터 서울특별시와 도 단위의 교육자치제가 부활되어 교육위원회가 구성되고, 교육위원회의 추천을 거쳐 교육감이 임명되었다. 그러나 엄밀한 의미에서의 교육자치제라고 보기는 어렵다.
- 장기 종합 교육계획 수립: 제 3차 경제개발 5개년 계획과 보조를 맞추어 1972년부터 1986년까지, 3차의 5개년 중기 계획을 포함하는 15년의 장기계획을 수립했다. 학교 시설과 설비를 확충하여 초등학교 2·3부제 수업을 해소한 것은 중요한 성과의 하나로 꼽힌다.
- 중학교 무시험 진학 실시: 급격한 교육 수요의 팽창으로 중학교 입시부터 경쟁이 치열하여 초등학생부터 과열과외가 성행하고, 그로 인하여 성장기의 신체발달과 사회적·교육적 문제가 심각하게 대두되었다. 이를 해결하기 위하여 1968년 2월 중학교 무시험 진학제도를 공포하여 1969학년도부터 1971학년도까지 단계적으로 시행하여 오늘에 이르고 있다.
- 대학입학 예비고사 도입: 1961년과 1963년에 실시하여 시행착오로 끝난 대학입학자격 국가고시제도를 예비고사 제도로 바꾸어 1968년 10월 14일 공포하여 1969학년도부터 실시했다. 그 후 부분적인 개선과정을 거치면서 대학입학 학력고사로 1993학년도 입학전형까지 존속되었다.
- 국민교육헌장 제정: 1968년 12월 5일에는 한국교육의 새로운 이정표를 제시한 국민교육헌장이 선포되었다.
- 안보교육·새마을교육: 1971년 12월 6일 국가비상사태와 관련하여 안보교육체제를 강화하고, 1972년 3월 17일에는 대통령의 특별 유시로 새마을교육이 교육과정에 편입되었다.
- 국적 있는 교육 강조: 1973년 1월 23일 박정희 대통령의 문교부 순시(巡視)에서 '국적 있는 교육'이 제창되었다. 이는 주체적 민족사관의 정립, 새 한국인 상의

형성을 위한 국가관의 정립, 한국적 민주주의의 토착화 등으로 구체화되어 한국사와 국민윤리 교과에 반영되었다.

- 고등학교 입시제도 개혁: 1973년 2월 28일 민관식 문교부장관은 고등학교 및 대학교의 입시제도 개선방안을 발표하고, 3월 13일에 그 구체적 시행 계획을 발표하였다. 고등학교 입시제도는 인문계 고등학교와 실업계 고등학교로 구분하여 인문계는 후기에 실업계는 전기에 실시하며, 인문고교의 입시는 학군별로 추첨에 의하여 배정하기로 했다. 인문계와 실업계 모두 연합고사 성적과 체력장 점수의 종합 평가로 선발하도록 했다. 이 방법은 일차로 서울과 부산에 적용하고 대도시부터 연차적으로 적용했다. 이에 따라 문교부는 학교의 시설과 교원의 평준화에 역점을 두고 시책을 펴나갔다.
- 대학교 입시제도 개혁: 1973년 2월 28일 발표한 입시제도 개선방안에 따라, 대학입학시험 응시 자격만 판정하던 대학입학 예비고사는 1974학년도부터 예비고사 성적이 본고사 성적과 함께 입학전형에 반영되도록 했다. 이 예비고사는 1982학년도부터 대학입학 학력고사로 다시 바뀌게 된다.
- 방송통신 대학·고등학교 설립: 1972년에 방송통신대학교를, 1974년에 방송통신고등학교를 설립하여 학령기를 놓쳤거나 직장을 가진 국민들에게 정규 교육의 기회를 제공하게 되었다.
- 한국교육개발원 발족: 1972년 8월 30일에는 한국교육개발원이 발족되어 종전의 중앙교육연구소를 흡수 통합하여 교육 전반에 대한 종합적이며 과학적인 연구기관으로 성장하였다. 한국교육개발원은 교육정책 수립에 기여한 바가 크다고 하겠으나, 그 연구의 객관성에 대한 비판적 견해도 있는 것이 사실이다.
- 교수임용제 도입: 1976년에는 대학의 연구 분위기 조성과 교수의 질적 향상을 목적으로 교수임용제를 도입했다. 교수임용제도란 교수 임용 시에 기간을 정하여 기간이 만료되면 재임용 절차를 밟는 것을 말한다. 정치적 이유 혹은 교수에 대한 압력으로 악용되는 경우도 없지 않으나 교수의 연구와 교육 활동을 독려하는 효과가 크다고 보아 오늘날까지 이어지고 있다.
- 교육정상화 및 과열과외 해소방안 발표: 1980년 7월 30일 교육정상화 및 과열과외

해소를 위하여 1981학년도부터 대학입학 본고사를 폐지하고, 출신 고등학교의 내신 성적과 예비고사 성적만으로 대학 신입생을 선발하는 일대 개혁을 단행하였다. 그러나 의도한 과열 과외와 사교육비 증가를 막지도 못했을 뿐더러 교육 정상화에 대한 성과 역시 회의적이다. 사교육비 억제와 중등교육 정상화를 위한 대학입학 전형제도의 개혁은 그 후에도 다양한 방법으로 시도되었으나 여전히 해결되지 않은 교육 정책의 과제로 남아있다.

이상의 정책들은 아직도 그 성과를 속단하기 어려우나 대부분의 정책이 충분한 연구 검토 없이, 정권이 바뀔 때마다 졸속으로 결정되어 획일적으로 적용되었고, 정책의 일관성을 유지하지 못했다. 또한 정책결정이 순수한 교육적·학문적 동기보다 정치·사회적 동기에서 이루어졌거나 동기와는 달리 엉뚱한 목적으로 악용되었다는 데에 더 큰 문제가 있으며, 이로 인한 불신이 정책의 성공을 저해하는 악순환을 낳게 되었다.

이 장에서는 해방 후 미군정기의 교육과 정부수립 후의 대한민국 교육이 어떻게 변천되었는가를 중요한 사건과 정책을 중심으로 살펴보았다. 특히 대한민국의 교육은 현재진행형이기 때문에 시대구분의 문제를 비롯하여 교육정책과 교육문화 전반에 대한 보다 객관적인 평가와 균형 잡힌 연구가 앞으로 이루어져야 할 것이다. 이 책에서는 1980년대 초까지의 중요한 사건 중심으로 간략하게 소개하고 좀 더 체계적인 서술은 앞으로의 과제로 남겨두기로 한다.

PART 2

서양교육사

Ⅰ. 고대의 교육
Ⅱ. 중세의 교육
Ⅲ. 르네상스와 교육
Ⅳ. 종교개혁과 교육
Ⅴ. 실학주의와 교육
Ⅵ. 계몽주의와 교육
Ⅶ. 신인문주의와 교육
Ⅷ. 현대의 교육

I 고대의 교육

1. 그리스의 교육

그리스 문화는 오리엔트(이집트 및 서아시아 지역)에서 시작되었으나, 종교와 정치가 결합되어 나타나는 오리엔트 문화와는 다른 성격의 문화로 발전하였다. 그리스 문화는 인간중심의 문화를 형성한 인본주의적 성격을 지니면서, 뒤의 로마문화와 함께 서양문화의 근원을 이루었다.

그리스 문화의 특징은 첫째, 인본주의(humanism)의 강조이다. 이것은 그리스 신화에 나오는 신의 특성을 살펴보면 알 수 있다. 그리스의 신은 유태교를 바탕으로 한 오리엔트의 절대적 능력을 가진 신과는 달리 인간적이었다. 종교와 정치가 결합된 오리엔트의 신정문화와는 달리 인간의식을 바탕으로 인간의 이성과 개성을 존중함으로써 인간성을 높이고 확대하여 나갔던 것이다.

둘째, 완전성의 추구이다. 그리스 사람들은 세계를 하나의 아름다운 조화의 실제로 보았으며 예술에 있어서도 조화와 균형을 이룬 완전미를 추구하였다. 인간상에 있어서도 지혜와 행동을 겸비한 인간, 건전한 신체와 정신을 갖춘 인간을 이상적 인간상으로 제시하고 있다.

셋째, 자유시민 공동체인 폴리스(polis)를 바탕으로 발전하였다. 그리스 사람들이 독특한 생활체제인 폴리스가 언제, 어떠한 과정을 거쳐 성립하는지에 관한 자세한 기록은 없으나, 대체로 폴리스를 도시국가라고 불러도 무방하다. 폴리스는 도시국가로서 하나의 정치적·행정적 조직이기도 하지만, 아고라 광장에서의 집회를 통해 인간 존재의 의의, 인간행위의 규범, 공공적 존재로서의 인간의 가치 등을 가르치는 기관이기도 하였으므로 도시 전체가 하나의 학교와 같은 기능을 수행했다고 볼 수 있다.

고대 그리스의 수많은 폴리스 중에서 대표적인 폴리스로는 스파르타와 아테네를 들 수 있다. 스파르타는 당시 펠로폰네소스 동맹의 대표이고, 아테네는 델로스 동맹의 대표이었으며, 서로 다른 교육을 지향하였다. 이에 군사교육 중심의 스파르타 교육과 민주교육 중심의 아테네 교육에 대하여 살펴보기로 한다.

1) 스파르타

스파르타는 발칸반도 남부의 비옥한 땅인 라코니아 지방을 정복한 도리아 족에 의해 세워진 폴리스이다. 스파르타에는 세 종류의 계급이 있었다. 원주민으로서 원래부터 예속적인 신분의 농노, 스파르타 도시 주변의 반자유인(참정권이 없는 자유인), 그리고 완전한 시민으로서의 자유를 지닌 스파르타 시민계급이 있었다. 도리아 족의 후예로서 완전한 시민의 자유를 지닌 스파르타 시민계급은 전체 인구의 5~10%에 불과했다. 따라서 이들은 스파르타 인구의 절대 다수를 차지하고 있는 농노와 반자유인의 반란을 경계하지 않을 수 없었다. 이러한 끊임없는 반란의 위험 속에서 정복에 의한 사회체제와 지배자의 지위를 유지하기 위하여 스파르타는 시민의 생활을 항상 전시체제와 다름없이 조직하고 군사교육을 강조하였다.

한편, 주변의 도시국가들을 점령해 기원전 6세기 이후에는 그리스 최강의 도시국가를 형성하기도 하였다. 이와 같이 비대해진 국가를 관리하기 위하여 스파르타는 강력한 군사주의 교육을 통하여 전쟁에서 승리할 수 있는 시민을 양성하고, 지혜의 사람보다는 행동의 사람을 길러내고자 하였다. 스파르타 교육의 목적은 강한 힘, 용기, 복종심, 인내력 등을 기르면서 조국에 대한 애국정신을 함양하는 것이었다.

이러한 체제 속에서 학문이나 예술이 발전할 수는 없었다. 스파르타는 오직 잘 훈련된 용감한 군인과 강한 군대를 가졌을 뿐이다. 그리스 최대 최강의 도시국가였지만, 군사교육에 전념하였기 때문에 문화적인 측면에서는 후세에 별로 기여한 것이 없다.

2) 아테네

오늘날 그리스의 수도인 아테네는 이오니아 족이 아티카에 세운 폴리스로써 스파르타와는 대조적으로 법과 정의가 지배하는 창의적이고 개방적인 도시국가였다. 이 지역은 물질적으로 풍요로운 곳이 아니었으나 점차 경제적 체계가 갖추어지기 시작하였다. 초기 아테네의 정치 형태는 원시적 왕정이었으며, 폴리스의 형성과정에서 토지를 소유한 귀족들이 정치·군사면에 있어서 높은 지위를 차지하여 이들에 의해 귀족의회가 형성되었다. 그러나 귀족과 평민 간의 갈등이 심화되자, 기원전 594년에 집정관 솔론(Solon, B.C. 639~559)은 부유한 평민에게도 참정권을 부여하고, 토지 소유의 한계를 정하는 등 사회 정의와 민주화를 위한 일대 개혁을 단행하였다. 일반적으로 솔론은 아테네 민주주의의 창설자로 일컬어진다.

아테네의 교육은 스파르타와는 달리 행동의 인간보다 지혜의 인간을 더욱 강조하였으며, 개인의 자유를 인정하고 신체와 정신이 조화를 이루어 개인의 균형 있는 발달을 도모하는 데 그 목적을 두었다. 즉 아테네의 교육은 개성을 전면적으로 발전시켜 개인의 교양을 쌓아 자유시민으로서의 자기책임을 완수할 수 있는 인간을 길러내고자 하였다. 영어에서 학교를 의미하는 말인 school의 어원이 여가 또는 한가함을 뜻하는 그리스어 스콜레(schole)이다. 이는 당시 학교가 생업에 종사할 필요 없이 여가가 있는 자유시민의 생활과 교양을 위한 지식을 추구하는 곳이었음을 의미한다.

아테네의 학교교육은 7세에 시작되어 체조학교와 음악학교에서 교육을 받게 된다. 체육과 음악은 그리스 시대의 공통적인 교육내용이었다. 이때 아이들을 학교로 데리고 다니면서 가르쳤던 노예들을 파이다고고스(paidagogos: 어린이를 인도하는 사람이라는 뜻)라고 하였으며 오늘날 교사(pedagogue)의 어원이 되었다. 18세가 되면 국가에 충성한다는 서약을 하고 2년간의 교육을 받게 되는데, 이들을 에페베(ephebe)라고 한다. 이들은 일종의 엘리트 청소년으로서 아테네의 문화를 이루어나갈 꿈나무들이며, 20세에는 완전한 시민자격을 획득하게 된다.

3) 아테네와 스파르타의 차이

그리스 문화의 모체를 이루고 있는 아테네와 스파르타는 그 문화, 정치제도, 교육의 성격, 시민들의 기질 등 거의 모든 면에서 대조적이다. 스파르타의 정치는 전체주의적인 경향이 강했고, 아테네의 정치는 개인주의적 경향이 우세했다. 스파르타인들은 엄격하고 근엄한 것을 좋아했고, 아테네 사람들은 우아하고 세련된 것을 좋아했다. 스파르타와 아테네의 정치사상의 근본적 차이는 집단주의와 개인주의로 대비할 수 있다. 즉 모든 권리와 행복이란 전체에 대한 개성의 절대적인 복종에서만 가능하다고 믿는 것이 스파르타의 정치사상이라면, 아테네의 정치사상은 전체에의 복종은 개성적 목적 달성을 위한 수단이라고 본다. 그러나 아테네의 정치사상이 개체에 치중하고 개인주의적이었다고 하더라도 그것이 곧 반국가적인 것은 아니었으며, 모든 것이 국가 밑에서의 자유이며 또한 국가 밑에서의 개성을 주장하는 것이었다. 그리스 사람들은 누구나 조국에 충실하였던 것이다.

아테네와 스파르타의 교육은 그 제도·내용·방법에 있어서는 대조를 이루고 있으나 그들의 기본적 교육목적은 좋은 시민, 강한 군대를 양성하여 국가를 보호하자는 것으로 비슷하였다.[1)]

2. 그리스의 사상가

1) 소크라테스

소크라테스(Socrates, B.C. 469~399)는 소피스트들과 마찬가지로 인간의 문제를 사고의 출발점으로 삼았다. 소크라테스에게 있어서 교육의 목적은 모든 인간으로 하여금 무지의 세계에서 벗어나 지혜를 사랑하는 애지의 세계로 나아가게 함으로써 진리를 보급시키는 일이었다.

---

1) 김인회, 「교육사 교육철학 강의」(서울: 문음사, 1985), 174쪽.

모든 진리는 명백한 개념에 의하여 파악되어야 하는데, 그 일을 위하여 소크라테스는 문답법 또는 대화법을 사용하였다. 문답법은 2단계를 거쳐 진리에 이르게 한다. 먼저 제1단계로 학습자의 무의식적인 무지에서 의식적인 무지로 이끄는 반어법이 있다. 제2단계로 무지의 자각으로부터 참다운 지식, 보편타당한 지식, 즉 합리적인 진리로 인도하는 산파술이 있다.

이와 같은 소크라테스의 방법의 교육적 의의는 진리의 공동생산이라는 점에 있다. 교육이란 교사의 일방적인 지식 전달이 아니라, 교사와 학생이 대화를 매개체로 하여 합리적인 진리에 공동으로 도달하는 방법으로써 이는 동양의 사제동행적 교육방법과 일맥상통하는 것이라고 볼 수 있다.

2) 플라톤

국가의 이념을 도덕의 실천에 두고, 교육을 통해 길러진 철학자들에 의한 정치의 이상을 꿈꾸었던 플라톤(Platon, B.C. 427~347)은 소크라테스의 제자이며, 교육을 국가주의적 관점에서 논하고 있다. 플라톤의 교육사상은 그의 저서 「국가론」에 잘 나타나 있다.

플라톤은 국가 전체가 지향해야 할 이상적 덕목을 공정성 또는 정당성이라고 보았다. 그의 이상국가에는 지배계급·군인계급·생산계급의 세 계급이 있는데, 각기 넘나들 수 있는 신분계급의 구조가 아니었으며, 각 계급에 따라 받을 수 있는 교육의 기회도 제한함으로써 소수의 지적 엘리트를 대상으로 한 교육을 추구하였다.

한편, 플라톤은 「국가론」 제7편에서 동굴의 비유를 통해 교육의 본질을 규명하고 있다. 그에 따르면 교육이란 인간에게 원래 선천적으로 내재해 있는 힘을 잘 계발하여 스스로 이데아의 세계를 볼 수 있도록 인간의 영혼을 전향시키는 일이다. 다시 말해서, 교육이란 단순한 지식을 학생의 머리에 주입시키는 일방적 작용이 아니라, 잠자고 있는 영혼을 자극하여 국가사회에서 자신의 맡은 바 소임을 스스로 다할 수 있도록 일깨워주는 일이다. 즉, 교육의 일차적 목적이 정확한 지식의 전달이라면, 교육의 궁극적 목적은 학습자 스스로 깨달아 자립할 수 있는 인간을 길러내는 일이라고 할 수 있다.

3) 아리스토텔레스

18세 때에 플라톤의 아카데미아에 입학하여 약 20년간 수학한 아리스토텔레스(Aristoteles, B.C. 384~322)는 플라톤의 제자이면서도 플라톤의 지나친 이상주의적 관념을 배격하고 존재의 기반을 사물세계로 끌어내렸다. 즉 실재하는 것은 오직 현실의 사실세계 뿐이라고 하였다. 특히 그는 인간의 존재 규명에 있어서도 인간을 사회적 동물 또는 정치적 동물이라고 함으로써 인간의 현실세계에 대한 인식을 새롭게 하고자 하였다. 이러한 아리스토텔레스의 사상은 실재주의 교육의 토대가 되었다.

아리스토텔레스는 교육의 궁극적 목적을 행복한 삶(eudaimonia)을 영위할 수 있는 인간을 기르는데 두고 있으며, 행복을 최고선(最高善)이라고 보았다. 최고선으로서의 행복을 실천하기 위하여 그는 중용의 덕을 지키는 이성적 삶을 요구하고 있는데, 이성적 삶은 과학과 철학을 통한 이성의 훈련을 통하여 가능하다고 보았다. 아리스토텔레스에 의하면 이성은 인간을 인간답게 만드는 근본적 요소이다.

3. 로마의 교육

그리스 사람들이 학문과 예술에 뛰어나고 심미적이었던 반면에, 로마인들은 군사적·정치적 조직에 뛰어난 현실적이고 실제적인 민족이었다. 그래서 사람들은 비록 로마가 그리스를 군사적으로 정복하였지만 그리스는 로마를 정신적으로 지배하고 있었다고 말한다.

로마는 기원전 146년 그리스 정복을 기점으로 하여 그 이전을 공화시대, 그 이후를 제정시대라고 한다. 그리스 정복 이전의 공화시대에는 가정교육이 교육의 중심이었으며, 루두스(Ludus)와 같은 사립학교에서 읽기·쓰기·셈하기·12동판법 등을 가르치고 있는 정도였다. 그러나 그리스 정복 이후 로마는 도덕적으로 타락하고 사회적 부패와 사치가 만연하여 쓰러져가는 로마의 재건을 더 이상 가정교육에서 기대할 수 없게 되었으며, 학교교육만이 쓰러져가는 로마를 지킬 수 있다고 보았다.

제정시대 이후 로마의 학교교육은 그리스식의 학교교육으로 대치되었다. 교육의 목적은 주로 지적 발전을 지도하는 데 있었다. 언어의 능력과 공적 담화 및 성공적인 토론이 교육의 주된 목적 중 하나였다. 즉 교육의 기능은 웅변에 능숙해서 국가에 실제적 봉사를 할 수 있는 선량한 인간을 육성하는 데 있었다.

Ⅱ 중세의 교육

1. 중세의 교육

정치사적으로 볼 때에 중세란 서로마가 멸망한 476년부터 동로마가 멸망한 1453년까지의 약 1,000년간을 말한다. 그러나 일반적으로는 십자군 전쟁이 끝나는 13세기까지를 중세라고 하며, 14~15세기는 르네상스로 따로 분류하여 다루고 있다. 11세기까지의 상황을 볼 때 유럽 세계는 비잔틴 세계나 이슬람 세계에 비하여 문화적으로 훨씬 뒤떨어져 있었고, 특히 민족이동기나 그 직후의 혼란과 무질서로 인하여 이를 유럽의 암흑시대(dark age)라고 부른다. 서로마제국이 멸망한 이후 유럽에는 봉건 영주들이 정권을 장악하면서 봉건제도가 정착되었다. 중세 사회는 로마 교황을 중심으로 한 기독교와 민족적인 봉건국가에 의하여 새로운 질서를 확립하게 되었다. 따라서 중세 유럽의 주체는 교회와 봉건 영주들이었으며, 교육도 기독교교육과 기사도 교육이 주를 이루게 되었다.

1) 기독교 교육

중세교육의 목표는 일차적으로 인간을 순종과 신앙으로 이끌고 기독교적 완전성으로 인도하는 것이었다. 그리하여 이들을 종교적·교회적 공동체에서 활동하는 구성원으로 육성하여 천국의 시민이 될 수 있도록 하는 것이다.[1] 이와 같은 중세의 기독교적 교육기관으로는 교리문답을 중심으로 초등교육을 담당하였던 문답학교, 문답학교의 교사양성을 목적으로 한 고급문답학교, 문답학교와 고급문답학교보다는 높은 수준의 교육을 통해 교회의 성직자를 양성하기 위해 각 교구의 본산 소재지에 세운 사원학교(본산학교), 왕족들의 교육을 위해 궁정에 세운 궁정학교, 수도사를 양성하기 위해 수도원에 부속된 학교로 설립한 수도원학교 등이 있었다.

기독교는 원래 평등주의에 기초하고 있었으나, 중세 봉건사상과 결탁하면서 새로운 형태의 계급구조를 형성하게 되었다. 따라서 중세 계급구조와 결탁한 기독교는 지배계급의 지배를 정당화시키기 위하여 인간의 눈을 현세에서 내세로 돌리는 교육을 실시하게 되고, 혁신이나 발전보다는 신 중심의 문화를 지향함으로써 현실을 탐구하는 자연과학의 업적이 없었다.

2) 기사도 교육

한편, 중세 봉건제도의 산물로는 기사도 교육을 들 수 있다. 기사도 교육의 목적은 무지하고 야만적인 기사들에게 기독교 정신을 습득시킴으로써 용기·충성·관용 등과 같은 군사적 미덕과 함께 예의·공손·자비 등의 사회적 미덕을 갖추게 해주는 일이었다. 이렇게 함으로써 원래 무절제하고, 기독교적 계율에 어긋난 생활을 하던 기사에서, 약자와 부녀자를 보호하고 교회 및 영주에 봉사하는 기사가 되도록 가르치고자 하였다. 기사도 교육은 중세 말기인 12세기경에 그 절정을 이루었는데, 이는 봉건사회가 자리를 잡고 안정되어 감에 따라 좀 더 세련된 기사가 시대적으로 요청되었기 때문이다.

---

1) Albert Reble, *Geschichte der Pädagogik*(Stuttgart: Ernst Klett Verlag, 1975), p.56.

2. 시민학교와 대학의 발생

1) 시민학교의 발생

중세말 1096년부터 1291년까지 약 200년간 7차례의 원정을 했던 십자군 전쟁을 통하여 전쟁물자를 수송하고 전리품을 반입하는 과정에서 이탈리아 남부 항구도시를 중심으로 무역과 상업이 번창하는 신흥도시의 신흥 시민계급이 형성되었다. 십자군 원정의 결과 봉건제도가 몰락하고 시민사회가 성립되는 시대적 상황 속에서 신흥 시민계급은 영주의 세력으로부터 독립하게 되고 교회의 권위는 실추되었다. 이제 현실생활에서의 힘이 과거의 관념적 권위나 전통적 질서보다 우세하게 되었고, 지금까지 교회가 가르쳐 온 예속적 인간의 모습이 아닌 자유롭고 창조적인 인간의 모습을 되찾자는 운동으로 발전되었다. 이러한 사상은 후에 르네상스 운동으로 이어진다.

이와 같이 실질적 세력을 형성한 시민계급은 종래의 지배계급 위주의 교육과는 다른, 자신들의 실생활에 필요하고 알맞은 교육, 즉 직업적이고 생산적인 교육을 요구하게 되었다. 중세말 도시의 새로운 시민정신과 시민문화가 형성됨으로써 세속적이고 현실적인 시민교육이 요청되었던 것이다. 이러한 요구에 의해 생겨난 것이 각종 직업의 조합에서 설립한 조합학교(guild school)이다.

2) 대학의 발생

중세 교육사에서 주목할 만한 사실은 대학의 발달이다. 십자군 원정의 결과 동서문화의 교류가 이루어지기 시작하였고, 현실적인 학문을 받아들여 상공업이 발달하면서 세속적 학문의 필요성이 절실해지고 중세의 대학은 시대의 객관적 상황 변화로 인하여 지적 욕구가 충만한 학생들이 유명한 스승을 찾아 집결함으로써 각지에 자생적으로 나타났다. 최초의 대학은 1088년에 설립된 이탈리아 북부지방의 볼로냐 대학으로, 1158년에 프리드리히 1세가 정식 승인을 하고 13세기에 교황청의 승인을 받았다. 볼로냐 대학은 법학을 중심으로 발전하였다. 이탈리아 남부의 살레르노 대학은 의학을 중심으로 한 대학으로 1060년에 세워져 가장 오래된 대학이나, 공인된 연도는 1231년으로 볼로냐 대학보다 다소 늦다. 다음으로 프랑스에서는 신학과 철학을 중심으로 노트르담 사원에 파리 대학을 1109년에 설립하였으며, 1180년 루이 7세가 공식 승인하고 교황청이 1198년 승인하였다. 영국에서는 옥스퍼드 대학이 1167년 세워졌으며, 당시의 독일에서는 1348년 프라하 대학이 최초로 설립되었다. 프라하는 당시 독일 지배령이었으며, 현재의 독일에서 가장 오래된 대학은 1386년에 개교한 하이델베르크 대학이다.

학문연구의 자율성과 권위, 그리고 학생들의 자치권을 바탕으로 설립된 조합대학의 성격을 지녔던 중세대학의 특권은 다음과 같은 것들이 있다.

① 교수·학생의 병역, 부역, 세금 면제

② 대학 내 독립법정을 설치하여 치외법권적 지위부여

③ 대학 자체의 학위수여권

④ 학생들의 총장 선출권

Ⅲ 르네상스와 교육

1. 인문주의 교육

14~15세기에 걸쳐 이탈리아에서 출발하여 유럽 전역에 파급된 미술과 문학의 눈부신 발전을 일반적으로 르네상스 또는 문예부흥이라고 부른다. 르네상스는 외부적인 권위와 형식의 구속에서 벗어나 순수한 인간 그대로의 모양으로 돌아가려는 해방운동이었다. 르네상스의 사상적 기초가 되는 인문주의란 중세 기독교의 내세주의에서 벗어나, 현실세계에서 인간 본연의 상태로 돌아오려는 사상이다. 이러한 인문주의 교육은 자유교양교육, 고전어교육을 중시하였다.

1) 자유교양교육

중세사회는 모든 활동이 기독교적 제약 속에서 이루어졌기 때문에 사고의 자유나 창의적 활동의 자유가 없었다. 따라서 이탈리아를 중심으로 일어난 인문주의 교육은 사고의 자유, 자기표현 및 창의적 활동의 자유가 주된 목적이었다. 이를 위해 르네상스의 교육은 고대 그리스 사람들의 자유교육 이상을 추구하였고 지·덕·체의 조화로운 발달을 도모함으로써 인간적 교양을 갖춘 자유인을 길러내고자 하였다. 이러한 이념은 특히 그리스의 플라톤과 아리스토텔레스의 교육사상을 기초로 이루어졌다.

2) 고전어교육

앞서 언급한 자유교양인은 교육의 결과로 길러져야 할 인간상이고, 이를 달성하기 위한 수단으로 고전문학의 학습이 강조되었다. 즉 고대 그리스 및 로마의 문헌들을 공부함으로써 그 속에 담겨져 있는 인본주의적 정신과 사상을 받아들이고자 하였다. 그러나 단지 수단이어야 할 고전어교육이 그 자체로 목적이 되고 말았다. 교육의 목적이 생활과 관련되지 못하고 고대의 언어와 문학에 함몰됨으로써 전인교육으로서의 이상이 실현되지 못하고 좁은 의미의 잘못된 인문주의 교육이 유럽을 지배하였다.

고전중심의 인문주의의 교육사상은 시간이 흐름에 따라 점차 좁은 형식적 인문주의로 변질되어 갔다. 15세기 말부터 16세기 초에 이르는 르네상스 말기에는 로마의 위대한 문장가·시인·웅변가였던 키케로의 유명한 문장을 암송하고, 교육에서도 그의 문장구성 형식을 강조하였다. 원래 고전에 담겨져 있는 내용과 정신을 이어받고자 했던 인문주의 교육이 고전의 형식에 열중하는 나머지 단순히 고전 문장의 암송과 모방에 급급하게 되었다. 이러한 형식위주의 고전어교육에 제한된 인문주의적 경향을 일반적으로 키케로주의라고 한다.

이와 같은 키케로주의는 오늘날 실제의 생활 또는 행동과 연결되지 못한 언어중심, 교과서중심의 잘못된 학교교육의 모습으로 나타났다.

2. 에라스무스의 교육사상

네덜란드의 로테르담에서 태어난 에라스무스(Erasmus, 1466~1536)는 인문주의자인 동시에 신학자였다. 르네상스기의 대표적 인문학자이며 기독교적 인문주의자인 에라스무스는 교육의 목적을 다음과 같이 규정하였다. 첫째, 경건한 마음을 길러야 한다. 둘째, 도덕적 정신의 함양과 선량한 생활을 습관화해야 한다. 셋째, 성서문학을 통해 마음의 양식을 풍부하게 해야 한다. 넷째, 라틴어를 잘 쓸 수 있도록 고전어 학습을 철저히 해야 한다.

그는 「아동의 자유교육론」(1529)에서 모든 교육은 빈부, 귀천, 남녀의 차별 없이 이루어지고 개성에 의한 교육이 이루어져야 한다고 주장하면서 교육방법의 기본원리를 다음과 같이 밝히고 있다.

첫째, 체벌은 학습의 동기를 유발하는 데 도움이 되지도 않고 필요하지도 않다. 자유인에게는 자유스러운 교육이 실시되어야 한다. 체벌은 자유인을 노예화할 뿐이며, 체벌 없는 자유교육이 참된 교육이다.

둘째, 아동의 성격을 면밀히 조사하여 개별적인 학습이 이루어지도록 해야 한다. 개성이 다양한 학생들에게 동일한 내용을 동일하게 가르쳐서는 안 된다.

셋째, 아동의 정신 발달과 흥미에 따라 가르치는 교재의 양을 조절하여야 한다.

넷째, 라틴어의 학습을 위해서는 일상생활의 대화뿐만 아니라 모든 글과 편지를 라틴어로 해야 한다.

이상과 같은 에라스무스의 교육론은 아동중심의 심리적 기초와 인문주의 사상에 바탕을 둔 것이었다.

Ⅳ 종교개혁과 교육

1. 종교개혁의 과정

독일의 종교개혁을 유발시킨 직접적인 계기는 1514~1517년에 걸쳐 진행된 면죄부 판매였다. 당시 교황청의 사치는 극에 달하고 있었으며, 베드로 사원을 개축하는 데 막대한 자금이 필요하였던 교황 레오 10세는 독일 마인츠의 대주교인 알버트로 하여금 면죄부 판매를 승인하였다. 면죄부를 산 사람은 신의 은혜로 자신이 지은 죄를 용서받고 구원을 받아 천국에 갈 수 있다는 교황청의 주장에 대하여 루터(M. Luther, 1483~1546)는 1517년 10월 31일 비텐베르크 교회 문에 95개 조항에 달하는 반박문을 게시함으로써 본격적인 종교개혁이 시작되었다. 루터는 "의인은 오직 믿음으로 말미암아 살리라"는 성경 로마서 1장 17절을 인용하여, 사람의 구원은 면죄부가 아니라 성서와 개개인의 신앙에 의해서만 이루어질 수 있음을 천명하고 사면보다는 신앙에 의한 구제를 기원하라고 하였다. 따라서 종교개혁의 근본사상은 신앙주의와 성서주의에 입각하고 있음을 알 수 있다. 교회나 신부를 통해서만 가능했던 타율주의적·간접적 신앙에서 벗어나 하나님과 직접 교제할 수 있는 자율주의적·직접적 신앙으로의 변화를 추구함으로써 교권적 형식주의는 무너지고 개인적 내용주의가 등장하게 되었다.

이에 교황 레오 10세는 1520년 루터를 파문하고, 황제 카알 5세는 루터에 대해 체포령을 내렸다. 체포령을 피해 루터는 작센의 영주인 프리드리히의 도움으로 바르트부르크(Wartburg) 성에서 보호를 받으며 약 10개월에 걸쳐 성서를 독일어로 번역하였다. 이로써 성서를 성직자뿐만 아니라 모든 국민이 쉽게 접하고 이해할 수 있도록 하는 데 결정적인 계기가 되었다.

2. 종교개혁이 교육에 미친 영향

종교개혁은 직접적으로는 종교적 모순에 대한 개혁이었지만, 간접적으로는 사회 전반에 걸친 사회운동·문화운동이었으며, 동시에 교육개혁운동이었다. 왜냐하면 현실적으로 형식화된 교권과 타락한 승려에 대항하기 위한 합리적 수단은 교육받은 인간의 지성과 이성에 의존하지 않을 수 없었기 때문이었다. 이는 위에서 아래로의 개혁이 아니라, 아래에서 위로의 개혁이었다. 종교개혁이 교육에 미친 영향을 요약하면 다음과 같다.[1]

첫째, 성서의 독일어 번역을 통하여 교육의 대중화에 기여하였다. 종교개혁은 소수 특권계급의 사람들뿐만 아니라 일반 대중도 이성을 계발하여 신에 대한 믿음을 확고하게 할 필요가 있었다. 루터에 의해 성서가 일상 독일어로 번역됨에 따라 모든 국민이 복음을 직접 읽을 수 있게 됨으로써 보통교육의 보급이 빠르게 확산되었다.

둘째, 실용적인 인간을 길러 내는 데 기여하였다. 개신교는 신앙의 자유, 그리고 인간 자체를 중요시한 결과 아동으로 하여금 즐겁게 교육받을 수 있게 하였으며, 과학적 진리를 허용하였다. 따라서 교육은 실제 사회에 유용한 인물을 양성하는 데 주안점을 두게 되었다.

셋째, 다양한 교육과정의 운영으로 종교적인 것과 세속적인 것의 조화를 도모하여 현실적인 사회발전을 강조하였다.

1) 차석기, 「교육사 교육철학」(서울: 집문당, 1986), 345~346쪽 참조.

넷째, 기초교육으로서의 가정교육의 의미를 부각시켰다. 모든 국가발전의 기초는 가정교육에 있으며, 자녀교육을 모든 교육 가운데 가장 중요한 것으로 여겼다. 이렇게 가정교육의 중요성을 강조한 것은 후에 페스탈로치에게도 많은 영향을 미치게 되었다.

3. 신교육 교육활동

종교개혁을 통해 신교가 교육에 가장 영향을 미친 것은 "모든 국민에게 교육을 시켜야 한다."는 보통교육사상이었다. 이것이 후에 제도화되어 공교육으로서의 의무교육제도가 성립하게 되었다. 이러한 보통교육의 의무화 정신은 독일의 고타 교육령과 미국의 매사추세츠 교육령으로 법제화되어 나타났다.

1) 고타 교육령

독일의 고타공국 영주인 에른스트는 루터파의 신교도로서 루터의 종교개혁 정신에 입각하여 1642년에 고타 교육령을 공포하였다. 이 법령에는 취학의무제 · 학급편성 · 학교관리 · 교육과정 · 교수법 등이 체계적으로 조직되어 있다.

고타 교육령에서 특히 주목되는 것을 보면, 아동 취학의 의무화, 아동을 근면하고 성실하게 통학시키는 것에 대한 부모의 책임에 관한 규정 등이다.

2) 매사추세츠 교육령

영국에서 추방된 청교도들은 미국의 동부지역으로 건너가 사람이 하나님으로부터 구원을 받기 위해서는 교육이 필요하다는 생각에서 교육제일주의를 주장하게 되었다. 이와 같이 신앙의 기초를 확립하기 위한 수단으로 교육의 국가책임을 인식한 그들은 1642년 매사추세츠 교육령을 제정하였다.

이 교육령은 다음과 같은 현대적 공교육제도의 중요한 원리를 내포하고 있었다. 첫째, 공립학교의 제도화, 둘째, 부모와 고용주가 그들의 자녀와 피고용인을 교육시킬 의무를 규정, 셋째, 지방자치단체의 학교설치 의무 및 의무교육 감독권 인정, 넷째, 모든 주민에 대하여 교육세를 부과하고 교육세 및 일반세금으로 모든 아동에 대한 무상교육 실시 규정이다.

V 실학주의와 교육

1. 실학주의의 발달

인문주의가 키케로주의로 변질되고, 종교개혁의 정신은 형식주의에서 벗어나지 못하게 되자, 17세기에 들어서면서 교육에서는 이에 대한 반동으로 실학주의가 생겨나게 되었다. 이러한 실학주의는 인문적 실학주의·사회적 실학주의·감각적 실학주의의 세 단계를 거치면서 발전하였다.

1) 인문적 실학주의

인문적 실학주의(humanistic realism)는 고전의 연구를 통해 현실생활에 잘 적응할 수 있는 유능한 사람을 양성함을 목적으로 하고 있다. 고전을 중시한다는 점에서는 인문주의와 같다고 할 수 있으나, 고전의 형식보다 내용을 중시하고 실생활에 필요한 내용을 강조한 점에서는 인문주의와 구별되는 실학주의이다. 즉 인문적 실학주의는 언어주의·형식주의를 배격하고 내용주의·현실주의를 추구하면서 그 내용과 현실을 고전에서 찾았던 것이다.

이와 같은 인문적 실학주의는 실학주의의 초기단계에서 나타난 것으로 실학주의의 선구적 역할을 하였다. 대표적인 인문적 실학주의자로는 프랑스의 라블레, 영국의 밀턴 등이 있다.

2) 사회적 실학주의

사회적 실학주의(social realism)는 고전을 연구하는 교육보다 사회생활의 경험을 주요 교육내용으로 하여 신사(gentleman)로서의 준비를 시키는 것을 목적으로 하고 있다. 사회적 실학주의는 인문적 교양만으로는 신사양성에 불충분하므로 실생활과의 접촉을 통해서 유능한 사회인 또는 세상일에 밝은 인간(man of the world)을 양성하려고 하였다. 이를 위해서 지식교육보다는 가급적이면 풍부한 사회 경험을 하도록 하였다. 따라서 현실사회는 이들에게 있어서 살아 움직이는 지식이며 학습장이었다.

이와 같은 사회적 실학주의의 대표적 학자로는 프랑스의 몽테뉴, 영국의 로크 등이 있다.

3) 감각적 실학주의

교육에 있어서 실학주의 사상이 완성되고 절정에 오를 수 있었던 것은 감각적 실학주의(sensual realism)에 이르렀기 때문이다. 감각적 실학주의는 인간의 감각적 직관을 기초로 사물의 본질을 파악하려고 하였다. 즉 인문적 실학주의나 사회적 실학주의에서와 같이 고전의 내용이나 사회생활을 통해서가 아니라, 실물의 표본을 감각적으로 직접 관찰함으로써 학습하는 것이 보다 효과적이며, 사물의 본질에 근접하는 것이라고 보았다.

이와 같이 감각적 실학주의는 자연과학적 지식과 실생활의 결합을 도모하였으며, 교수의 모든 원리를 자연에서 찾고자 하였다. 당시의 학교교육은 자연과학의 지식을 존중하고 감각에 의해서 사물의 관찰을 중시하는 직관적 방법을 활용함으로써 오늘날 교육방법의 원리인 직관교육 또는 시청각교육의 모체를 이루었다.

이러한 감각적 실학주의 교육의 대표적 학자는 독일의 라트케, 체코의 코메니우스 등이 있다.

2. 코메니우스의 교육사상

1) 범지학

코메니우스 교육학의 가장 커다란 특징 중의 하나는 "모든 사람들에게 모든 것을 가르친다."는 범지학(汎知學)이다. 이는 인간의 지적인 이성을 도야함으로써 도덕적·종교적 삶의 기초를 형성한다는 합리주의적 사고에서 출발하고 있다. 인간의 교육은 어느 일면만의 교육이 아니라 삶의 전체를 포섭하는 내용으로 구성되어야 하며, 이는 어느 특정한 계층의 사람에게만 필요한 것이 아니라 모든 인간에게 필요한 것이다.

코메니우스는 인간을 하나의 총체적 인격체로 보았고, 따라서 이러한 인간관에 기초한 교육은 단편적 기능을 훈련시키는 교육이 아니라, 올바른 인식의 기초가 되는 지식교육, 윤리적 삶을 위한 도덕교육, 종교적 신앙심에 의해 나타나는 경건심을 포함하는 종교교육이어야 한다. 한편, 교육에서 다루어야 할 교육내용은 "현재세계와 미래세계의 생명에 관한 모든 내용"이어야 하며, 이러한 교육의 기본원리는 "모든 사람에게(omnes), 모든 내용을(omnia), 철저히(omnino)" 가르친다는 것이었다.[1]

2) 평등교육사상

코메니우스는 자신의 범지학이론에 의한 교육은 모든 사람들에게 공통적으로 이루어져야 한다고 보았다. 신은 인간이 자신의 잠재력을 자각하고 자신의 목적을 달성하기 위해 필요한 모든 수단을 얻을 수 있도록 창조하였다고 그는 믿고 있었다. 코메니우스에 있어서 학교란 경우에 따라서 포기할 수도 있는 것이 아니라, 인간의 인간됨을 완성하기 위해 항상 우리와 함께 있어야 하는 것이었다. 인간으로 태어난 모든 사람은 인간이 되고자 하는 동일한 목적을 가지고 태어났기 때문에 남녀, 빈부, 신분의 귀천 등의 구별에 관계없이 모두 똑같이 교육받아야 한다고 코메니우스는 주장한다.[2] 코메니우스의 이 같은 주장은 신분적·계급적 차별을 초월한 하나님 앞에서의 만인 평등

---

1) 안건상, 「코메니우스의 범교육론(Pampaedia) 연구」(서울: 을지사, 1986), 43쪽.
2) 코메니우스, 「대교수학」, 제9장, 제1~2절 참조.

이라는 종교적 신념에 기초한 것이었다. 그러나 코메니우스의 이러한 평등교육사상은 초등교육 단계에만 적용된다. 중등교육 단계부터는 철저하게 학생들의 지적 능력에 따라 선발하여 교육을 받게 하였다. 그는 학교제도를 어머니 무릎학교(유아교육), 모국어 학교(초등교육), 라틴어 학교(중등교육), 대학(고등교육)으로 구분하였다.

3) 평화교육사상

코메니우스는 그의 생애에 있어서 30년 전쟁(1618~1648)을 거치는 동안 조국을 잃고 끊임없는 망명생활을 하면서 자연히 개인의 행복과 민족의 해방을 염원하게 되었고, 이는 세계평화를 위한 제도적 장치의 마련을 통해 가능하다는 일련의 사회철학적 사상을 형성하게 되었다. 그의 평화교육사상은 단순히 교육적이고 교수법적인 원칙이 아니라 학문적·정치적·종교적인 개혁을 지향하는 사회철학적 사상이었다.

학문적 영역에 있어서의 세계평화는 새로운 형태의 국제교육을 통해 가능하다고 생각하였다. 세계평화를 위해서는 온 인류가 함께 사용할 수 있는 세계책(universal books), 세계학교(universal schools), 세계대학(universal college), 세계언어(universal language)라는 네 가지 요소가 반드시 필요하다고 주장하였다. 이는 오늘날의 개념으로 본다면 국제이해의 교육을 통해 인종 간·민족 간 오해와 갈등을 극소화시킴으로써 인류의 화합을 도모하고자 한 것으로 평가된다.

코메니우스는 정치적 영역에 있어서의 개혁을 통한 세계평화를 기원하면서 정치인들의 기구로 평화재판소를 제안하였다. 평화재판소는 공공행정, 법률, 사법권의 모든 영역과 모든 나라에서의 사법권을 증진하고, 재판소와 판사들의 교육과 사법 간행물들을 점검하고, 민족 간 국가 간의 분쟁을 해결하는 곳이다. 지금으로부터 약 400년 전에 벌써 이와 같은 국제사법기구의 필요성을 역설한 코메니우스의 평화사상은 높이 평가받을 만하다.

종교적 영역에 있어서 화합을 통한 세계평화에의 기여는 코메니우스에 있어서 각별한 의미를 지닌다. 왜냐하면, 그 자신이 개신교에 가까운 모라비아 형제교단의 목사로서 당시의 무의미하고 무모했던 30년 종교전쟁의 직접적인 피해자였기 때문이다. 구교와 신교가 서로 반목하고 갈등하면서 기독교 본래의 정신을 살리지 못하고 정치적 권력과 연계되어 세력 싸움을 벌인 30년 전쟁은 비극이었다. 이에 코메니우스는 모든 교회와 종교단체들이 함께 모여, 각 교회의 자유를 보장하면서 서로 감독하고, 교리의 차이로 교회 간에 적대감이 형성되지 않도록 조정하는 세계종교법원을 구상하였다. 세계 종교인들의 화합과 협력을 증진시키기 위한 국제기구를 통해 세계평화를 유지하려고 했던 것이다.

4) 자연주의적 교수이론

코메니우스에 있어서 학문이란 그 속에 하나님의 지혜가 천명되어 있는 자연에 관한 학문을 말한다. 즉, 사물의 본질에 관한 지식을 일컫는다.[3] 코메니우스의 이러한 학문관은 그의 실학주의에 기초가 되고 있다. 그리고 모든 사물의 교육 또는 교육 일반에 있어서 그 방법은 철저하게 자연을 거스르지 않는 것이어야 한다고 주장하면서 모든 교수방법의 원리를 자연현상으로부터 도출하거나 유추해냈다. 이러한 이유로 코메니우스의 교육관을 흔히 감각적 실학주의라는 말로 표현하기도 하고 직관교육이라고 말하기도 한다.

그의 직관교육방법은 '언어 이전에 사물'이라는 표현으로 압축될 수 있는데, 이는 종래의 인문주의적 교육이 범했던 오류를 시정하고 좀 더 인간의 본성에 맞는 교육방법을 추구했던 것으로 여겨진다. 언어는 많은 인문주의자들이 생각했던 것처럼 그 자체로 목적이 되는 것이 아니다. 언어는 단지 수단일 뿐이고 그것을 통해서 우리는 교육을 창조해야만 한다.[4] 이러한 생각에서 코메니우스는 라틴어 교재로 쓰였던 「언어입문」(1631)에 그림을 추가하고 재편집하여 「세계도회」(1658)를 집필하였다. 코메니우스가 이러한 그림이 있는 교과서를 집필한 것은 단순히 그것이 이해하기 쉽기 때문만이 아니라, 그렇게 하는 것이 인간의 본성에 합당하다고 여겼기 때문이었다. 이전의 인문주의자들과는 달리 "가까운 생활의 원칙, 직관의 원칙, 사물과 연결의 원칙"에 따라 모든 교육은 항상 아동의 경험에서 출발하고, 사물에 대한 직관적 파악 또는 적어도 그림을 통해서 파악하는 것으로부터 출발하여 사물에 대해 직접 말할 수 있도록

3) Fritz Blättner, *Geschichte der Pädagogik* (Heidelberg: Quelle & Meyer, 1973), p. 65.
4) Emil Capek, *Comenius als Erzieher* (Melbourne: Aberdeen Press, 1970), p. 9.

가르쳐야 한다고 하였다.[5] 그는 문법 이전에 먼저 생생하게 말할 수 있도록 가르쳐야 하고, 외국어 이전에 모국어를 완벽하게 습득시키는 것이 자연의 질서에 따르는 교육이라고 보았다.

5) Albert Reble, *Geschichte der Pädagogik* (Stuttgart: Ernst Klett Verlag, 1975), p. 112.

Ⅵ 계몽주의와 교육

1. 계몽주의 교육의 특징

계몽주의의 교육목적은 이성의 자유를 속박하는 종교·정치·사회 등의 모든 권력구조를 제거할 수 있게 하는 데 있었다. 즉 사람들이 스스로 생각하고 모든 인간적 또는 신학적 문제와 사물을 자신의 이성의 힘으로 따질 수 있게 하는 데 목적을 두었다.[1] 이러한 계몽주의의 교육은 다음과 같은 세 가지 특징을 지닌다.

1) 자연주의

계몽주의 사상의 첫 번째 특징은 자연주의이다. 이는 인간을 자연 그대로 보는 것을 본질로 한다. 자연의 빛에 비추어 볼 때 모든 인간은 본래 자유롭고 평등한 존재이며, 따라서 승려·귀족 등이 특권을 행사하는 사회는 인간의 자연적 권리를 무시한 것이므로 자연의 질서에 위배된다. 자연법을 중심으로 나타난 정치적 자연주의는 당시 절대왕정에 대하여 예리한 비판을 가하였다. 영국의 로크, 프랑스의 몽테스키외 그리고 루소 등에 의한 정치적 자유평등주의 사상은 미국의 독립전쟁, 프랑스 시민혁명

1) 손인수·정재철, 「서양교육사」(서울: 교육출판사, 1967), 148쪽.

등에 사상적 기초를 제공하였다.

교육에 있어서도 이러한 자연주의적 태도가 영향을 크게 미쳐, 특히 아동교육에 있어 기존의 관습적으로 지니고 있던 일체의 권위를 부정하고, 아동의 본성에 알맞은 교육내용과 방법의 탐구가 루소 이래 전개되었다.

2) 합리주의

계몽주의 사상의 두 번째 특징은 합리주의로써 인간의 이성과 지성을 존중하는 것이다. 계몽의 유일한 수단이라고 생각했던 이성에 대한 숭배는 계몽주의자들에게 있어서 종교적 신앙의 정도에 이르렀으며, 이성은 사실상 그들의 신이었다. 생활의 모든 문제를 이성의 힘으로 해결하려 하였다. 특히 프랑스의 디드로를 중심으로 한 백과전서파는 인간에게 행복을 가져다주는 가장 확실한 길은 지성에 있다고 생각하였다.

볼테르는 이성의 입장에서 당시 타락한 기독교를 비판하였다. 그는 신을 세계의 창조자로 보았지만, 일단 창조된 세계는 그 자체의 법칙에 따라서 움직이는 것이라고 하여 종교에서의 기적이나 예언과 같은 신비적 요소를 부정하고 이성적 진리만을 믿었다.

3) 실리적 현세주의

계몽주의의 세 번째 특징으로는 실리적 현세주의를 들 수 있다. 이는 과거 중세의 내세주의에 대립되는 것으로써, 현실세계에서의 구체적 행복을 실현하기 위한 노력이 자연과학적 발명과 생활 속에서의 모국어 존중으로 나타났다. 와트의 증기기관 발명(1765), 아크라이트의 방직기계 발명(1769) 등의 자연과학적 성과는 영국의 산업혁명을 초래하였으며 이로써 현실생활 속에서 삶의 편리함과 윤택함을 추구하였다.

한편, 이러한 현세주의의 또 다른 성과는 생활 속에서 이미 멀어져간 고전어에 대한 비판적 태도를 길러 종래의 고전어 중심에서 현실적인 모국어 중심의 교육으로 전환하였다는 점이다. 과거에는 모든 학술 논문이 고전어, 특히 라틴어로 쓰였으나 18세기에는 많은 학술 논문들이 모국어로 표현되었다.

2. 루소의 교육사상

1) 자연주의 교육사상

근대교육의 선구자로 일컬어지는 루소의 교육사상은 한마디로 자연주의 교육사상이라고 할 수 있다. 그는 교육의 목적, 내용, 방법을 모두 자연의 원리에서 찾아냈으며, 자연에 따르는 교육이 인간을 가장 자유롭고, 행복하고, 덕스럽게 만든다고 보았다. 즉 사회적 제약으로부터 벗어나 자기목적적 삶을 살아가는 자연인의 육성을 교육목표로 삼고, 이를 위하여 인간에 의해 인위적으로 형성된 지식체계가 아니라 아동의 천성에서 나오는 흥미와 생활의 필요에 의해 자연스럽게 일어나는 활동을 중심으로 교육내용이 구성되어야 한다고 보았다. 교육방법에 있어서도 감각적 실학주의의 영향을 받아 실물교육과 직관교육의 방법을 강조하였으며, 모든 것이 자연의 법칙에 따르는 것이어야 한다고 했다. 자연에 따르는 교육방법이란 다름 아닌 아동의 지적·정서적·신체적 발달단계의 특징에 따라 그에 합당한 교육이 이루어져야지, 성급하게 많은 지식을 가르치려 해서는 안 된다는 것이다. 이와 같이 아동 개개인의 개성을 존중하고 아동의 생활과 활동을 중심으로 교육함으로써 아동을 성인으로부터 해방시키고자 하였다.

루소가 말하는 자연이란 외부적 자연이 아니라 인간의 심리적·내면적 자연을 의미하였으며, 이는 곧 정신적 자연을 말한다. 정신적 자연이란 개인의 본능적 심리상태를 말하는 것이 아니라, 인간의 모든 외부적 편견과 습성으로 인하여 변질되기 이전의 순수한 인간 본성을 의미한다. 따라서 그가 말하는 자연인이란 결코 반문화적·야만적 인간이 아니라 문화적·이념적 존재로서의 자유인을 말한다.

이와 같은 교육목표로서의 자연인을 실현하기 위해서는 우선적으로 개인의 자유가 보장되어야 한다. 특히 어린이를 구속하고 있는 모든 인위적 강제로부터의 해방을 통해 의지의 자유를 확보해야 하는데, 루소는 어린이에게 직접 경험을 할 수 있는 기회를 많이 제공해 줌으로써 아이들이 의지의 자유를 획득할 수 있다고 보았다. 이와 같이 자연주의 교육에서는 아동중심 교육이 강조되고 있으며, 교육은 아동의 필요에 의해 이루어져야 함을 주장하고 있다. 인위적인 관습에 의해 모든 것이 결정되는 것이 아니라, 아동들이 직접 보고, 듣고, 느낌으로써 직접 판단할 수 있는 기회를 제공하는 것이 자연스러운 교육이며, 아이들의 자율적 능력을 신장시키는 교육이라는 것이다.

2) 소극교육론

자연주의 교육사상과 더불어 루소의 교육사상을 특징짓는 것은 소극교육론(negative education)이다. 그의 소극교육론은 앞에서 언급한 자연주의 교육사상 또는 자유주의 교육사상과 무관하지 않다. 적극적 교육의 형태가 학생들에게 인위적이고 관례적인 사회의 관습과 관념을 주입하는 것이라면, 소극적 교육은 학생들에게 직접적인 간섭을 피하고 학생 스스로 판단할 수 있는 교육적 환경만 마련해 주자는 것이다. 루소는 인위적 또는 적극적으로 기성사회의 규범을 아이들에게 주입하려는 교육의 한계를 다음의 대화를 예로 들어 분명하게 제시하고 있다.[2)]

교사: 그런 짓 하면 안 돼요.
아동: 왜 안 되나요?
교사: 그건 나쁜 것이니까.
아동: 나쁘다니요, 나쁘다는 것이 뭔데요?
교사: 금지된 일이란다.
아동: 금지된 일을 하면 어떻게 되지요?
교사: 네가 순종하지 않았기 때문에 벌을 받게 된다.
아동: 그럼 아무도 모르게 하지요.
교사: 사람들이 너를 지켜볼 것이다.
아동: 나는 숨기겠습니다.
교사: 너를 추궁할 것이다.
아동: 그럼 거짓말을 하지요.
교사: 거짓말을 하면 안 된다.
아동: 왜 거짓말을 하면 안 되나요?
교사: 그것은 나쁜 일이기 때문이란다.

2) 안인희, 「루소의 교육사상」(서울: 양서원, 1990), 104~105쪽

이와 같은 대화는 결국 원점으로 돌아와서 끝없이 반복될 수밖에 없다. 따라서 아이들에게 도덕적 교훈을 가르치는 일이란 무의미한 일일 뿐만 아니라 아이들로 하여금 상을 받고 벌을 피하기 위해 자신을 숨기고, 거짓과 기만을 조장하는 결과만 초래할 뿐이다. 그러므로 덕을 가르치려 하지 말고 악으로부터 보호해야 하고, 진리를 인위적으로 주입하여 가르치려 하지 말고 진리를 스스로 깨달을 수 있는 교육적 환경을 마련해 주어야 한다. 따라서 교사가 해야 할 일은 어린이를 강제로 이끄는 행위가 아니라, 어린이가 스스로 하고 싶은 일을 할 수 있도록 도와주는 소극적 교육이어야 한다는 것이 루소의 주장이다.

루소의 소극교육론을 잘 나타내고 있는 예를 「에밀」에서 한 가지만 더 들어 보기로 한다. "성격이 난폭한 아이가 자기 방의 창문을 깼을 경우, 바람이 들어와서 아이가 감기 들 것을 염려하여 곧바로 유리창을 갈아 끼우면 안 된다. 아이가 감기 드는 것이 이 아이가 미치광이가 되는 것보다 낫다. 누구보다도 유리창을 깬 아이 자신이 불편을 느끼도록 해 주어야 한다. 그렇게 함으로써 자신의 행동의 결과가 무엇인가를 직접 경험하도록 해야 한다. 그래도 아이가 유리창을 계속해서 깬다면 방법을 바꾸어, 유리창이 없는 어두운 방에 아이를 가둔다. 처음에는 아이가 소리를 지르고 악을 쓰겠지만, 아무도 주의를 기울이지 않게 되면 아이는 기운이 빠져 소리 지르는 것을 멈추고 훌쩍이면서 잘못을 빌고 어두운 곳에서 내보내 달라고 사정한다. 여기서 주의할 것은 아이에게 충분한 시간을 주지 않고 어른이 서둘러 아이에게 용서를 빌게 해서는 안 된다는 것이다. 지루할 정도로 오래 불편을 겪는다고 느낄 때 아이는 자기의 잘못을 스스로 알게 되고, 다시는 그런 일이 없을 것을 약속한다."[3)]

앞의 예에서 보는 바와 같이 우리는 일반적으로 지나치게 빨리 아이들의 행동을 간섭하고 제한함으로써 아이들 스스로 생각하고 판단할 수 있는 기회를 박탈하는 경우가 종종 있다. 경우에 따라서는 바로 야단치고 행동을 바로잡아 주는 것이 교육적 효과가 빠를 수도 있으나, 지속적이고 근본적인 행동의 변화를 가져오지 못한다. 루소의 소극교육론은 단순히 방임적인 교육의 형태가 아니라, 명령이나 지시와 같은 직접적인 간섭을 배제함으로써 아동의 자유를 보장하고 궁극적으로는 아동의 자유의지를 자

3) 안인희, 앞의 책, 110쪽.

극하여 자립능력을 함양시키는 것을 의미하고 있다. 역설적인 표현이지만 루소의 소극적 교육은 인간의 자율성을 신장시키는 가장 적극적 형태의 교육이라고 할 수 있다.

3. 범애주의 교육

범애주의는 계몽주의를 기반으로 루소의 영향을 받아 형성된 것으로써 합리주의와 자연주의에 입각하고 있었다. 범애주의 교육은 헛된 이론보다 실리에 중점을 두고, 평화롭고 행복한 생활을 하는 시민을 육성하는 일에 그 목적을 두었다. 이들의 교육은 문자 그대로 종교나 국가의 차별 없이 전인류를 사랑하여 행복을 증진시키는 것을 중시하였다. 이러한 범애주의 교육에서 인본주의의 확대와 발전을 찾아볼 수 있다. 범애주의 교육은 계몽주의 사상을 배경으로 루소에게서 나타난 시대정신을 교육에 적용하여 성과를 이루었다. 범애주의의 대표적 교육사상가로는 독일의 바제도(1723~1790), 잘츠만(1744~1811), 캄페(1746~1818), 트랍(1745~1818) 등이 있다.

루소의 「에밀」이 출판된 이후 독일에서는 그의 영향을 받아 실제적인 교육개혁운동이 범애학파를 중심으로 전개되었다. 바제도로부터 출발한 범애주의 교육운동은 독일의 교육발전에 크게 기여하였다. 바제도가 1774년 데싸우(Dessau)에 설립한 범애학교에서는 루소의 자연주의적 교육의 영향을 받아 학생들의 생활을 구속하는 전통적 교육의 인위적 관습을 없애고 모든 것이 자유롭고 자연스러운 상태 속에서 학습할 수 있도록 하였다. 그의 범애학교는 1793년까지 19년간 존속하였다.

범애주의 교육은 다음과 같은 특징을 가지고 있다.

첫째, 어린이들이 즐겁고 행복하게 배울 수 있는 교육방법을 중시한다. 그러므로 놀이, 여행, 견학 등을 통한 직접적인 경험, 실물과 그림에 의한 개념학습을 중시하고, 문법이 아닌 회화 위주의 언어교육을 강조한다.

둘째, 어린이들의 삶에 실제적인 도움이 되는 교육내용을 위주로 한다. 따라서 신체단련, 모국어 학습, 노작을 통한 기술 습득을 강조한다.

셋째, 종교의 종파나 경제적 능력에 관계없이 모든 어린이들이 학교에 다닐 수 있는 교육제도를 주장한다. 그러므로 교회가 아니라 국가가 학교를 관리할 것과 뜻있는 사람들의 후원을 강조한다.

넷째, 어린이들에게 정열을 가지고 참고 인내할 줄 아는 교사가 필요하다고 주장한다. 따라서 교사는 특별한 능력이나 실력이 있는 사람보다 성실하고 열성을 다하는 사람을 중시한다.

바제도의 영향을 받은 잘츠만은 1784년 슈네펜탈(Schnepfental)에 새로운 범애학교를 설립하였다. 이 범애학교에서는 전 교직원 및 가족 그리고 학생들이 함께 생활하는 공동체를 형성하였다. 잘츠만은 교육의 목적을 건강하고 유쾌한 생활을 통해서 이성적이며 선량한 인간의 육성에 역점을 두었다. 아동은 개인으로서 행복을 자각하게 하고 나아가 타인의 행복을 증진하는 데 충분히 노력하고 기여할 수 있는 인간형성을 궁극적인 목적으로 삼았다. 이러한 그의 교육사상은 현대교육의 이상과도 일치하는 것이다.

건강한 신체와 이성적인 정신의 조화로운 발달을 통한 인간성의 완성을 교육의 목표로 삼았던 잘츠만은 교육에 있어서 모든 교재는 아동의 생활체험을 유리하게 하는 것이어야 하고, 아동의 이해에 적합한 것이어야 한다고 하였다. 이는 루소의 자연주의적 교육관에서 살펴보았던, 실물교육과 직관교육을 통해 아동의 이해와 사고를 증진시켜야 한다는 것을 의미한다.

잘츠만은 훈육에 있어서 종래의 방법을 수정하였다. 즉 상벌을 위해서 행동할 것이 아니라, 순수한 아동 자신의 의지에 의해 선(善)과 의(義)를 위해 주체적으로 행동할 수 있도록 지도되어야 한다는 것이다. 이것이야말로 어떤 보상을 바라지 않는 순수한 인간성과 범애정신의 시작인 것이다.[4)]

4) 차석기, 「교육사 교육철학」(서울: 집문당, 1986), 404~405쪽.

Ⅶ 신인문주의와 교육

1. 신인문주의 교육의 특징

그리스의 고전문화를 배움으로써 그 속에 담겨진 인간 중심의 문화를 계승하고자 하였으나 형식적 언어주의로 전락했던 르네상스의 구인문주의에 반대하면서 등장한 신인문주의는 그리스어를 배우고 그리스의 문학과 예술 등의 내용 속에서 참다운 인간성을 찾으려 하였다.

구인문주의는 인간을 중세적인 교권의 속박으로부터 해방시켜 자유롭고 완전한 인간으로 교육하는 것을 이상으로 삼았던 운동이었다. 그래서 그들은 그리스와 로마의 고전에 관심을 가졌던 것이다. 그러나 이 운동이 이탈리아를 중심으로 전개되면서 로마적 인문주의, 즉 키케로를 중심으로 하는 라틴어 문학의 형식에 국한된 좁은 의미의 인문주의가 되고 말았다. 신인문주의는 고대로마 문화의 형식적 모방에 그쳤던 구인문주의의 잘못됨을 비판하고, 그리스의 고전 속에 담겨진 내용인 인본주의 정신과 사상을 본받을 것을 목적으로 하였다.

신인문주의의 특징을 살펴보면 다음과 같다.

첫째, 구인문주의가 그리스 문화를 계승한 로마문화를 재생하였다면, 신인문주의는 그리스의 문학과 사상, 인간관, 세계관을 부활하였다. 그리스 문화의 순수성을 부활하려고 했던 점이 신인문주의의 특징이다.

둘째, 신인문주의의 착안점은 고전의 형식이 아닌 정신과 내용이다. 구인문주의에서는 고전에 담겨진 정신과 내용보다는 로마의 문장, 생활양식 등을 단순히 모방하는 데 그쳤으나, 신인문주의에서는 고전 속에 담겨진 그들의 세계관·인생관 그 자체를 중시함으로써 실질적인 생활의 도움을 주었다.

셋째, 신인문주의는 고전문화에 대한 자각적 태도를 지니고 있었다. 고전을 위한 맹목적인 부흥이 아니라 자신과 국민문화를 위해 유용한 고전을 부흥하고자 하였다. 즉 그리스의 고전문화 속에서 자기의 본질을 인식하고 참된 자기를 파악하고자 하였다.

2. 페스탈로치

1) 생애

페스탈로치(Johann Heinrich Pestalozzi, 1746~1827)는 스위스의 취리히에서 태어났다. 의사였던 그의 아버지는 페스탈로치가 5세 때 33세의 젊은 나이로 죽고, 페스탈로치는 어머니와 하녀의 양육을 받으면서 자랐다.

페스탈로치는 아버지가 일찍 돌아가셨기 때문에 인근 지방에서 교회의 목사로 재직 중이던 할아버지를 자주 방문하였으며, 그 영향으로 자신도 목사가 되고자 처음에는 신학을 공부하였다. 그러나 당시에 유행하던 루소의 「에밀」과 「사회계약론」 등을 읽고는 종교보다 좀 더 직접적으로 국가와 사회에 기여할 수 있는 현실적 학문인 법학으로 전과하였다. 페스탈로치는 당시 진보적 학생단체에 참여하여 반정부적 정치활동을 하다가 결국 학교를 그만두고 농촌으로 들어가 그의 교육생애를 시작하게 된다.

1769년 2월에 노이호프(Neuhof)에서 농장 경영을 시작하였으나 실패하고, 이 농장을 1774년에 빈민학교로 전환하여 주변의 빈민아동을 모아 기술교육을 실시하였다. 가난한 사람들에게 우선적으로 경제적 자립을 할 수 있는 능력을 길러주고자 하였다.

그러나 이 학교도 결국은 운영의 어려움으로 1780년 문을 닫고, 자신의 실천하지 못한 교육적 이상을 「은자의 황혼」(1780)이라는 작은 책자로 펴냈다. 빈민학교를 그만둔 이후 약 18년 동안은 교육활동을 하지 않고 칩거하면서 저술작업을 계속하였는데, 이때 출판된 책으로는 악의 추방과 가난의 근절을 주제로 한 「린하르트와 게르트루트(1781~1787, 전 4권), 인간의 상태를 자연적 상태·사회적 상태·도덕적 상태로 구별하고 교육의 궁극적 목표를 도덕적 인간의 형성으로 제시한 그의 대표적이고 철학적 저서인 「인류의 발전에 있어서 자연의 길에 관한 나의 탐구」(1797, 이 제목이 너무 길어서 '탐구'라고 줄여서 사용함) 등이 있다.

페스탈로치의 교육사업은 18년 동안의 오랜 침묵을 깨고 1798년 12월 슈탄츠(Stanz)에서 다시 시작되는데, 당시 프랑스와 스위스 간의 전쟁으로 인하여 생긴 고아들을 맡아서 고아원을 운영하게 된다. 80여 명의 고아들을 데리고 시작한 이 고아원에서 그는 자신의 「은자의 황혼」(1780)에서 보여주었던 평등적 인간관에 입각하여 교육을 함으로써 자신의 이론적 주장을 실천적으로 증명해 보이고자 하였다. 즉, 도덕성이라고는 조금도 찾아볼 수 없다고 여겨졌던 가난하고 버림받은 고아들도 교육적 사랑과 신뢰를 바탕으로 교육하면 도덕적으로 선한 인간이 될 수 있다는 것을 보여주었다. 이 고아원은 프랑스군의 야전병원으로 사용해야 했기 때문에 1799년 6월 고아원을 폐쇄할 수밖에 없었다. 불과 6개월 남짓한 교육실천이었지만 이 기간 동안에 보여준 그의 교육실천은 도덕교육의 가능성에 크게 기여하였다. 그는 슈탄츠 고아원에서의 활동을 친구에게 보내는 편지의 형식으로 기록하여 출판하였다. 이것이 유명한 「슈탄츠 고아원 서한」(1799)이다.

슈탄츠를 떠난 페스탈로치는 1799년 7월 베른 근교의 부르크도르프로 자리를 옮겨 처음에는 그 곳의 서민들을 위한 초등학교에 교사로 근무하다가 교장을 비롯한 학부모들이 그의 뜻을 이해하지 못하고 마찰을 일으키자, 1800년에 서민이 아닌 시민을 위한 초등학교를 창설하여 4년간 성공적으로 학교를 운영하였다. 이 학교에서 그는 어린이들의 자유를 최대로 보장하면서 최대의 학습동기와 자발성을 유도하는 교육방법을 사용하였다. 학부모 한 명이 그의 학교를 방문한 후에 "이것은 학교가 아니라 가정"이라고 평했을 때 "이는 나에 대한 최고의 찬사"라고 기뻐했다고 전해진다. 부르크도르프에서의 학교운영이 성공을 거두었지만, 당시의 정치적 동요로 오래 지속되지 못하고 학교 건물을 베른의 주지사 관저로 넘겨주고, 페스탈로치는 잠시 인근의 뮌헨부흐제에서 2~3개월가량 교사로 근무하다가, 그의 삶에 있어서 마지막 교육실천의 장소인 이페르텐으로 자리를 옮긴다.

이페르텐학교는 1805년에 시작되어 10여 년간 크게 번창하였으며 유럽 교육의 중심이 되었다. 이 학교에서는 교육사상 최초로 조직적인 교과서를 만들어 사용하였으며, 남녀공학도 실시하였다. 그러나 이 학교도 끝까지 순탄하게 운영되지는 않았다. 유럽의 각국에서 귀족의 자제들이 몰려들자 귀족학교로 변모하였고, 이에 교사들 간의 주도권 싸움이 시작되었다. 이에 실망한 페스탈로치는 1818년 이페르텐을 떠나 인근의 클란디에서 빈민노동학교를 새로 시작하고, 그의 본래 교육적 목표였던 가난하고 소외된 계층을 대상으로 하는 교육을 실시하였으나 이곳에서도 분규가 재현되어, 1년 후 결국은 이페르텐 학교와 병합하였다. 병합 이후에도 학원분규가 끊이지 않자 1825년에 이 학교를 해산하고 페스탈로치는 자신의 교육사업을 제일 처음 시작하였던 노이호프로 되돌아간다. 이때 그의 나이 79세였다. 노이호프로 되돌아온 그는 "생활이 도야한다"는 이념이 담긴 자신의 자서전격인 「백조의 노래」(1825)를 저술하고 2년 후 1827년에 사망하였다.

그의 생애는 겉으로 보기에는 실패와 좌절의 연속이었던 것처럼 보이나, 실제로는 커다란 교육적 성공을 거두었으며, 후세의 교육이론가와 교육실천가들에게 커다란 영향을 미쳤다. 그의 교육적 생애와 업적은 그의 비문에 다음과 같이 압축되어 나타나 있다.[1)]

> 하인리히 페스탈로치 여기에 잠들다.
> 1746년 1월 12일 취리히에서 태어나
> 1827년 2월 17일 브루크에서 서거하다.
> 노이호프에서는 빈민의 구원자,
> 「린하르트와 게르트루트」에서는 민중의 목자,
> 슈탄츠에서는 고아들의 아버지,

---

1) 김정환, 「페스탈로치의 교육사상」(서울: 고려대학교 출판부, 1975), 3쪽.

부르크도르프와 뮌헨부흐제에서는 국민학교의 창설자,
이페르텐에서는 인류의 교사,
인간, 기독교인, 시민,
모든 것을 남을 위해 바치고,
자신을 위해서는 아무것도 남기지 않았다.
그의 이름 위에 축복이 있을지어다.

2) 교육목적

페스탈로치의 교육목적은 그의 인간관을 살펴봄으로써 명확해진다. 그는 「은자의 황혼」의 서두에서 "인간은 옥좌(玉座) 위에 앉아 있으나, 초가의 그늘 아래 누워 있으나 본바탕으로는 평등하다."라고 밝히고, "모든 어린이에게는 하느님이 주신 성스러운 인간성의 힘이 깃들어 있다."고 하였다. 이는 인간 본성의 선성(善性), 발전 가능성, 평등성을 대전제로 하는 인간의 조화적 발달의 이념을 표명한 것이라고 할 수 있다. 그는 이러한 평등적 인간관에 기초해서 모든 인간의 도덕성을 일깨울 수 있다고 보고, 이를 슈탄츠에서 실증하여 보였던 것이다. 그의 이와 같은 인간교육관은 삼육론(三育論)으로 나타난다. 즉 머리·가슴·손으로 특징지어지는 인간의 지능력(知能力), 심정력(心情力), 기능력(技能力)을 모든 사람에게 고르게 도야하고자 하는 전인교육관으로 나타났다.

페스탈로치의 이러한 평등교육사상은 슈탄츠 고아원에서 보낸 편지에 다음과 같이 서술되어 있다.[2] "그러나 학교교육이 부족하다는 것을 나는 걱정하지 않았습니다. 가난하고 버림받은 어린이들에게도 하나님이 주신 인간 본성의 힘이 깃들어 있다는 것을 나는 믿었습니다. 이 본성은 거칠고 혼란한 진흙 속에서도 참으로 아름다운 소질과 기능으로 발전된다는 것을 나는 오래 전부터 경험으로 알고 있었습니다."

한편, 그는 「탐구」(1797)에서 인간의 도덕성은 사회 질서의 준수와 같은 관습적이고 강제적인 것이 아니라, 내면적·개성적·자율적인 것이라고 주장한다. 그는 인간성 안에

2) 김정환 역, 「은자의 황혼」(서울: 서문당, 1972), 89쪽.

자연적(동물적) · 사회적 · 도덕적 상태의 세 단면을 설정하고 인간교육의 목표로 도덕적 상태의 인간을 제시하였다.[3)]

자연적 상태의 인간은 동물과 근본적으로 다르지는 않다. 즉, 동물적인 충동과 선한 충동을 함께 가지고 있다. 동물이나 인간의 충동에는 이기적인 본능과 호의적인 본능이 함께 작용한다는 것이다. 인간의 삶에는 이 두 가지 본능의 작용이 불가결한데, 이것이 올바른 관계에 놓이게 될 때, 다시 말해서 자연질서에 따르는 관계에 있을 때는 선(善)이 된다. 그러나 이와 같은 상태는 인간의 경우 극히 짧은 순간에 불과하며, 곧바로 인간은 이기심에 사로잡혀 자연질서를 파괴하고 타락하게 된다.

사회적 상태는 이기심으로 자극된 폭력적 행위를 법으로 규제하는 상태를 말한다. 즉 자연적 욕구의 충족에서 오는 무질서를 방지하기 위하여 협약 또는 계약인 법을 만들어 이를 강제로 준수하게 하는 상태를 말한다. 그러므로 협약에 의한 사회적 행위는 그것이 아무리 최대다수의 최대행복을 위한 것일지라도 그것만으로는 인간의 내면적 욕구를 충족시켜 주는 도덕적인 것과는 무관하다. 페스탈로치는 이와 같은 생각을 다음과 같이 말하였다. "사회적 정의(正義)는 도덕적 정의와는 완전히 무관한 것이며, 그것은 동물적 정의(자연적 존재의 본능적 욕구충족 상태)의 변형에 지나지 않는다." 그에 따르면 자연적 욕구의 효율적 충족을 위하여 강제성을 지닌 규범을 발동하는 사회와 국가는 본질상 도덕의 세계와는 무관하다는 것이다.

도덕적 상태의 본질은 그것이 철저하게 개인의 내면세계에서 솟구치는 영혼적 갈구를 충족시키기 위해 사회적 상태의 타락에서 벗어나는 데 있다. 이것은 하나의 새로운 탄생이며, 독자적인 결단에 의한 개인적 행위를 말한다. 페스탈로치는 인간의 성장과정에 있어서 도덕적 상태의 출현을 다음과 같이 말한다. "인간은 동물 같으면 만족할 수 있는 본능의 순박함에 언제까지나 머물며 만족할 수 없다. 인간만이 이 상태에 머무르지 못하는 것이다. 인간은 이 상태 이하로 내려가거나 올라가거나 해야 한다." 인간은 이와 같은 본능의 상태에서 벗어나 양자택일의 인격적 결단을 통해 자신의 도덕세계를 개척해 나아갈 힘을 스스로 지니고 있다고 페스탈로치는 다음과 같이 말한다. "인간은 동물적 욕구의 충족과 사회적 관계의 정립에 만족하지 못하고

---

3) 김정환 역, 「은자의 황혼」(서울: 서문당, 1972), 95~98쪽 참조.

자신의 내면적 순화를 갈구하는 힘, 즉 도덕적 진리를 내면 깊숙이 간직하고 있다." 이 내면적 힘에 의한 진리에의 추구를 통해 비로소 참된 인간, 도덕적 인간이 되는 것이며, 이는 자기 자신에 의해 만들어지는 것이다. 다시 말해서, 도덕적 인간이란 본능적 충동의 지배를 받는 것도 아니며, 사회의 타율적 규범과 관습 또는 계약에 의해 형성되는 것도 아니며, 철저하게 자기 자신의 내면적 힘에 의해 지배받는 고유한 존재라는 것이다.

여기에서 페스탈로치의 인간교육의 목표가 분명하게 드러난다. 그에 따르면 교육은 우선 인간의 본능적 욕구, 예컨대 생리적 욕구의 충족, 의식주 문제의 해결, 흥미와 호기심의 충족 등을 이루도록 해야 한다. 다음으로는 사회적 계약을 잘 지킬 수 있도록 언어와 행동양식을 익히고 가치관과 문화유산을 습득하고 계승하는 일을 해야 한다. 그러나 교육이 이 단계에 그친다면 그것은 진정한 교육이 되지 못하고 단순한 훈련이나 교화에 지나지 않을 것이다. 참된 인간교육이란 각자의 개성적 결단에 의해 자신의 인격을 완성적으로 도야하고 새로운 가치와 규범을 모색함으로써 도덕적 상태의 인간이 되도록 하는 것이다.

3) 교육방법

페스탈로치의 교육방법은 자연에 따르는 교육으로 특징지어진다. 그는 자연을 감각으로만 보지도 않고, 정신으로만 보지도 않고, 이 둘의 산술적 합산으로 보지도 않았으며, 정신과 감각의 이중적 구성물이라고 보았다. 그는 도덕 또는 정신을 거부함으로써 인간을 감성으로 향하게 하려는 것을 배제하였고, 또한 감성을 배척함으로써 인간으로 하여금 도덕과 정신만을 향하게 하려는 것도 배척하였다. 그에 있어서 정신은 감각에서 출발되어야 하며, 감각은 정신을 지향하도록 되어 있는 것으로 여겼다. 감각과 정신을 함께 내포하는 순박한 인간 본성을 발전시키는 것이 자연에 일치하는 교육이라고 보았다. 교육방법은 자연의 필연적인 법칙을 따라야 한다. 즉 식물의 성장과정에서 보듯이 안에서 밖으로, 단순한 것에서 복잡한 것으로, 가까운 곳에서 먼 곳으로, 그리고 동물의 생활에서 보듯이 욕구의 충족에서 사랑의 발현으로, 이기적 본능에서 사회성으로, 수동성에서 자발성으로 이끄는 것이어야 한다. 이와 같은 합자연교육의

방법적 원리를 정리하면 다음과 같다.[4]

(1) 가정교육의 원리

인간형성의 핵은 믿음과 사랑을 바탕으로 한 가정에서 이루어진다. 인간에게 있어서 가정적 관계는 가장 우선적이고 뛰어난 자연적 관계이다. 그러므로 인간교육은 생활의 근거지이자 사랑이 충만한 가정에서 출발되어야 한다. 가정에서 우리는 기본적인 언어와 행동양식과 가치규범을 배우며, 가족 공동체 생활을 통해서 이웃에 대한 사랑과 신에 대한 사랑을 배운다. 타락한 물질문명에 대한 저항의 거점을 자연교육의 전형인 가정교육에서 찾을 수 있다. 왜냐하면 사랑·믿음·감사·순종이 자연스럽게 싹트며 길러지는 가정이 인간형성의 요람이요 기초형성의 모태이기 때문이다.

(2) 인간교육의 원리

직업교육이 우선이어야 하는가, 인간교육이 우선이어야 하는가 하는 문제는 페스탈로치의 커다란 고민이었다. 그러나 그의 결론은 인간교육이 직업교육에 앞서야 하며, 직업교육은 인간교육에 종속되어야 한다는 것이다. 인간교육이란 인간이 선천적으로 지니고 있는 지·덕·체의 세 힘을 조화롭게 발전시키는 일이다. 그러나 그 중에서도 도덕교육이 모든 교육의 초석이다. 따라서 학교는 읽기·쓰기·셈하기 등의 기능적 교육을 하는 곳이 아니라 먼저 인간됨을 배우는 인간학교이어야 한다는 것이다.

(3) 자기계발의 원리

교육이란 가치·규범·행동양식·지식·기능 등을 밖에서 안으로 주입하는 것이 아니고, 안에 지니고 있는 내면적 힘을 스스로 계발, 발전시켜 스스로가 이러한 것을 찾으며 익히게 하는 것이다. 자기계발이 가장 자연스럽게 이루어지는 곳이 생활의 마당이다. 이를 페스탈로치는 "생활이 도야한다."라는 표어로 제시하였다.

4) 김정환 역, 「은자의 황혼」(서울: 서문당, 1972), 62~64쪽 참조.

(4) 도덕교육 중시의 원리

페스탈로치는 지·덕·체의 조화로운 교육을 인간교육의 기본으로 생각하였으나, 이 중에서도 도덕성을 함양하는 것이 인간교육의 가장 핵심이라고 보았다. 특히 그는 머리·가슴·손으로 특징되는 지능력(知能力)·심정력(心情力)·기능력(技能力) 중에서 가슴에 해당하는 심정력을 가장 중시하였다. 심정력이란 바로 도덕적 품성·정서·감정·용기 등을 길러주는 힘을 말한다.

(5) 직관의 원리

페스탈로치는 직관을 외적 직관과 내적 직관으로 구별하고 있다. 외적 직관은 우리들의 감각기관을 통해 외계의 인상을 받아들이는 것이고, 내적 직관은 자신의 마음의 눈으로 세계의 본질을 체험하는 것을 말한다. 예컨대, 식탁에서의 경건한 기도, 자녀를 위한 부모의 사랑과 배려를 생활 속에서 접함으로써 아이들은 기독교에서 가장 소중하게 여기는 덕목인 사랑·순종·감사의 개념을 알게 되고(외적 직관), 그 사랑·순종·감사의 마음의 원천인 보이지 않는 신의 존재를 마음의 눈으로 느낌으로써(내적 직관) 신앙을 인격적·의지적 결단으로 굳히게 된다.

(6) 기초도야의 원리

기초과목은 가정교육의 단계에서부터 철저하게 다져야 한다는 조기교육을 말한다. 페스탈로치는 이런 기초과목으로 세 가지를 드는데, 그 첫째는 논리적 사고력을 훈련시키는 산수, 둘째는 공간적 감각을 도야시키는 도형기하학, 셋째는 모든 문화의 터전이며 한 민족의 전통과 사상이 압축되어 담겨져 있는 국어이다.[5]

5) 김정환, 「페스탈로치의 교육철학」(서울: 고려대학교 출판부, 1995), 19쪽.

3. 헤르바르트

교육을 독립적 학문의 성격으로 연구하려는 시도는 독일의 교육학자 헤르바르트(J. F. Herbart, 1776~1841)에 의해 비롯되었다고 할 수 있다. 교육학이 독립된 학문으로 자리매김 할 수 있도록 교육학의 독자적 체계를 수립한 사람이 헤르바르트이다.

그는 「교육학 강의 개요」(1835) 서문에서 "학문으로서의 교육학은 실천철학과 심리학에 의존한다. 실천철학은 교육의 목적을, 심리학은 교육의 방법을 알려준다."고 함으로써 실천철학(윤리학)으로부터 교육의 목적을, 심리학으로부터 교육의 방법을 도출하여 독립된 학문으로서의 교육학을 성립시켰다.

1) 생애

1776년 독일의 올덴부르크에서 태어난 헤르바르트는 1794년 예나대학교에 입학하여 당시 그곳에서 철학을 강의하던 피히테의 영향을 받으면서 수학하였다. 1797년 예나대학교에서의 학업을 중단하고 그는 스위스의 베른으로 가서 1799년까지 2년간 가정교사 생활을 하게 된다. 이곳에서 그는 실제 교육의 경험을 쌓았으며, 이 교육경험이 후에 그의 생애에 있어서 교육학자가 되는 결정적 계기가 되었다. 특히 이 기간 중에 헤르바르트는 페스탈로치의 부르크도르프 초등학교를 방문하여 페스탈로치로부터 많은 영향을 받았다. 1800년 독일로 돌아온 헤르바르트는 브레멘에서 2년간 연구에 몰두하였으며, 1802년 괴팅겐대학교에서 교수생활을 시작하였다. 이 시기에 출간된 그의 저서들로는 「페스탈로치의 직관의 ABC 이념」(1804), 「일반교육학」(1806), 「실천철학」(1808) 등이 있다.

1809년에는 철학자 칸트(1724~1804)의 후임으로 쾨니히스베르크(Königsberg)[6] 대학에서 교수직을 승계하였다. 쾨니히스베르크 대학에서 헤르바르트의 업적으로 빼놓을

6) 폴란드와 리투아니아 사이에 위치한 발트해 연안 도시 쾨니히스베르크는 중세시대부터 1945년까지 독일(프로이센) 영토였으나, 1946년 이후에는 소비에트 연방에 양도되어 소련의 정치인 미하일 칼리닌의 이름을 따서 도시의 이름이 '칼리닌그라드'로 변경되었고, 현재는 러시아 칼리닌그라드 주의 주도이다. 2차대전 이후 이곳에 남아있던 독일인 5만여명은 1948년까지 모두 추방되었다.

수 없는 것은 대학에서 독립된 학문영역으로서의 교육학 연구가 본격적으로 이루어질 수 있는 터전을 마련하였으며, 교사훈련과 교수법의 실험을 위한 실습학교를 설치한 것이다.[7]

이후 「일반교육학」(1806)을 1835년에 전면 개정하고 보완한 「교육학 강의 개요」를 출간하였으며, 1841년에는 이를 다시 개정하여 출간함으로써 1841년 생의 마지막 순간까지 저술활동에 전념하였다.

2) 교육목적

헤르바르트에 따르면 모든 교육의 문제는 “왜 인간을 교육하는가?”라는 교육목적의 탐구로부터 시작되어야 한다. 그의 저서 「일반교육학」의 원제목은 「교육의 목적으로부터 연역된 일반교육학」이다. 여기에서 보듯이 그의 교육학의 모든 분야는 목적 개념으로부터 출발한다. 헤르바르트는 칸트로부터 도덕철학의 영향을 강하게 받았다. 그는 교육학을 전개하는 초기 단계에서 이미 도덕적 목적을 내세우고 있다.

헤르바르트가 말하는 교육의 필연적 목적은 “견고한 도덕적 품성의 도야(Charakterstärke der Sittlichkeit)”이다. 즉 진실하고 신뢰성 있는 도덕적 성격이 인간의 최고 목적이며 교육의 궁극적 목적이라는 것이다. 이러한 헤르바르트의 교육목적론은 도덕적 인간의 형성을 교육의 최고 목표로 삼았다. 이는 페스탈로치와 일맥상통하는 점이 있다. 헤르바르트는 교육목적을 도덕적 품성의 도야와 도덕적 이념을 실천적으로 구현해 가는 인간도야에 두었으며, 그것에 도달하는 단계로서의 다면적 흥미를 교수의 직접 목적으로 삼았다.

그가 말하는 도덕은 쾌락이나 행복 속에 있는 것이 아니라, 선성(善性)이 내재하는 의지에 있다고 보았다. 따라서 도덕의 이념을 체득하고 도덕적 의지 결정이 가능한 사람이 선한 사람이며, 도덕적 품성의 소유자라고 하였다.[8] 이리하여 최고의 도덕적 이상을 추구할 수 있는 인간 형성을 교육의 궁극적 목표로 삼았다. 헤르바르트는 도덕적 품성을 다음의 다섯 가지 기본이념이 서로 결합하여 나타나는 성질이라고 규정하였다.

---

7) 헤르바르트, 이근엽(역), 「일반교육학」(서울: 연세대학교 출판부, 1988), 253~254쪽.
8) 차석기, 「교육사 교육철학」(서울: 집문당, 1986), 431쪽 참조.

(1) 내면적 자유의 이념

이는 도덕성의 근본적 이념으로써 칸트의 실천이성(의지)이 자율적 자유인 것과 마찬가지로, 자신의 통찰에 의해 최선이라고 판단되는 것을 내면적 의지에 의해 실천으로 옮기는 것을 의미한다. 이와 같이 자신의 통찰과 의지가 일치하는 사람은 내면적으로 자유로운 사람이다. 그리고 이러한 사람들이 모여서 형성한 사회는 생기가 넘치고 생동하는 사회가 된다.

(2) 완전성의 이념

어려움을 극복할 수 있는 강인한 의지가 나약한 의지보다 더욱 완전한 것으로 보려는 이념으로, 건전한 정신과 신체가 조화를 이룸으로써 완전성을 추구하는 것이다. 이와 같은 완전성의 이념을 통해 우리는 문화체계를 형성할 수 있다. 한 사회의 문화란 그냥 주어지는 것이 아니라 어려움을 극복할 수 있는 강인한 정신과 실천의지를 통해 이룩하는 것이다.

(3) 호의의 이념

자신의 과욕을 피하고 호의(好意)를 존중함으로써 타인의 행복을 자신의 의지의 대상으로 하는 것을 말한다. 즉, 자신의 의지로 남을 돕는 것이다. 이러한 호의의 이념을 존중하는 사람들로 모인 사회는 복지사회가 된다. 특히 한 사회의 모든 행정체계는 이와 같은 호의의 이념에 기초하여야 한다.

(4) 정의의 이념

서로 양보하고 상호 의견을 존중함으로써 상이한 두 의지의 충돌을 피하고자 하는 이념을 뜻한다. 이러한 정의(正義)의 이념이 구현된 사회는 바로 법치사회라고 할 수 있다. 즉, 대립과 갈등을 폭력에 의해서가 아니라 정해진 규칙과 법률에 의해 합리적이고 공정하게 해결하는 사회를 이루게 된다.

(5) 보상 또는 공정의 이념

일정한 의지에 따른 행동에 대하여 언제나 정당한 대가를 치루는 것을 말한다. 예컨대, 실천의지에 따른 행동이 선할 때는 칭찬과 포상을, 그리고 악할 때는 그에 상응하는 처벌을 함으로써 공정한 보상이 이루어져야 한다. 정의의 이념은 비교적 소극적인데 비해, 보상 또는 공정의 이념은 좀 더 적극적인 의미를 내포하고 있다.

헤르바르트는 이상의 다섯 가지 기본이념이 서로 결합하여 실현되는 성질이 도덕적 품성이라고 보았으며, 견고한 도덕적 품성을 육성하는 것이 교육의 목적이라고 하였다. 따라서 그에 따르면 명료한 도덕적 판단을 할 수 있는 인간을 길러내는 일이 교육의 목표이자 교육의 주된 업무라고 생각하였다. 교육의 목표는 결코 단순한 사회인이나 기능인을 육성하는 데 있지 않음을 헤르바르트는 분명히 지적하고 있다.

3) 교육방법

헤르바르트는 이전의 교육목적을 달성하기 위한 교육방법으로 관리·수업·훈육의 세 가지를 제시하고 있다. 그러나 이것은 어디까지나 개념상의 분류일 뿐이며, 실제로는 서로 보완적으로 이루어진다.

(1) 관리

관리(Regierung)는 본래 교육의 전 단계로써 어린이의 욕망을 억제하고 외적 질서를 유지하는 훈련을 하고 감독함으로써 교육받을 수 있는 조건을 형성해 주기 위한 것이다. 즉, 어린이의 자연적이고 맹목적인 충동과 난폭한 행동을 통제하여 일정한 질서를 유지하는 교육방법이다. "어린이들에게는 맹목적인 광포(狂暴)의 싹과 조잡한 욕구가 내재해 있으며, 이는 날이 갈수록 커지고 강화된다. 그러므로 이러한 것들이 어린이의 마음속에 생기는 의지를 반사회적 방향으로 끌어가지 않도록 민감하게 지속적으로 억제할 필요가 있다."[9] 따라서 이 단계에서는 아동의 자율적 의지를 도야하는

9) 헤르바르트, 이근엽(역), 「일반교육학」(서울: 연세대학교 출판부, 1988), 36쪽.

교육이라기보다는 교사의 통찰에 따라 아동의 의지가 형성된다.

이러한 관리의 구체적 방법으로는 위협·감시·권위·사랑 등을 들 수 있다.[10] 모든 관리의 첫 번째 조치는 위협이다. 물론 이러한 위협을 통해 어린이들의 마음이 약해지고 두려움 때문에 의욕을 잃어버릴 수도 있지만, 아이들의 잘못된 행동에 대한 조치가 너무 늦기 전에 꾸중을 함으로써 본래의 교육을 제대로 하기 위한 좋은 기회로 삼을 수 있다. 그러나 일시적인 위협만으로는 효과를 거둘 수 없기 때문에 우리는 어린이에 대한 지속적인 감시를 해야 한다. 그러나 규칙적인 감시 속에서 성장한 아이들에게서는 재치·창의력·모험적 용기·자신감 등을 기대할 수 없게 된다. 따라서 관리가 유효하게 되기 위해서는 어린이들의 심정 속에 갖추어져야 할 보조 수단으로 권위와 사랑이 있어야 한다. 어린이들이 초기에 가정에서 순종의 미덕을 익히기 위해서는 아버지의 권위와 어머니의 사랑이 필요하다.

그러나 이러한 방법들에 의한 관리는 학습 분위기를 엄숙하게 하고 일방적으로 지도하는 데는 틀림없이 효과적이겠지만, 교육활동을 전체적으로 평가할 때에는 일면적인 방법이라고 지적되지 않을 수 없으며, 따라서 본래적 의미의 교육이라고 할 수는 없다.

(2) 수업

수업(Unterricht)은 사고권(思考圈, Gedankenkreis)을 형성하고 확장하여, 감정과 의지를 일으켜 그것에 따라 도덕적 품성을 형성하는 교육방법으로 헤르바르트의 교육방법 중에서 가장 핵심적인 것이다. 수업이란 단순히 지식과 정보를 제공하는 과정이 아니라 인간의 강한 도덕적 품성 도야를 목적으로 하고 있다. 그래서 헤르바르트는 이러한 수업을 '교육적 수업'이라고 하였다. 수업이 없는 교육이 불가능한 것과 마찬가지로 교육이 없는 수업도 있을 수 없다고 함으로써 모든 수업의 장면에서 인간의 도덕적 품성을 길러주는 교육이 이루어져야 한다고 하였다. 이와 같이 지식과 기능의 전달에만 그치지 않고 의지를 도야하여 도덕적 품성을 형성하는 것이 교육적 수업이다. 그리고 이러한 수업을 통해 아이들에게 다면적 흥미를 일깨워주어야 한다. 모든 수업은 학생들의 흥미와 관심으로부터 시작되는 것이다.

---

10) 위의 책, 37~42쪽 참조.

흥미란 지식을 획득할 때 느끼는 일종의 쾌감에 수반되는 심적 작용을 지칭하는 말로써 헤르바르트에 따르면 흥미는 인간의 경험과 인식에 관련된 흥미와 사회적 참여를 통한 사교(社交)에 관련된 흥미로 크게 나뉜다. 헤르바르트의 교육학에 있어서 다면적 흥미(多面的 興味)는 이러한 경험과 사교로부터 파생된 다음의 여섯 가지 흥미를 말한다.

먼저 경험과 인식으로부터 나타나는 흥미로는 경험적 흥미·사변적 흥미·심미적 흥미가 있다. 경험적 흥미는 항상 새로운 것을 추구하고자 하는 흥미이며, 사변적 흥미로 계속된다. 사변적 흥미는 경험적 흥미를 바탕으로 사물 간의 관계를 논리적으로 규명하려는 흥미이며, 의문을 제기하고 싶어 하는 흥미이다. 심미적 흥미는 사물의 미추선악(美醜善惡)을 판단하고 평가하려는 흥미이다.

다음으로 참여와 사교로부터 나타나는 흥미로는 동정적 흥미·사회적 흥미·종교적 흥미가 있다. 동정적 흥미는 타인의 고통과 쾌락을 공감하는 흥미로써 이는 공동체 사회의 전체적 행복에 관심을 갖는다. 이러한 동정적 흥미를 갖는 사람들은 자연히 사회적 흥미를 갖게 된다. 사회적 흥미란 사회와 국가의 행복과 불행에 대한 흥미이다. 그러나 현실세계에서의 행복에 만족하지 않고 인간의 삶과 죽음의 문제에 관심을 갖고 절대자로서의 신의 존재에 관심을 갖는 사람들은 종교적 흥미를 갖게 된다.

이상과 같은 흥미 발생의 조건으로 헤르바르트는 심화(深化)와 숙고(熟考)를 들고 있다. 헤르바르트에 따르면 교재를 학습하는 데에는 일시적으로 다른 모든 것으로부터 사고를 멀리하고 개개의 대상에 집중하여 그것의 개념을 명확히 파악하는 심적 상태인 심화가 필요하다. 또한 그것에 의하여 얻어진 개별적 표상을 올바른 관계로 결합하여 통일하는 작용으로써 인격의 기초가 되는 숙고가 있다. 심화를 통하여 개별지식을 명확하게 파악하고, 숙고를 통하여 개별지식들 간의 관계를 이해하면서 사고권을 형성하게 되는 것이다. 헤르바르트는 이 심화와 숙고를 좀 더 분석적으로 고찰하여, 이들을 각각 정지적(靜止的)인 것과 진동적(進動的)인 것으로 나누었다.

정지적 심화를 통해 개개의 대상에 몰입함으로써 한 개념에 대한 명료한 인식을 획득하는 명료화가 이루어지고, 진동적 심화에서는 이미 습득한 표상이 새로운 표상과 결합하여 표상 간에 연합이 이루어진다. 정지적 숙고는 연합된 표상이 숙고를 통해 일정한 체계를 이루는 것을 말한다. 즉 풍부한 숙고를 통해 낱낱의 개념들이 일정한 질서를 갖게 되는 것이다. 진동적 숙고를 통해 우리는 정지적 숙고에서 얻은 지식 내용의 체계를 실제 생활에 적용하는 방법을 터득하게 된다. 이러한 '명료·연합·체계·방법'의 네 단계가 헤르바르트의 수업단계이다. 헤르바르트는 모든 수업이 이러한 단계를 거쳐 진행되어야 한다고 하였으며, 이는 수업시간에 학생들의 흥미를 일깨우고 수업의 지루함을 피하기 위해서였다.

그림 1 헤르바르트의 수업단계

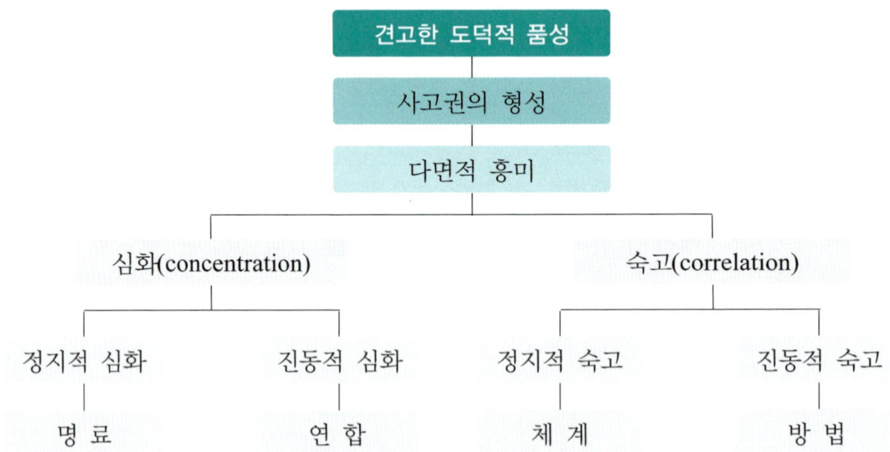

헤르바르트의 교육학은 그가 사망한 후 그의 후계자들에 의하여 형성된 헤르바르트 학파에 의해 꾸준히 계승, 발전하여 왔다. 대표적인 헤르바르트 학파의 학자로는 슈토이(Stoy, 1815~1885), 칠러(Ziller, 1817~1881), 라인(Rein, 1847~1929) 등이 있다. 특히 라인은 헤르바르트의 수업단계를 좀 더 세분하여 예비·제시·비교·종합·응용의 5단계로 제시하였다. 오늘날의 대부분의 수업에서는 일반적으로 도입·전개·정리의 3단계로 운영하고 있다.

(3) 훈육

훈육(Zucht)은 관리, 수업 다음에 오는 교육작용으로서 도덕성의 도야를 목적으로 하는 교육의 마지막 단계이다. 관리는 교육받을 수 있는 조건을 마련해 주는 교육 이전의 단계이고, 수업은 교재라는 매개체를 통해 교육적 수업을 함으로써 도덕적 품성을 도야하지만, 훈육은 매개체 없이 아동에게 직접적으로 작용하여 아동의 심정에 영향을 줌으로써 도덕적 품성을 도야하는 방법이다. 이와 같은 훈육의 방법으로는 명령·상벌·교훈·모범 등을 들 수 있으나, 이 중에서 교사의 모범을 가장 중시한다. 이는 처음에는 타인의 지도에 의한 객관적 훈련에 강제성을 띠지만 점차 자신의 자율적 훈련이 가능하도록 한다.

훈육은 원래가 많은 조치나 개별적인 행위로 구성되는 것이 아니고 연속적 만남이기 때문에 짧지 않고, 급격하지도 않으며 지속적으로 완만하게 아동에게 영향을 미친다.

헤르바르트가 교육의 방법에 많은 관심을 가지고 연구한 것은 사실이지만 그것이 주지주의적 관점에서 단순히 지식 전달을 잘 하려고 한 것은 아니다. 그가 생각하는 수업은 철저히 '교육적 수업'이었다는 사실을 알아야 한다. 헤르바르트는 결코 주지주의자가 아니다.

4. 프뢰벨

1) 생애

유치원의 창시자이며, 인간주의적 교육관에 기초해 유아교육 사상을 집대성한 프뢰벨(Fröbel, 1782~1852)은 독일 튀링겐 지방의 오버바이스바하에서 태어나 1799년 예나대학교에 입학하여 2년 간 수학하였다. 1805년에는 프랑크푸르트로 가서 건축기사가 되려고 하였으나 우연한 기회에 페스탈로치의 제자인 그루너(Gruner, 1788~1844)를 알게 되어 학교 교사가 되었으며, 이것이 그의 교육생활의 시작이었다. 그 후 프뢰벨은 그루너의 주선으로 이페르텐에 있는 페스탈로치를 2주일 간 방문하여 페스탈로치의 교육관에 감명을 받고 돌아와 2년 간 교직생활에 전념하였다. 1807년 학교를 사직하고 가정교사 생활을 하다가 1808년 9월 이페르텐의 페스탈로치를 다시 찾아가 그곳에서 2년 간 머물렀다. 그는 교육자로서의 페스탈로치의 인격에 큰 영향을 받고 열심히 배웠다. 동시에 유럽의 각지에서 이페르텐으로 몰려든 젊은 학생들이 교육에 거는 기대와 열정에도 깊은 감명을 받았다. 그리하여 교육을 통해 국가와 사회 그리고 인류를 개혁한다는 이념이 그의 마음속에 싹트기 시작하였다.[11] 1810년 이페르텐을 떠나 독일로 돌아온 그는 자신의 학력이 부족함을 깨닫고, 1811년에 괴팅겐대학교에 입학하였다가 이듬해에는 베를린대학교로 전학하였으나, 1813년 프러시아와 프랑스의 전쟁으로 종군하게 되어 다시 학업을 중단할 수밖에 없었다.

1816년 프뢰벨의 형이 사망하면서 형수가 조카들의 교육문제를 상의해오자, 당시 스톡홀름대학교의 교수 초빙을 거절하고 조카 3명과 또 다른 아이들 5명을 데리고 그리스하임에 '일반독일학교'를 창설하고 교육활동을 시작하였다. 다음해인 1817년에는 이 학교를 카일하우로 옮겼으나, 이 학교는 정부의 탄압으로 인하여 1829년까지만 존속하였다. 이 시기에 그는 자신의 대표적 저서인 「인간교육」을 출간하였다.

이 후 스위스에 가서 학교를 운영하다가 1836년에는 다시 독일의 베를린으로 돌아와 블랑켄부르크에서 자신의 교육이념에 의한 최초의 유아학교를 시작하였다. 이 학교의 교육방법은 장난감을 이용한 놀이교육이었다. 이 방법은 일부 학부모들의 몰이해로 비난을 받기도 하였으나, 그의 교육적 신념에 감동받으며 그의 명성은 날로 높아갔다. 1839년에는 장난감 중심의 유아교육에 대하여 강습회를 열고, 같은 해 6세 이하의 아동 40명을 모아 '놀이와 작업을 위한 학교'를 개설하였다. 1840년 이른 봄에 산책을 하던 프뢰벨에게 문득 '어린이의 정원'이란 뜻을 가진 킨더가르텐(kindergarten)이라는 단어가 떠올라, 이때부터 자신의 유아학교를 킨더가르텐이라고 부르기 시작하였다. 킨더가르텐은 이제 독일어에서 유치원을 의미하는 보통명사로 사용되고 있다.

유아교육의 적임자는 여성이어야 한다고 생각한 프뢰벨은 유치원 교사 양성기관을 설립할 목적으로 모금운동을 벌이기도 하였다. 1840년 6월 '일반 독일 유치원'을 창설

---

11) 안인희(편), 「교육고전의 이해」(서울: 이화여자대학교 출판부, 1991), 350쪽.

하였으며, 그 후에도 그는 유치원의 보급에 계속 힘썼다. 1844년에는 그의 주요 저서 중의 하나인 「어머니의 노래와 사랑의 노래」를 출간하였다. 그러나 1851년에는 그의 킨더가르텐이 무신론적이고 사회주의적이라는 이유로 정부로부터 전면 금지되었다. 프뢰벨의 조카가 급진적 사회주의자였기 때문에 받았던 오해의 결과였다. 프뢰벨의 교육사상이 철저하게 종교적인 것에 기초하고 있다는 사실을 간과했기 때문이다. 이 금지령은 프뢰벨이 1852년 사망한 후 8년이 지난 1860년에 가서야 해제되었다.

2) 교육원리

프뢰벨은 당시 독일의 이상주의 철학, 낭만주의 철학, 그리고 루소, 페스탈로치 등에게서 많은 영향을 받았으며, 그것을 바탕으로 자신의 독자적인 교육체계를 정립하였다. 그의 교육사상의 기본원리로는 통일의 원리, 자기활동의 원리, 노작의 원리, 유희의 원리 등을 들 수 있다.[12)]

(1) 통일의 원리

프뢰벨은 만물 가운데에는 영원한 법칙이 깃들어 있어 이것이 작용하고 지배한다고 보았다. 그리고 이 만물을 지배하는 법칙의 바탕에는 모든 것을 움직여서 그 자신에게 강렬하고 영구히 존재하는 통일자가 반드시 있다고 하는 것이다. 이 통일자는 신이고 만물은 신으로부터 생겨난 것이며, 신은 만물의 유일한 근원으로써 만물 속에 존재하고 만물을 지배한다고 보았다. 이와 같이 우주의 모든 형성작용의 근저에는 하나의 통일, 즉 신이 깃들어 있다는 것이다. 이는 프뢰벨의 세계관이 신적인 통일에 기초를 두고 있음을 말해 주고 있다. 프뢰벨에 따르면 신적인 통일을 빼놓고서는 자연도 없고 인생도 없으며, 이 자연계는 생명의 커다란 유기체이며, 개개의 자연현상은 내적으로 결합된 하나의 유기체에 지나지 않는다는 것이다. 또한 이 유기체에는 하나의 영원한 법칙이 작용하고 있다고 하였다. 생명이라는 것은 정신적인 것과 물질적인 것의 융합체로서 정신적인 것이 없는 물질은 죽은 것이며, 정신적인 것과 관계없는 물질은 혼돈

12) 안인희(편), 「교육고전의 이해」(서울: 이화여자대학교 출판부, 1991), 353~361쪽 참조.

상태에 있을 수밖에 없다. 이리하여 우주의 모든 형성작용의 근저에는 하나의 통일, 즉 신이 깃들어 있다는 것이다. 신은 보편적 존재의 전제이기도 하고 조건이기도 하다. 왜냐하면, 신은 우주의 유일한 만물 가운데에서 움직이고 이 신적인 것이 만물의 본질이기 때문이다.

이와 같이 프뢰벨은 만물의 본질을 신성(神性)으로 보고, 만물의 사명은 단지 그의 본질인 자기 내부의 신성을 외부에 표현하는 것이라고 하였다. 따라서 그의 교육목적도 이 본질을 절대자와의 통일에까지 발전시키는 일이라고 할 수 있다.

프뢰벨은 인간을 만물 중의 최고 존재로 보았으며, 다른 어떤 만물보다 신적인 것을 더 많이 갖고 있다고 하였다. 인간은 지적이고 이성적으로 만물을 인식하기 때문에 만물과는 다른 특별한 사명과 직분이 있다는 것이다. 따라서 교육이란 의식하고 사고하는 존재인 인간을 자극하고 지도하여 그것에 의해 인간으로 하여금 자신이 가지고 있는 내적인 법칙, 다시 말해 신적인 것을 의식하게 하여 스스로의 결단에 의해 밖으로 순수하고 완전하게 표현할 수 있는 방법과 수단을 제공해 주는 일이라고 하였다.

(2) 자기활동의 원리

일반적으로 어린이의 자기활동을 중시하는 경향은 18세기 이후 교육학 분야에 전반적으로 확대되었다. 이러한 경향은 후에 루소와 페스탈로치에 의해 전성기를 이루었으며, 특히 프뢰벨에 이르러서는 더욱 철저하게 다루어졌다. 프뢰벨은 교육에 있어서 자기활동을 창조적인 것으로 보고 이를 육성하려고 하였으며, 그의 카일하우 학교에서 이러한 방법을 적극적으로 시도하였다.

프뢰벨에 따르면 신이 조물주라고 하는 입장에서 신성의 본질은 활동이며, 창조이며, 노동인 것이다. 이러한 신성을 자신의 본성으로 하고 있는 인간은 태어나면서부터 활동하는 행동과 표현하는 행동, 그리고 창조하는 행동을 하게 된다. 따라서 어린이의 활동은 모두 창조적인 것으로 볼 수 있으며, 창조적인 활동은 동시에 자기 속에 있는 사회적인 것의 표현이며, 이는 곧 자기활동인 것이다. 따라서 교육의 과제는 이와 같은 어린이의 자기표현을 도와주는 것이다. 즉, 어린이의 모든 흥미와 욕구에 따른 창조적 자기활동에 따라 교육하는 것이다. 그러므로 모든 명령적·간섭적·강제적 교육은 금지한다.

이와 같이 프뢰벨은 어린이 자신의 경험에 의하여 스스로 습득하는 활동적이고 창조적인 자기활동의 원리를 극히 중요하게 여겼다. 그는 어린이의 자기활동을 교육의 중심원리로 생각하고, 교재와 교육방법을 연구하기 이전에 어린이를 먼저 연구하였다. 즉 세상의 많은 교사들처럼 교사 자신의 수업을 위해 어린이를 연구한 것이 아니라, 어린이의 자기활동 내지 자기발전을 돕기 위하여 어린이를 연구하였던 것이다.

또한 프뢰벨은 어린이에게서 정신적이고 도덕적인 자기계시, 자기발전, 자기교화의 한 과정을 파악하고, 이로써 자연스럽게 사회적·문화적으로 좋은 환경을 제공하기 위하여 고심하였다. 그가 놀이와 작업을 중시하고 은물(恩物, Gabe)을 제작하고 유치원을 창립한 것도 이러한 고심의 결과이다. 여기에서 은물이라고 번역한 Gabe는 원래 부모가 자녀에게 주는 선물 또는 하느님의 은혜의 선물이라는 뜻으로 단순한 일반 장난감과 개념이 다르기는 하지만, 어쨌든 어린이들이 즐겁게 가지고 놀며 자연스럽게 학습할 수 있는 물체라는 의미에서 '교육용 장난감'으로 번역되어도 무방하다.

(3) 노작의 원리

프뢰벨은 인간의 생산적 활동을 정신적인 것으로 보고, 인간의 본질에 관한 근본적 개념으로 보았다. 그는 페스탈로치의 노작교육사상을 계승하고 이를 발전시켰다. 페스탈로치는 교육활동의 직접적인 목적을 노작(Arbeit)을 통해 이루려고 하였으므로 노작의 의미와 가치를 중히 여겼던 것이다. 노작이 프뢰벨에 의해 그 의미가 높게 평가된 이유 중의 하나는 그가 어린이의 의식발전의 원리로서 노작의 필요성을 인정하였기 때문이다.

프뢰벨은 어린이의 모든 단순한 생산활동을 노작으로 보았다. 또한 그는 생명 그 자체를 활동·노작·창조라고 보았다. 인간의 사명은 행동을 통하여 신성(神性)을 표현하는 것이며, 이 신성이 숨겨져 있는 인간은 노동을 함으로써 그리고 행위를 통하여 자신의 내적 본질을 구체적으로 표현하게 된다는 것이다. 즉, 인간의 사명을 신성의 표현이라고 보았기 때문에 그의 노작의 원리는 인간 생명의 원리이며 생명의 발전을 위한 교육원리라는 것이다. 그 생명 발전의 과정이 프뢰벨에게는 노작이기 때문에 노작교육이 곧 인간교육이라고 할 수 있다.

프뢰벨은 이와 같이 노작의 중요성을 강조하며, 근로정신이나 생산활동은 어릴 때부터 교육되어야 한다고 하였다. 또한 그는 어린이의 놀이를 최초의 생산활동으로 간주하였다.

(4) 놀이의 원리

프뢰벨은 교육목적을 달성하는 방법에 있어서 교재인 은물(恩物)을 이용한 놀이의 원리를 적용하였다. 이 은물은 단순한 놀이기구가 아니라 그 속에 철학적 의미가 내포된 것으로서 일종의 교육용 장난감인 것이다. 어린이는 대자연과 우주의 복잡하고 어려운 진리를 파악할 수 없으므로 그들에게 알맞은 물건을 교육화하여 제공할 필요가 있는데, 이렇게 하여 고안된 것이 바로 은물이다.

프뢰벨은 「인간교육」에서 놀이에 대한 그의 견해를 다음과 같이 밝히고 있다. 놀이는 아이들의 내적 세계를 스스로 표현하는 것이며, 자기의 내적 본질의 필요에 의해 자신의 내면세계를 밖으로 표현한 것이다. 놀이는 아동기의 가장 순수한 정신적 산물이며 인간생활 전체의 모범이라고 할 수 있는 것이다.

실로 놀이는 인간의 전체적인 표현이며, 인간은 놀이를 통하여 자기를 표현하고 자기를 형성한다. 이 자기표현과 자기형성은 항상 스스로 생명화를 요청하고 있다. 이리하여 놀이는 인간의 내적 생명을 형태화하게 된다. 이러한 놀이를 하는 노력은 아동기에 가장 왕성하다.

프뢰벨은 놀이를 하고 있는 인간에게 가장 순수한 정신이 깃들어 있다고 하였다. 그가 「인간교육」에서 말하고 있듯이, 놀이는 어린이의 가장 순수한 정신적인 활동의 표현인 동시에 인간생활 전체의 모범이라고 할 수 있다. 그렇기 때문에 놀이는 인간 성장의 근본 요소이며, 어린이의 자연스러운 발달의 가장 중요한 모습이다. 따라서 프뢰벨은 놀이 그 자체가 교육이라고 인식하였다.

어린이의 창조적인 자기활동을 중시한 프뢰벨은 이러한 창조적 자기활동을 어떻게 가르칠 것인가보다는 어떠한 것을 통해서 어린이 자신이 스스로 배우게 할 것인가에 관심을 두었다. 또한 그는 놀이의 교육적 가치를 실현하고자 어린이의 창조력을 길러주고 그 완전한 발달을 위하여 이상적인 놀이기구를 고안해 냈으며, 이것을 은물이라고 하였다. 프뢰벨이 고안해 낸 은물은 어린이의 왕성한 창조적 활동을 만족시키는 놀이기구이다. 이 은물의 기본원리는 어린이가 지닌 창조력의 새싹을 훌륭하게 키워 자연의 법칙을 알고 신의 능력과 자기 자신을 알게 되는 완전한 발달을 돕자는 것이다.

VIII 현대의 교육

1. 신교육 운동의 전개

신교육 운동은 19세기 말부터 20세기 초에 걸쳐 유럽에서 일어나 미국을 비롯한 전 세계의 교육개혁 운동에 영향을 미쳤다. 아동의 내재적 동기를 유발하고 자발적 학습 활동을 조성한다는 이념 아래 근대교육의 이념을 본격적으로 추진하고 현실화시킨 운동이 신교육 운동이다.[1] 오늘날 이러한 신교육 운동에 대한 역사적 평가는 반드시 긍정적이지만은 않지만, 현대교육의 성립에 많은 기여를 한 것임에는 틀림이 없다.

신교육 운동의 발달은 영국의 애버츠호움(1889), 비데일즈(1893), 독일의 일젠부르크(1898), 오덴발트(1910) 등지의 전원(田園)에 설립된 기숙사학교에서 전인교육을 하는 '전원기숙사학교'에서 시작되었다.

한편, 독일에서는 케르쉔슈타이너(G. Kerschensteiner, 1854~1932)가 과거 인문교육 중심의 학교교육을 비판하고 페스탈로치의 노작교육 정신을 이어받아 뮌헨에 설립한 노작학교가 신교육 운동으로 전개되었다.

---

1) 長尾十三二(저), 송일지(역), 「신교육운동사」(서울: 한마당, 1985), 29쪽.

1) 전원기숙사학교

신교육 운동은 지식교육 위주의 전통적 중등학교교육을 개혁하고자 하는 의도에서 시작된 교육운동으로 전원기숙사학교의 설립이 그 대표적인 예라고 할 수 있다. 전원기숙사학교는 영국의 애버츠호움학교에서 출발하여 독일의 리이츠, 비네켄, 게헤프 등이 발전시킨 기숙사학교로, 전통적 학교교육을 비판하고 하나의 대안적 학교로 전인교육의 이념 아래 운영되었던 학교이다.

(1) 레디의 애버츠호움 학교

영국의 레디(Reddie, 1858~1932)가 1889년에 설립한 애버츠호움 학교로부터 전원기숙사학교의 교육은 시작되었다. 이 학교는 영국의 맨체스터 북방에 위치한 자연경관이 좋은 전원에 설립되었다. 레디는 자신이 지내온 학교생활의 경험으로부터 그리고 당시 급진주의자나 사회주의자의 전원지향성에 영향을 받아 전원에 학교를 세우고 자신의 학교에 근대적인 교과목들을 도입하고 교육방법으로는 노작교육을 실시했다.[2)] 그는 또한 사랑에 의한 훈육을 목표로 교과학습과 기숙사생활의 모든 생활을 통하여 교사와 학생 간의 그리고 학생 간의 관계를 사랑과 신뢰의 관계로 발전시키고자 하였다. 그들은 24시간을 함께 생활함으로써 학교는 마치 커다란 가정과 같았다.

애버츠호움 학교의 하루는 오전에는 교과수업, 오후에는 현장학습(노작)과 체육, 저녁에는 레크리에이션이 행해졌다. 이와 같은 24시간의 교육에 의해 아이들의 모든 능력을 조화롭게 발달시켜 그들을 사회의 이성적(理性的) 구성원으로 만드는 것이 교육의 목표였다.

(2) 리이츠의 전원기숙사학교

애버츠호움 학교에서 레디와 함께 일하던 배들리(Badley)는 레디로부터 독립하여 1893년에 또 하나의 전원기숙사학교인 비데일즈 학교를 설립하였다. 이 비데일즈 학교에는 당시 독일에서 파견된 리이츠(Lietz, 1868~1919)가 교사로 일하고 있었다. 그는

---

2) 長尾十三二(저), 송인지(역), 앞의 책, 31쪽.

독일로 귀국한 후 1898년 일젠부르크에 애버츠호움 학교와 비슷한 학교를 세우고 독일 전원기숙사학교라고 이름을 붙였다.

리이츠는 자신의 학생시절에 경험하였던 잘못된 교육, 즉 삶과 유리되고 의미 없는 지식만을 주입하는 교육을 개혁하고자 하였다. 그는 교육에 있어서 첫째로 중요한 것은 윤리적 태도, 자기교육, 고상하고 건강한 생활자세 등이고, 그 다음으로 수업과 정신교육이라고 하였다.[3] 전원기숙사학교의 교육공동체에 있어서 가정(家庭)은 모든 교육의 모범이라고 그는 생각했다. 따라서 그는 자신의 학교를 하나의 가정처럼 운영하였다. 교육집단을 되도록이면 소단위화하여 한 교사가 5~12명의 어린이들과 함께 생활하도록 하였다. 이때 교사는 아이들에게는 가장(家長)과 같은 역할을 했다. 이와 같은 개인적·교육적 영향에 리이츠는 커다란 가치를 부여하였다. 가장과 함께 식사도 하고 여행도 하였으며, 일주일에 두 번씩은 저녁에 가족회의도 하였다. 가족회의가 없는 저녁에는 전체 기숙사 학생이 함께 발표회, 음악 등의 활동을 하기도 하였다. 이 학교에서는 학생들의 연령에 따라 세 집단으로 나누고 각기 다른 기숙사생활을 하도록 하여 학습집단이 항상 소집단이 되도록 하였다.

(3) 비네켄의 자유학교 공동체

리이츠와 함께 교사로 근무하던 비네켄(Wyneken, 1875~1964)과 게헤프(Geheeb, 1870~1961)는 리이츠와 학교운영 방식과 남녀공학에 관한 문제로 의견 대립으로 인하여 결국은 학교를 그만두고 1906년 독자적으로 비커스도르프(Wickersdorf)에 '자유학교 공동체'를 설립하였다. 비네켄은 과거 기성세대들에 의해 모든 것이 결정되고 운영되던 학교제도를 비판하고, 이 자유학교 공동체에서는 모든 생활양식, 기숙사 규정 등을 모두 학생들이 스스로 결정하도록 하였다. 따라서 리이츠의 전원기숙사학교와는 달리 청소년들에게도 어른과 동등한 권리를 부여하였으며, 결정권과 발언권에 완전한 자유가 보장되었다. 이와 같이 함으로써만 개방적인 의사교환이 이루어지고, 교사와 학생 간의 결속력이 더욱 강해지며 자기교육이 실천되는 학교공동체를 형성할 수 있다고 보았다.

3) Albert Reble, *Geschichte der Pädagogik*(Stuttgart: Ernst Klett Verlag, 1975), p.303

(4) 게헤프의 오덴발트 학교

비네켄과 함께 일하던 게헤프(Geheeb)는 1909년 비네켄의 학교를 그만두고 1910년에 오덴발트 학교를 설립하였다. 그는 다른 전원기숙사학교와는 달리 남녀공학을 실시하고 공동생활을 허용하고 학교 운영도 과거의 학교들 보다 한층 더 진보적으로 하였다. 교장도 교사와 학생으로 구성된 학교공동체의 투표에 의해 다수결로 정하였으며, 다양한 연령층의 모든 아동들에게 어른과 동등한 투표권을 주었다. 학교의 모든 시설과 운영 그리고 각종 행사는 모든 학교 구성원들의 의견을 수렴하여 결정하였다. 수업에 있어서도 학생들의 결정과 자발적 행위를 존중하였다. 획일적인 학급수업 대신에 전공과정이 개설되었으며, 학년제도가 없었다. 학생들은 자신의 취미와 능력에 따라 스스로 자신이 들어야 할 과정을 선택하였으며, 정해진 수업 시간표도 없다. 오덴발트 학교는 학생들이 자신의 개인적 학습기회를 충족시킬 수 있도록 하기 위해 전공교실과 도서관을 구비하였다.

2) 노작학교

극단적 주지주의나 고전주의에 반대하고 서적중심의 전통교육의 폐해를 지적하면서 신교육 운동을 촉진한 것은 페스탈로치의 노작교육사상을 현대에 계승하여 더욱 발전시킨 사람은 독일의 케르쉔슈타이너이다.

독일 뮌헨의 장학관으로 재직하던 케르쉔슈타이너는 1908년 스위스의 취리히에서 행한 "페스탈로치의 정신에서 본 미래의 학교-노작학교"라는 강연에서 페스탈로치의 노작교육사상을 발전적으로 계승하고 실천에 옮겨야 한다고 역설함으로써 전통적인 학교의 가장 큰 병폐였던 교과서중심의 학교교육을 극복하고자 하였다.

그는 직업에 대한 준비교육의 목적을 특정한 직업의 작업과정, 기계, 재료 등에 익숙하게 하는 것뿐만 아니라 작업을 수행하는 데 필요한 능력의 형성, 착실한 작업방법, 주의력, 철저성, 면밀성 등을 기르고 올바른 노작의 기쁨을 환기하는 데 두었다. 케르쉔슈타이너는 노작학교의 개념 규정이 혼란하여, 교과서 중심적 학교교육의 폐해보다 오히려 더욱 위험한 혼동상태에 있다고 지적하면서 노작학교의 본질적 특성을

다음과 같이 들고 있다.[4)]

첫째, 노작학교는 단순한 자기활동주의 교육도 아니지만 자연성장주의도 아니다. 아동의 즉흥적 흥미를 만족시키거나 자유방임상태로 성장을 기대하는 것이 아니다. 철저한 자기비판과 자기극복을 통해서만 인간의 정신이 성장한다.

둘째, 대상은 그것 자체의 내재적 법칙과 객관적 가치를 지니면서 존재하고 있다. 따라서 주관적인 욕망이나 취미에 사로잡히지 않고 순수하게 객관적 태도를 가지고 대상의 가치를 표현하며 실현해야 한다. 인간의 정신은 객관적인 문화에 의해서 형성되기 때문에 객관적이고 보편타당한 가치를 추구하는 노작만이 교육적으로 의미 있다.

셋째, 노작은 객관적 순수성을 철저히 유지함으로써 도덕성에 연결된다. 즉 주관적 욕망이나 관심을 고려하는 것이 아니라, 대상에 내재한 가치를 실현하고 완성하는 것이 도덕성으로서의 의미를 지니는 것이다. 도덕성이란 어떤 조건에서만 타당한 가치를 넘어서서 무조건적으로 타당한 가치를 정립하는 것으로, 철저하게 비개인주의적이어야 한다.

이런 특징을 갖는 노작은 일정한 일의 완성을 지향하는 목적적 활동으로 단순한 자기활동의 원리도 아니고 체험의 원리도 아니다. 아동이 일의 완성을 지향하면서 자기비판과 자기반성에 기초하여 순수한 태도를 익히는 것이 노작학교의 진정한 정신이며, 책임·협동·헌신 등의 도덕적 성품도 이를 기초로 한 것이었다.

즉, 수공작업(手工作業)을 통해서 일을 완성하는 기쁨을 체험함과 동시에 금욕·근면·책임·헌신 등의 도덕적 성품을 형성하고 국가에 유용한 인간을 양성하려고 하였던 것이다. 물론 여기에 암기위주의 당시 전통적 교육에 대한 비판이 있었던 것은 의심할 여지가 없으며, 케르쉔슈타이너의 노작학교도 이러한 교과서 중심의 암기교육에 대한 개혁운동으로 제기되었던 것이다.

이와 같이 케르쉔슈타이너는 노작을 통해 가치감각을 계발하여 어린이의 정신세계를 확대하고, 가치가 실현되는 과정을 보면서 자기 삶의 방향을 설정하고, 가치가

---

4) G. Kerschensteiner, *Begriff der Arbeitsschule*(Leipzig, 1927), p. 70 참조.

담겨져 있는 생활의 마당에서 활동하면서 덕성을 기르고, 여러 가치들이 어떻게 상호 관련을 맺고 있는가를 체험함으로써 학교교육에서 분리된 어린이의 사고·감정·행위를 통일시켜 바람직한 인간을 양성하려 했다. 따라서 그의 노작학교교육은 오늘날 학교교육에서 분리되기 쉬운 인성교육·시민교육·직업교육 또는 주체적 자아의식, 시민적 책임의식, 기능적 직업의식의 교육을 수공의 노작을 통해 통일하려고 하였다는 데 그 교육적 의미가 있다.[5)]

케르쉔슈타이너에 따르면 학교에서의 수공은 단순히 직업을 위한 준비가 아니라, 페스탈로치의 전인교육 사상에 따라 전체적 인간상을 형성하는 노작교육의 일환이어야 한다. 이러한 이념에 따라 현대 독일의 직업학교 이념이 정립되었으며, 케르쉔슈타이너를 직업학교의 아버지라고 부르기도 한다.

2. 아동중심 교육사상

현대교육의 특징은 무엇보다도 아동중심교육이라고 할 수 있다. 멀리는 코메니우스로부터 루소, 페스탈로치, 프뢰벨 등을 거치는 동안에 전통적인 교사중심 또는 기성세대 중심의 교육에서 점차 아동중심, 성장세대 중심의 교육이 확고하게 자리를 잡아가고 있었다. 현대에 있어서 아동중심 교육사상을 심화시키고 이를 실천에 옮긴 미국의 듀이, 이탈리아의 몬테소리, 영국의 니일 등에 대하여 알아보기로 한다.

1) 듀이

듀이(John Dewey, 1859~1952)는 1859년 미국 북동부에 위치하고 있는 버몬트(Vermont) 주에 있는 벌링톤(Burlington)에서 태어났다. 1879년 대학을 졸업한 후 고등학교와 초등학교에서 교직생활을 하였다. 그는 다시 학업을 계속하기 위하여 1882년 존스홉킨스 대학에 입학하여 1884년 박사학위를 취득하고, 미시간·미네소타·

5) 김정환, 「현대의 비판적 교육이론」(서울: 박영사, 1988), 121~122쪽.

시카고 대학 등에서 교수생활을 하다가 1904년부터는 뉴욕의 콜럼비아 대학에서 1930년 은퇴할 때까지 철학과 교육학을 강의하였다.

(1) 교육원리

듀이의 교육에 관한 기본원리는 그의 대표적 논문과 저서인 「나의 교육학적 신조」(1897), 「학교와 사회」(1899), 「민주주의와 교육」(1916), 「경험과 교육」(1938) 등에서 찾아볼 수 있다. 그의 교육관은 다음과 같다.[6)]

첫째, 교육은 생활이다. 아동이 사회와 더불어 여러 사람과 함께 생활하는 과정이 곧 교육이라는 것이다. 즉, 전통적인 입장에서 말하는 바와 같이 교육은 미래의 삶을 위한 준비가 아니라 현재적 삶의 과정 그 자체라고 듀이는 말한다.

둘째, 교육은 성장이다. 유기체인 아동이 생명을 가지고 성장 발달하는 과정이 교육이라고 듀이는 보았다. 교육의 목적은 육체적·정신적·심리적 성장 이외의 아무것도 아니다. 인간은 태어나서부터 연속적으로 발전하고 성장하는 존재이므로, 그 과정이 곧 교육이라고 본다. 즉 교육은 연속적 성장의 과정이다.

셋째, 교육은 경험의 계속적인 재구성이다. 아동은 자연·사회·인간과 더불어 많은 것들을 경험하는데, 여기에서 교육이 이루어진다. 교육은 경험의 의미를 증가시킬 뿐만 아니라 뒤따르는 경험을 지도하는 힘을 증가시키는 경험의 재구성이다. 경험의 재구성은 경험의 성장, 생활의 성장을 의미하며 그것은 유기체와 환경의 상호작용인 동시에 교육이라는 것이다.

(2) 아동중심교육

종래의 학교는 아동 자신의 직접적인 본능과 활동을 외면하고, 교사에 의해 설정된 교육목표와 교과과정에 따라 교육을 함으로써 아동의 자유가 억압되는 결과를 초래하였다. 이에 듀이는 「나의 교육학적 신조」(1897)에서 "아동이 현재 살고 있는 사회적 상황의 요구에 의해 아동의 능력을 자극함으로써 진정한 교육이 이루어진다."라고

6) 임한영, 「듀이 교육사상의 연구」(서울: 민중서관, 1969), 285~287쪽.

함으로써 아동중심교육으로 큰 전환을 이루었다.

학교는 아동의 모든 생활을 지배하는 중심지가 되어야 하고 아동 성장을 돕는 데 필요한 매개물이 학교에 집중되어야 한다. 듀이에 따르면 교육은 아동의 활동과 더불어 시작된다. 아동의 활동을 모든 교육의 출발점으로 삼고 있는 듀이는 원만한 교육활동을 위해 아동의 능력과 흥미, 그리고 그들의 습관 등을 올바르게 포착할 수 있는 심리적 통찰이 필요하다고 보았다. 즉 아동의 능력·흥미·습관 등을 부단히 분석하여 그들이 무엇을 원하고 있는가를 파악하고, 이를 토대로 교육계획이 수립되고 교육활동이 전개되어야 한다고 봄으로써 아동중심 교육사상을 정립하였다. 듀이는 교육의 기초가 되는 네 가지 흥미를 다음과 같이 들고 있다.[7)]

① 대화와 의사소통에 대한 흥미

② 사물을 탐구하고 발견하려는 흥미

③ 사물을 제작하고 구성하려는 흥미

④ 예술적 경험에 대한 흥미

이처럼 흥미가 조화롭게 나타나는 사회생활의 마당으로서의 학교가 되어야 하며, 학교는 아동들이 자신을 위해 어떤 흥미를 발견할 수 있도록 많은 생활경험을 제공해 주어야 한다는 것이 듀이의 아동중심·활동중심 교육사상의 핵심이다.

사회화 과정으로서의 교육의 개념은 학교에 있어서의 아동에게 뿐만 아니라 사회에 있어서의 학교에도 적용된다. 학교교육 속에서 아동이 경험해야 할 것은 사회현실과 밀접한 관련이 있는 것이어야 한다. 왜냐하면, 존재하지도 않는 사회를 위하여 아동을 교육시킨다는 것은 무의미하기 때문이다. 현존하는 사회의 전통과 가치를 정확하게 고찰하고, 아동이 현재 경험하고 있는 현실 속에서 아동을 교도하는 일이 학교교육의 우선과제이다. 이를 통하여 학교는 아동으로 하여금 새로운 가치를 인식하게 하고, 현존하는 가치양식 속에서 새로운 가치를 창출할 수 있도록 아동을 지도하여야 한다.

듀이에 있어서 교육목표는 아동의 활발한 성장을 도모하는 것이다. 이러한 목표설정을 위한 기준은 다음과 같다. 첫째, 아동 개개인의 모든 내적활동과 요구에 기초해야

7) 차석기, 「교육사 교육철학」(서울: 집문당, 1986), 496~497쪽 참조.

한다. 둘째, 아동들이 수행하는 모든 활동은 아동의 성장과 발달에 적합하도록 설정되어야 한다. 셋째, 교육의 일반목적 및 궁극적 목표와 차이가 없도록 주의해야 한다.

교육이 인간을 대상으로 하고 있는 이상, 인간 자연성(본성)의 발달을 저해하는 교육목적은 의미가 없다. 이러한 인간 본성의 발달은 아동이 태어남과 동시에 경험하게 되는 환경 속에서 이루어진다. 따라서 인간의 생득적인 모든 능력들이 보다 잘 계발될 수 있는 환경을 조성하고 제공해야 한다.

2) 몬테소리

몬테소리(Maria Montessori, 1870~1952)는 1870년 이탈리아의 로마 근교 안코나 지방에서 태어나 12세 때 로마로 이주하여 로마대학에서 의학을 전공한 정신과 의사였다. 몬테소리는 로마대학 부속병원의 정신과에서 정신박약아들을 치료하면서 정신박약아의 치료가 단순히 의학적 문제가 아니라 교육학적 문제라는 인식을 하게 되었다. 정신장애아들의 교육에 관심을 기울였던 몬테소리는 1907년 '어린이의 집'이라는 유아교육시설을 운영하면서 정상아들의 교육에도 자신의 교육이론을 적용할 수 있는 기회를 갖게 되었다.

몬테소리는 이탈리아에 본거지를 두고 미국·영국·네덜란드·독일 등지에 몬테소리 학교를 설립하고 협회를 조직하여 국제적인 활동을 전개하였다. 그러나 무솔리니 정권의 탄압으로 1936년 네덜란드로 이주하였으며, 1939년에는 인도의 초청을 받고 그곳으로 가서 활동하다가 제2차 세계대전이 발발하여 1945년까지 인도에 억류되어 있으면서 그곳에서 '어린이의 집'을 개설하고 자신의 교육활동을 전개하였다. 전쟁이 끝난 후 1946년 다시 네덜란드로 돌아와 교육활동과 강연을 계속하다가 1952년 82세의 나이로 사망하였다.

(1) 아동관

교육이론가이며 실천가인 몬테소리는 이타르와 세강의 영향을 받아 그녀의 독특한 교육원리 및 실천방법을 제시하였다. 몬테소리교육은 아동을 존중하고 아동의 작업

(work; 노작)을 중시하는 사상에 근원을 두고 새로운 아동을 발견하려는 것으로부터 출발한다.[8)]

몬테소리는 아동을 무한한 잠재능력이 있는 존재로 보았으며, 아동 스스로 자신의 잠재능력을 전개해 나간다고 보았다. 즉 인간은 외부 환경의 자극에 의해 수동적으로 반응하는 것이 아니라 내적 에너지에 의해 스스로 탐색하고 발전해 나가는 능동적 존재이며, 특히 아동은 선천적으로 특유한 정신적 본성을 지니고 태어나며, 성인에 의해 배우기보다는 아동 자신이 스스로 환경과 접하면서 경험을 통해 배운다고 보았다. 그러므로 어린이는 성인의 축소형이 아니며 그렇게 취급되어서도 안 된다. 어린이는 개별적인 생명을 지닌 독립된 인격체로 인식되어야 한다. 교육은 아동중심으로 자연스러운 분위기에서 아동에 대한 관찰에 기초하며, 이러한 환경을 창조하여 나가는 것이 아동교육의 역할이라고 보았다.

(2) 어린이의 집

이탈리아 최초의 여의사인 몬테소리는 처음에는 정신장애아에 대한 연구를 하면서 비장애아동의 교육에 대한 교육에 많은 관심을 가지고 있었다. 장애아에 대한 자신의 이론을 비장애 아동에게도 적용할 수 있는지에 대한 관심이 많았다. 1907년에 개설된 '어린이의 집' 운영은 장애아동을 위해 마련된 몬테소리 교구를 장애가 없는 일반 아동에게 적용할 수 있는 기회가 생긴 것이다. 당시 로마의 빈민촌인 산 로렌조(San Lorenzo)는 빈곤과 무질서의 소굴로 범죄가 만연한 지역이었다. 대부분의 어린이들은 노동자들의 자녀로 부모들이 종일 일터에 있는 동안 방임된 채, 물건을 파손하고 난잡한 놀이로 걷잡을 수가 없었다. 이러한 상태에 빠져있는 빈민촌을 개선하기 위해 주택협회는 몬테소리에게 위촉하여 각 주택단지에 유아교육시설을 설치하고 단지 내의 어린이들을 수용하도록 하였다.

주택협회는 이 어린이들을 한 방에 모아두고 누군가에게 보수를 지불하여 그들을 돌보게 하는 것이 그 어린이들에 의해 파손된 것을 수리하는 데 지불하는 비용보다

8) 몬테소리의 아동관에 관한 부분은 주로 신화식·김헌수, 「몬테소리교육 모형」(서울: 양서원, 1992), 29~30쪽 및 안인희(편), 「현대 교육고전의 이해」(서울: 이화여자대학교 출판부 1995), 122~123쪽을 인용하였음.

경제적이라는 결정을 내리고 몬테소리에게 그 관리를 위촉하였던 것이다. 몬테소리는 이 일을 쾌히 승낙함으로써 자신이 오랫동안 생각하여 왔던 일반 아동에 대한 교육의 꿈을 실현하였다.[9] 자신이 지금까지 정신장애아들을 위하여 개발하고 사용하였던 교구와 교육방법이 장애가 없는 아동에게도 적용될 수 있다는 것을 증명해 보일 기회가 온 것이었다.

이렇게 하여 생겨난 유아교육시설이 몬테소리의 '어린이의 집'으로 1907년 1월 6일 개설되었다. 이곳에서 몬테소리는 어린이들에게 탁월한 능력이 잠재되어 있음을 인식했다. 몬테소리는 그들과 함께 작업하면서 자신이 만든 교구가 매우 유용하게 쓰이는 것을 발견했다. 그녀의 교육방법은 성공적으로 아이들에게 적용되었고, 그 교구들은 아이들의 관심을 고양시켰고 어린이들은 자발적으로 교구를 선택하여 작업하게 되었다.

(3) 작업이론

어린이의 완전한 인성(人性)은 자기 구성과정에 포함되어 있으며 모든 움직임과 활동은 어린이의 성장과 발달을 이끌어간다. 인간은 작업(work; 일, 노작)을 통하여 인성을 형성하고 자신을 완성시킨다. 그러므로 기본적인 인성을 형성하기 위해서는 유아에게 바람직한 작업을 제시해 주는 것이 중요하다.[10] 유아는 자연스럽게 작업할 수 있는 내적 충동이 이루어졌을 때 스스로 작업에 매력을 느끼고 즐기며 자신을 전환시킨다. 이러한 작업을 통해 인간은 시민정신의 근본을 배우게 된다. 왜냐하면, 작업은 인간 특성의 하나이기 때문이다. 이 특성은 삶을 더욱 안락하고 편하게 만들 수 있는 환경을 창의적으로 이끌어가는 다방면의 능력과 직접적으로 연결되어 있다. 따라서 작업을 향한 내적 본능을 지니고 있는 인간을 위해 환경이 잘 갖추어져야 한다.

이와 같이 몬테소리는 어린이의 자발적 활동인 자기활동을 중시하였으며, 어린이의 민감기(sensitive period)에 최적의 활동을 유발하게 하는 활동기준은 관찰을 통해서 파악해야 한다고 지적한다.[11] 다양한 환경적 자극 중에서 무엇인가를 선택하고 자기를

9) 신화식 · 김헌수, 「몬테소리교육 모형」(서울: 양서원, 1992), 16쪽.
10) 위의 책, 43쪽.

잊고 열중하는 놀이나 작업이 어린이의 민감기에 최적의 활동이 될 수 있다는 것이다. 몬테소리는 어린이의 발달단계에 적당한 환경을 제공하고 그 환경이 자기활동의 수단이 되어야 한다고 믿었다.

(4) 정상화이론

몬테소리는 어린이가 전인적인 성장을 하도록 도와주고, 자신의 주변환경에 적응할 수 있게 하며, 인간적인 관계에서 사회적 요구를 받아들이고, 정상화되도록 도와주는 데 교육목적을 두었다. 정상화는 어린이가 작업에 진정한 흥미를 가지고 만족감을 느낌으로써 자신의 내적 훈련과 자신감을 발달시키고 목적지향적인 작업을 선택하게 되는 과정을 말한다.

(5) 교사의 역할

몬테소리는 교사의 역할이 어린이의 심리적 활동과 신체적 발달을 지도하는 일이기 때문에 교사라는 명칭이 지도자(directress)로 바뀌어야 한다고 생각하여 '어린이의 집'에서는 교사를 지도자라고 불렀다. 지도자의 역할은 어린이의 자기활동을 지켜보는 것이다. 교사가 전면에 나서서 지도하거나 지시하는 교육활동이 아니라, 어린이의 자발적 활동에 방해가 되지 않도록 교사는 뒤로 물러서 있어야 한다. 그렇다고 아무 일도 하지 않는 소극적 존재가 되는 것이 아니라, 어린이가 자기활동을 할 수 있도록 치밀하게 정비된 환경을 조성하는 적극적 태도가 요구된다. 그리고 개별 어린이의 발달단계에 따른 활동을 가능하게 해 주고, 민감기를 놓치지 않도록 해야 한다.

몬테소리가 규정한 교사의 역할을 요약하면 다음과 같다.[12)]

첫째, 몬테소리 교사는 환경의 유지와 관리를 위한 관리자여야 한다. 치밀한 질서, 정결한 교구와 매력적인 환경을 유지시켜야 한다. 그럼으로써 교사 자신도 가장 의미 있는 존재로서 이 환경의 일부가 되는 것이다.

---

11) 안인희(편), 「현대교육고전의 이해」(서울: 이화여자대학교 출판부, 1995), 125쪽
12) 안인희(편), 앞의 책, 125쪽

둘째, 동기유발의 기능을 발휘해야 한다. 교사는 잘 정비된 환경 속에서 어린이들이 자기활동을 전개할 수 있도록 인도하고 자극을 주는 역할을 해야 한다.

셋째, 방임자가 되는 역할을 한다. 즉 어린이가 일단 작업에 집중하게 되면 어떠한 경우라도 방해하지 말아야 한다. 칭찬·주의·조력 등이 모두 방해가 되기 때문에 교사는 가만히 있으면 된다. 교사의 어린이에 대한 사랑은 좀 더 높은 차원의 인간정신의 사랑으로 발전되어야 한다.

3) 니일

철저하게 어린이의 자유에 입각한 교육을 통해 평화롭고 민주적인 이상세계의 건설을 주창한 니일(A. S. Neill, 1883~1973)은 제1차 세계대전이 치열하던 1917년에 군에 입대하여 복무하던 중에 레인(H. Lane)을 만나 많은 교육적 영향을 받았다. 레인은 당시 불량 청소년 교화시설을 운영하고 있었다. 니일은 이곳에서 자신이 오랫동안 꿈꾸어 오던 어린이의 자유에 입각한 교육이 훌륭하게 실현되고 있음을 보고 깊은 감명을 받았다.

전쟁이 끝나자 니일은 독일로 건너가 드레스덴에 국제학교를 세우고 자신의 교육적 이상을 펼치려고 하였다. 이 학교는 후에 오스트리아의 존탁베르크로 옮겼으나, 여러 가지 어려움으로 결국 해산하고 그곳에 있던 영국 어린이 5명을 데리고 영국으로 다시 돌아와서 1924년 자신의 실험학교를 설립했다. 이곳이 바로 "아이들을 학교에 맞추는 대신, 학교를 아이들에게 맞추는" 서머힐 학교(Summerhill School)이다.

(1) 아동관

니일은 그의 실험학교 서머힐에서 외적인 억압과 간섭이 없는 자유로운 상태에서의 어린이의 본성과 본연의 모습을 관찰한 결과 어린이의 본성은 선하다고 보았다. 이러한 기본적 아동관에 기초하여 니일은 다음과 같은 어린이의 특성을 발견하였다.[13]

13) 김은산, "A.S. 니일연구"(박사학위논문, 이화여자대학교 대학원, 1975), 26~30쪽 참조.

① 어린이는 본래 현명하고 현실적이다. 따라서 어른들에게 필요한 태도는 아이들의 생활에 간섭하지 않고 자유를 허용하며 아이들이 자신의 생활을 할 수 있도록 사랑과 존경을 가지고 그들의 발전을 지켜보는 것이다.

② 아이들은 본래 성실성을 갖고 태어난다. 그럼에도 불구하고 오늘날 교육은 어린이들을 불성실하게 되도록 인위적으로 교육시키고 있다.

③ 어린이들은 사랑과 이해를 필요로 한다. 어린이가 자연스럽고 선량하게 자라기 위해서는 인정과 사랑을 필요로 하는데, 단순히 감상적인 사랑이 아니라 진정으로 어린이 편이 되어 주어야 한다.

④ 아이들은 일하기 싫어한다. 니일은 18세까지의 어린이들에게는 가능한 한 일을 시키지 말고 자유로이 행동하도록 하는 것이 좋다고 하였다. 어린 시절에 실컷 논 아이들은 성장한 후 어린 시절의 놀이에 대한 미련을 갖지 않고 직업의 일에 열중할 수 있게 된다고 보았다.

⑤ 어린이들은 이기적이다. 어린이들은 극히 자기중심적이며 이기적이다. 이타적 행동은 나중에 생겨난다. 지나치게 일찍부터 이타적인 삶을 강요하면 아이들은 위선적인 태도를 보인다.

⑥ 어린이의 흥미는 직접적이다. 따라서 미래 같은 것은 그들의 염두에 없으며, 사회적 의식이나 사회적 책임감과 같은 것도 18세 이상이 되어야 나타난다. 어린이들은 현재의 생활에 열중하고 그 생활 자체가 너무 분주하기 때문에 훗날을 생각할 겨를이 없다.

⑦ 게으른 아이는 없다. 아이들이 게으르다는 것은 흥미가 없거나 건강이 좋지 않아 기운이 없는 경우이다. 학급에서는 흥미가 없어 게으르지만, 아이가 건강하기만 하다면 재미있는 축구시합을 하루 종일 하거나 밤새도록 댄스파티에서 춤을 추어도 피곤을 모른다는 것이다.

(2) 서머힐 학교

서머힐 학교의 기본정신과 목표는 아이들을 학교에 맞추는 대신 학교를 아이들에게 맞추는 학교, 아이들이 그들 자신의 생활을 할 수 있도록 자유를 허용하는 학교를 만들자는 것이었다.[14] 서머힐 학교는 노는 것도 공부하는 것도 어린이들의 자유에 맡겼다. 도덕적인 틀을 강요하는 일이 없는 교육을 통해 도덕적인 용기와 행복을 갖추어 주고, 어린이 스스로에 의한 자치능력을 길러 주었으며, 제도적 틀 속에 맞추어지거나 선동에 동요되지 않는 균형 잡힌 인간을 육성하고자 하였다.

서머힐 학교는 자유와 창조적 활동을 중시하는 학교로서 자유가 기본방침이기는 하지만 무제한적이고 무조건적인 것은 아니다. 학생과 교직원으로 구성된 학교총회에서 자치적으로 몇 가지 규칙들을 정하여 지키는데, 이 경우에도 위험방지를 위한 것과 남의 자유를 방해하지 않기 위한 최소한의 제약이 있을 뿐이다. 따라서 서머힐 학교에서는 남에게 방해가 되지 않는 한 자기가 하고 싶은 일을 마음대로 하고, 학과 수업에 출석하지 않아도 제재를 받는 법이 없다. 또한 숙제와 시험이 없으며 따라서 성적표와 석차도 없다. 이 학교는 이성(理性)을 중시하는 지식교육보다 감정을 중시하는 품성교육(品性敎育)에 더욱 치중하여 아이들의 흥미와 놀이를 중시한다.

교사들은 학생들과 함께 똑같은 식사를 하며, 같은 건물에서 기숙하며 아이들은 선생님을 부를 때에 경어를 사용하지 않고 그냥 이름을 부른다. 따라서 니일에 따르면 서머힐 학교는 아마도 이 세상에서 가장 행복한 학교라는 것이다. 이곳에서는 누구나 동등한 권리를 갖고 있다. 1주일에 한 번씩 열리는 학교총회에서는 6세짜리 아이의 한 표나 교장인 니일의 한 표나 똑같은 한 표로 계산된다. 이처럼 어른을 무서워하지 않는 자유 속에서 자란 아이들은 남으로부터 어떤 영향을 받거나 쉽게 동요되지 않는 개성적인 아이들로 자란다.

니일은 어린이의 선성(善性)에 대한 확신을 가지고 아이들을 본래 현명하고 현실적이며 발전 가능성이 있는 존재로 보아 자유를 허용했을 때, 아이들은 행복하고 훌륭하게 자란다고 말한다. 예컨대, 학과수업에 대한 출석은 완전히 아이들의 자유인데, 수업에 들어가고 싶지 않으면 몇 년이라도 안 들어갈 수 있다고 했을 때, 기존의 다른 학교에서 전학 온 아이들은 과거 지긋지긋한 수업에 대한 기억 때문에 좀처럼 수업에 들어가려고 하지 않았다. 이러한 수업 혐오증으로부터 회복되는 기간은 심한 경우 3년까지 걸린 경우도 있었으나, 보통은 평균 3개월 정도였다고 한다.

14) 김은산, "A.S. 니일연구"(박사학위논문, 이화여자대학교 대학원, 1975), 44~47쪽 참조.

이와 같이 서머힐 학교에서는 어른들의 강요에 의해서가 아니라 아이들 스스로가 민주적인 자치생활을 통해 스스로를 통제하며 방종이 아닌 자율적 자유를 누리고 있다.

4) 슈타이너

독일 발도르프 학교(Waldorf Schule)의 창시자인 슈타이너(R. Steiner, 1861~1925)는 1907년경부터 아동의 발달법칙에 관한 자신의 견해를 피력하기 시작하였다. 제1차 세계대전 직후 독일 슈투트가르트의 담배공장인 발도르프-아스토리아 사의 사장 몰트는 슈타이너의 사상을 수용하고 실현하기 위해 노력하였다. 1919년에 개교한 발도르프 학교는 이 담배공장의 이름을 따서 이름 지어진 것이다. 몰트는 학교 부지를 슈투트가르트에 마련하고, 필요한 건물을 지어주는 등 재정적 지원을 해주었다. 그러나 이 학교는 1920년대 초 발도르프-아스토리아 사와는 분리되어 독자적으로 운영되기 시작하였다. 슈타이너는 1925년 사망할 때까지 이 학교의 운영을 맡았으며, 당시에 이미 필요한 모든 시설을 완비하였다.

(1) 슈타이너의 인간관

슈타이너는 인간의 발달단계를 크게 3단계로 구분하였다. 7년 단위로 삶을 구분하여 0~7세, 8~14세, 15~21세의 단계에 따른 특성을 서술하고 이에 따른 교육을 주장하였다.

출생으로부터 7세에 이르는 제1단계에서 아이들은 주로 모방을 하는 존재로 인식된다. 즉, 지각하는 것과 신체적 표현 사이에 아무런 거리낌이 없는 단계이다. 슈타이너는 이 단계의 아이들은 전적으로 감각적 존재에 불과하다고 보았다. 따라서 이 단계에서 아동교육은 야단치거나 경고하는 것이 되어서는 안 되고, 오직 모방할만한 가치가 있는 환경을 만들어 주는 일이 중요하다고 보았다. 특히 교사는 자신이 말하는 내용에 의해서가 아니라 그가 무엇을 행하고 어떠한 존재인가를 통해서 아이들에게 영향을 미친다.

8세에서 14세에 이르는 제2단계는 아이들에게 신체발달의 힘이 생기고, 새로운 이성의 힘과 기억력이 생기는 시기이다. 아이들은 이제 모방 대신에 체험과 느낌을 통해 세계를 새롭게 파악하려는 충동이 생겨나는 시기이다. 이 시기에는 교사-학생의 신뢰관계 형성이 가장 중요하며, 이에는 교사의 권위가 요구된다. 물론 여기서 말하는 권위는 관료적 권위를 말하는 것이 아니라 소위 교사의 교육적 권위를 의미하는 것이다.

15세에서 21세에 이르는 제3단계는 성(性)의 성숙과 함께 교육이 시작된다. 이 기간 중에 학교교육은 끝이 난다. 이 시기에 아이들에게는 각성된 이성(理性)의 판단력과 감수성이 발달하며, 새로운 힘들이 솟구치게 된다. 따라서 이 시기에는 교사가 학생들에게 명확한 형태로 제시해 주는 판단력 훈련의 교육이 중요하다. 한편, 사춘기의 위기가 이 시기에 처음 등장하기도 한다.

아이들의 3단계 발달과정에 있어서 교사의 권위와 학생의 자유를 어떻게 조화시켜야 하는가에 대하여 발도르프 학교는 다음과 같은 방침을 가지고 교육시키고 있다. 앞에서도 살펴보았듯이 제1단계(0~7세)의 교육에서는 모방이 교육의 중심이 되고 있으며, 제2단계(8~14세)의 교육에서 권위가 필요한데, 이는 자연스러운 삶의 현상에서 비롯된다. 자유는 우리가 교육을 통해서 이루어야 할 최종의 목표이며, 이는 성인에게서 기대할 수 있는 현상이다. 따라서 제3단계(15~21세)의 교육에서는 아이들이 자유를 누릴 수 있는 능력을 길러주는 훈련이 교육의 중심이 되어야 한다. 만일 너무 일찍이 아이들에게 자유를 허용하면 아이들이 올바른 판단에 의한 자유를 누리는 것이 아니라 그들이 임의대로 행동하게 되어 잘못된 결과를 초래하게 된다. 어린아이들에게는 아직 판단력이 완전히 형성되지 않았기 때문에 아이들을 '자유'로 인도하는 교육은 제3단계의 교육에서 가능하고 필요하다고 보았다. 성인이 되어서 올바른 자유를 향유할 수 있기 위해서는 반드시 어린 시절의 충분한 모방이 있어야 한다.

(2) 슈타이너의 기질론

슈타이너는 인간을 형성하고 있는 네 가지 구성체인 자아, 아스트랄체(감정체), 에테르체(생명체), 물질체의 혼합방식에 따라 인간의 기질이 다르게 나타난다고 보았다. 네 가지 구성체가 혼합될 때에, 자아가 지배적인 담즙질, 아스트랄체(감정체)가 지배적인 다혈질, 에테르체(생명체)가 지배적인 점액질, 물질체가 지배적인 우울질로 결정

된다. 이러한 네 가지 기질에 대하여 슈타이너는 다음과 같이 설명하고 있다.[15)]

담즙질은 자아가 지배적인 사람에게 나타난다. 자아는 신체적으로 피의 순환활동으로 나타나기 때문에, 자아가 지배적인 담즙질의 사람은 신체상에서 피의 순환활동이 가장 활발하다. 담즙질이 보이는 공격성과 강한 의지적 특성은 모두 피의 순환과 관련이 있다.

다혈질은 아스트랄체(감정체)가 지배적인 사람에게 나타난다. 아스트랄체는 신체적으로 신경체계로 나타나기 때문에, 아스트랄체가 지배적인 다혈질은 신경계통 기능이 발달해 있다. 신경계는 감각작용의 전달기관이며, 인간의 사고와 이미지에 관련된다. 따라서 다혈질의 사람은 자기가 가지고 있는 관념에 대한 이미지, 동요하는 감각작용, 감정의 변화 속에서 살려는 성향이 강하다. 따라서 다혈질은 끊임없이 흥미가 변하는 변덕스러운 기질이다.

점액질은 에테르체(생명체)가 지배적인 사람에게 나타난다. 에테르체는 신체의 내분비선 체계로 나타난다. 에테르체는 내적 안정감을 유지하려는 것과 관련이 있다. 아스트랄체와 비교해 볼 때, 아스트랄체가 외부세계에 대한 관심을 나타내는 감각작용과 관계한다면, 에테르체는 일종의 내면적 삶을 이끄는 것이다. 따라서 에테르체가 지배적인 점액질은 자기보존적이며, 외부세계로 향하려는 의지를 개발하기보다는 내적인 안정감을 중시한다.

우울질은 물질체가 지배적인 사람에게 나타난다. 다른 요소에 비해 물질체가 우세한 우울질의 사람들이 물질체를 능숙하게 다루려고 할 때마다 이것이 제대로 되지 않는 것을 발견할 수 있다. 왜냐하면, 물질체는 물질체보다 차원이 높은 세 요소에 의해 지배를 받는 수단에 불과하기 때문이다. 따라서 물질체가 우세한 사람은 수단에 해당하는 물질체를 완벽하게 조종하지 못할 때, 일종의 억압을 경험하고, 내적 존재는 물질체를 지배할 힘이 없기 때문에 내적 장애를 느낀다. 이런 기질의 사람은 자신의 힘을 내적 장애를 제거하는 데 사용하려고 한다. 극복되지 않은 장애는 슬픔과 고통이 된다. 이러한 이유로 우울질의 사람들은 세상을 비관적으로 바라보게 된다.

한편 슈타이너는 인간의 발달 단계와 관련하여 인간의 4가지 기질은 다음과 같은

15) 정윤경, 「루돌프 슈타이너의 인지학과 발도르프 학교」(인천: 내일을 여는 책, 2000), 94~98쪽.

특징이 있다고 하였다.

아동기에는 주로 다혈질의 기질을 보인다. 다혈질의 사람은 호기심이 많고, 항상 새로운 것을 찾아가지만 변덕이 심해 오래 지속되지 못하는 습성이 있다. 청년기에는 담즙질의 기질이 많이 나타난다. 담즙질의 사람은 쉽게 화를 내거나 흥분하는 버릇이 있고, 그것을 바로 나타낸다. 장년기의 성인들에게는 주로 우울질의 기질이 나타난다. 우울질의 사람은 걱정과 불안이 많고 삶에 대하여 늘 비관적인 생각을 많이 하는 사람이다. 노년기에는 점액질의 기질을 흔히 볼 수 있다. 점액질의 사람은 조용하고, 인내심이 많고, 침착한 모습을 나타낸다.

이와 같은 슈타이너의 기질론은 그가 교육에서 강조하고 있는 "인간에 대한 지식(인지학, 人智學, Anthroposophie)"이라고 할 수 있는데, 우리가 일반적으로 갖고 있는 생각과는 다소 다르다. 즉 일반적으로 우리는 아동이 갖고 있지 않은 부족한 부분을 교육을 통하여 채워주려고 하는데, 슈타이너는 이러한 생각이 인간에 대한 정확한 지식의 결여에서 오는 것이라고 지적하면서, 아이들의 기질에 대하여 다음과 같은 처방을 내린다. 우리는 "아이들에게 부족한 것이 무엇인가?"를 묻는 대신에 "아이들의 주된 기질이 무엇인가?"를 물어야 하며, 그 주된 기질에 상반된 기질을 권함으로써 그것을 바꾸려고 하기보다는 아이들이 갖고 있는 기질을 어떻게 풀어나갈 것인가에 대하여 교사와 부모는 많이 생각해야 한다는 것이다.

슈타이너는 인간의 기질론을 말하면서 사람에게는 하나의 기질만 있는 것이 아니라 모든 기질을 조금씩 갖고 있으며, 다만 어느 한 기질이 다소 우세하게 나타난다는 점을 강조하고 있다. 따라서 교육에서 이러한 기질론이 인간을 구분하는 데 활용되어서는 안 된다. 기질론은 현재 아이들이 드러내는 서로 다른 모습을 이해하는 단서 정도로만 생각해야 한다는 것이다. 교사의 중요한 역할은 학생 개개인의 기질을 파악하고, 고정된 기질에서 아이들을 해방시켜주는 데 있다. 예컨대, 우울질의 아이가 사물을 심각하게 비관적으로 받아들이는 것을 비웃지 않고 오히려 선생님도 그와 같은 기질이 된 것처럼 하면서 하나하나의 사물에 아주 진지하게 대해 줄 필요가 있다. 왜냐하면, 우울질은 우울질의 기질을 충분히 나타냄으로써 안정된 생명감을 얻는 것이기 때문이다.

(3) 발도르프 학교의 특징

① 8년간의 담임교사 제도

발도르프 학교는 한 번 입학하면 8년 동안 한 담임 선생님과 지낸다. 이렇게 함으로써 교사는 아이들의 삶에 대하여 면밀히 관찰하고 교육적 도움을 지속적으로 줄 수 있다고 믿는다. 한 선생님이 8년 간 계속하여 같은 학급 담임을 맡음으로써 학생들 간에도 긴밀한 유대관계가 형성되며, 특히 교사-학생 사이의 교육적 신뢰관계가 형성되어 좋은 교육이 이루어질 수 있다고 본다. 또한 교사는 학생에 대한 교육적 책임감을 더욱 크게 느끼고 교직을 수행하게 된다. 이러한 제도는 특별한 발도르프 교사교육을 통하여 배출된 교사의 자질이 어느 정도 균등하다는 전제가 있을 때 가능한 것이고, 발도르프 교육에 대한 교사의 사명감이 충만할 때 성공적일 수 있는 것이다.

② 유급이 없다

발도르프 학교에서는 모든 학생이 유급이 없이 계속 진급한다. 그 이유는 기본적으로 이 학교의 모든 교육과정과 수업방법은 학생들의 그때그때의 발달단계에 가장 알맞게 이루어져야 한다고 보기 때문에 학생들의 나이에 맞추어 수업을 하는 것이 필요하다. 만일 한 어린이가 자신의 학급에서 요구하는 지적인 수준에 못 미칠 경우, 이는 하나의 과도기적 현상이기 때문에 굳이 유급을 시킬 필요 없이 그냥 진급시켜서 정상적인 발달단계의 아이들과 함께 생활하도록 배려해 주고, 그 나이에 합당한 교육을 시킴으로써 그 아이의 잘못된 발달이 대부분 정상화될 수 있다고 생각한다. 우리나라의 경우에도 유급이 현실적으로 거의 없다. 그러나 특정한 시기에 꼭 배워야 할 내용을 제대로 배우지 않고 학년만 올라가면서 누적되는 학습결손은 교육적으로 고민해 보아야 할 문제이기도 하다.

③ 시험과 성적표가 없다

발도르프 학교에서는 성적, 특히 시험을 통하여 등급화된 성적의 정당성을 부여하지 않고 있다. 따라서 이 학교에서는 어떠한 형태로든지 등급을 매긴 성적표는 존재하지 않는다. 인간을 수치로 평가하는 것이 부당하다고 여기기 때문에 거부하고 있는 것이다. 그러나 이 대신에 아이들의 발달과정에서 나타나는 특성들을 기술한 것을 증명서로 발급하고 있다. 이 증명서는 한 학생의 고유한 발달 특성, 성취하거나 성취하지 못한 것 등을 기록하고 학생의 장래에 도움이 되는 조언을 해 주는 것이다. 우리나라의 경우에는 특히 초등학교 저학년의 과정에서 이러한 제도를 도입하여 시도해볼 필요가 있다. 이를 통해 학교에서는 아이들이 지나친 경쟁에 시달리지 않고, 공동체적 삶의 가치를 내면화하면서 지 · 덕 · 체가 조화로운 전인교육을 실천할 수 있을 것이다.

④ 교과서가 없다

발도르프 학교에는 정해진 교과서가 없다. 이는 학생들이 아무것도 배우지 않는다거나 체계적으로 학습하지 않는다는 의미가 아니다. 교사는 일정한 수업목표를 가지고 있지만, 고정된 교과서에 의해 제한된 지식과 정보를 제공하는 것이 아니라 다양한 학습 소재를 이용하여 개방적 수업을 이끌어가고 있다. 그리고 학생들은 한 학기 동안의 수업을 하면서 자신의 고유한 노트를 만들고, 이것이 자신의 교과서가 되는 것이다. 지식을 전달하는 것이 주된 목적인 교육에서는 교과서가 필수적이다. 이 경우 교과서가 없으면 교사와 학생 모두가 힘들어 할 것이다. 그러나 학생의 체험을 중시하는 방식의 교육에서는 자신이 체험한 모든 내용을 스스로 정리한 자신만의 노트가 일반적인 교과서보다 훨씬 개성적이고 교육적으로 의미있는 것이 된다.

⑤ 주기집중 수업(에포크 수업)

발도르프 학교에서는 8년간의 수학기간 중에 담임교사로부터 주요과목에 대하여 소위 주기집중 방식의 수업을 받게 된다. 주기집중 수업이란 주요과목을 과목별로 한 과목씩 매일 오전에 2시간 정도씩 같은 과목을 집중적으로 3~5주간 수업하는 것을 말한다. 예컨대, 수학을 매일 오전 8시부터 9시 45분까지 3~5주간 집중적으로 배운 다음에는 다른 과목을 똑같은 방식으로 배우는 것이다. 그러나 외국어, 예술 등 매일 조금씩 익혀야 하는 전문적인 과목은 예외이다.

⑥ 조기 외국어 교육

발도르프 학교에서는 1학년에 입학하면서부터 두 개의 외국어를 정규과목으로 가르친다. 이는 오직 교육적인 관점에서 아동이 후에 어른으로서의 자질을 발휘할 수 있도록 도와주기 위한 것이다. 슈타이너에 따르면 모국어는 영혼이나 정신뿐만 아니라 육체에도 영향을 미친다고 보았으며, 다른 외국어를 배움으로써 특정 언어가 만들어 내는 특정한 인간성과 균형을 이루어 줄 필요가 있다고 보았다.

아동의 모방능력은 8~9세까지 지속되므로, 외국어는 이 시기에 모방의 원리에 입각하여 단순한 회화, 시, 노래 등을 가르쳐야 한다. 이때 아이들은 외국어의 외적인 소리뿐만 아니라 내면의 음악적·영혼적 요소까지 모방하게 된다. 따라서 10세 이전까지는 외국어를 쓰거나 읽는 등의 시각적 교육보다는 청각적 이해에 중점을 두어야 한다. 외국어의 문법적 구조는 11세 이후에 가르쳐야 한다. 11세 이후에는 그리스어와 라틴어 같은 고전어도 가르친다.

PART 3

교육철학

I. 이상주의와 교육
II. 실재주의와 교육
III. 자연주의와 교육
IV. 프래그머티즘과 교육
V. 진보주의와 교육
VI. 본질주의와 교육
VII. 항존주의와 교육
VIII. 재건주의와 교육
IX. 실존주의와 교육
X. 분석철학과 교육
XI. 포스트모더니즘과 교육

I 이상주의와 교육

1. 이상주의란 무엇인가?

이상주의에서는 우주의 근원이 정신이나 관념이라고 주장한다. 서구에서는 이상주의의 기원을 그리스의 철학자인 소크라테스[1](Socrates, B.C. 469~399)와 플라톤(Platon, B.C. 427~347, 기원전 387년에 아카데미를 설립하여 철학을 연구하고 가르침)에서 찾는다. 현대에는 이상주의자들이 소수이지만 과거의 역사에서는 중심적인 역할을 해 온 셈이다. 18~9세기 독일에서 칸트(Immanuel Kant, 1724~1804), 피히테(Johann Gottlieb Fichte, 1762~1814), 쉘링(Friedrich Schellin, 1775~1854), 헤겔(G. W. Friedrich Hegel, 1770~1831), 프뢰벨(Friderich Wilhelm August Fröbel, 1782~1852)

---

1) 소크라테스와 플라톤 그리고 아리스토텔레스(실재주의 창시자)는 고대 서양철학의 중심 인물들인데, 이 세 철학자는 스승과 제자의 관계다.
우리에게 알려진 '악법도 법이다'란 그가 탈옥을 거부하면서 '지금까지 나를 지켜준 법을 배신할 수 없다'고 한 말을 왜곡했다. 일제강점기인 1930년대 경성제국대 법학부 오다카 도모오 교수가 일본제국주의의 폭압 통치를 합리화하기 위한 것이었다. 그런데 이에 대한 확인이나 검증이 없이 한국 독재정치권이 이를 그대로 악용한 셈이다. 다행스럽게도, 시민단체의 요구에 의해서 2004년 11월 7일 헌법재판소의 판결로 교육부에 수정 요청하여 초중고의 교과서에서 소크라테스의 '악법도 법이다'란 글이 삭제되었다. http://blog.naver.com/ghsg21의 '교육수필' 부분의 '소크라테스는 악법도 법이라고 말한 적이 없다'를 참조.

등을 들 수 있다. 이 장에서는 이상주의의 기본철학[2]과 교육원리를 소개한다.

1) 우주의 실체는 무엇일까?(형이상학)

이상주의에서는 우주의 실체가 영혼, 관념, 또는 정신이라고 한다. 우주에는 궁극적 실체가 있으며, 그 궁극의 실체는 영적인 것이라고 믿는다. 이상주의에서는 인간은 본질적으로 영적인 존재이며 그 영혼은 불멸한다고 믿었다.[3] 몸보다 마음이 사람들에게 근원적인 생활의 활력과 동력이라고 보았다.

우리가 무엇에 관해서 의문을 품는다는 것은 마음을 가졌다는 증거이고, 그것은 바로 사색하고 사고하는 것이며, 사고는 지적인 활동이다. 이상주의에서는 인간의 참 자아는 비물질적이며 영적이고 정신적인 것이라고 보았다. 영혼이 궁극적인 것이지만 이상주의의 관점에서 보면 '실재하는 세계'(이데아계)와 '나타나 있는 세계'(현상계)를 분리하는 것이 가능하다. 이상주의에 따르면 이데아계는 규칙적이고 질서정연하며 영원불변한 실체다. 현상계의 변화는 일관성이 없이 이루어지지만 관념계의 완전한 세계에서는 변화가 없다. 영원한 이상은 불변한 것이다.

이상주의에서는 개인을 우주 실체의 한 부분이라고 본다. 이러한 생각은 개인은 소우주이고 우주는 대우주로 보는 데에서 연유한다. 즉, 개인은 대우주의 축소 형태로 파악한다. 이상주의의 형이상학에 의하면, ① 우주는 영적이며 정신적인 것이고,

---

2) 전통철학은 형이상학, 인식론, 가치론 세부분으로 나누어 설명한다. 형이상학은 우주의 실체와 본질은 무엇인가? 전통철학에서는 우주의 본질을 규명하는 일이 철학의 중심이 되었다. 그리고 인식론은 진리란 무엇인가? 앎이 무엇인가? 참진리가 무엇인가에 관한 탐구를 하는 영역이다. 그리고 가치론은 좋은 것이 무엇인가 또는 선은 무엇을 말하는가? 절대진리를 믿듯이 절대선이 있는가에 관한 탐구를 하는 철학영역이다.

3) 소크라테스는 사람이 태어나기 이전에는 모두가 아르떼(진선미)을 다 알고 있었으나 태어나는 순간 육체와 영혼이 분리되면서 그 아르떼를 잊게 되었다고 주장했으며 잊어버린 아르떼를 회상하여 실천하는 것이 교육의 목표라고 생각했다. 소크라테스는 그는 독배를 들면서 숨을 거두기 직전에도 친구인 크리톤(Crito)에게 의술의 신(Asclepius)에게 빚진 닭 한 마리를 갚아 달라고 청했는데, 이는 죽음으로써 이제 영혼이 영원하게 치유된다고 믿었고, 치유를 해 준 의술의 신에게 닭 한 마리를 바쳐 달라고 부탁했다(당시 병이 치유되면 의술의 신에게 닭을 받치는 것이 일반적인 관습이었음). 독배를 들기 직전에 May I have a good journey! 라고 기도했다. 죽음을 여행으로 생각한 것이다. 그는 죽음으로써 영혼이 육체로부터 벗어나게 되니 영혼이 이제 영원한 행복을 얻게 된다는 믿음을 가졌었다. 영혼의 존재에 대한 믿음은 이상주의자들에게 공통된다.

비물질적인 궁극적 실체이며, ② 정신적 실체들은 개별적인 것이며, 또한 ③ 우주는 하나의 통일된 단일한 존재이며, 낱낱의 개체들은 완전한 실재 세계의 부분들이다.

2) 이상주의는 진리와 교육을 어떻게 생각했을까?

이상주의에서는 진리를 어떻게 보았을까? 이상주의에서는 '앎'이란 이미 대우주의 축소인 개인들의 마음에 잠재되어 있다고 믿고, 그것을 회상시키거나 상기시키는 일이 교육이라고 보았다. 사람들은 자신에게 숨어있는 대우주의 정신을 스스로 찾을 수 있다고 보았다. 그들은 직관과 통찰, 내적 자각을 통하여 개인은 자신의 마음에 숨겨진 절대 자아(절대 진리)를 회상(상기)를 통해서 찾을 수 있다고 보았다. 진리는 이미 자신의 마음속에 잠재되어 있는 것이며, 명상과 단련을 통해서 이를 알아낼 수 있다고 보았다. 바로 이것이 교육이라고 생각한 셈이다.

진리는 대우주나 절대 자아에 존재하며 그것은 하나의 질서체계 속에서 논리적으로, 또는 체계적으로, 질서정연하게 연관되어 있다고 본다. 전체는 부분을 포괄하고 있고 부분은 전체와 일관성을 유지하고 있다고 본다. 우주와 개인의 관계, 대우주와 소우주와의 관계가 질서정연한 체계를 지니고 있다고 보았듯이, 이상주의 진리 형성의 원리는 일관성이 있고 체계적이며 질서정연한 관계성이 있어야 한다. 그런 까닭으로 진리의 기준을 논리의 정합성(논리적 모순이 없으면 진리로 인정)에 따라 판단한다. 부분과 전체와의 관계, 대우주와 소우주와의 관계에서 일관된 논리가 있어야 한다. 이상주의의 진리관에서 정합설이 유래되었다고 보는 이유가 여기에 있다.

교육에서 도달해야 할 주된 목적은 학습자가 절대 정신과 대우주를 완전히 인식하는 데에 있다. 학습과정은 포괄적인 안목과 통찰을 통하여 점진적으로 학습자의 정신적인 인식 수준을 높여서 학습자의 자아가 우주나 절대 정신에 도달할 수 있도록 하는 것이다.

이상주의자는 우주의 본질을 알기 위해서 교과를 고안해 냈는데, 여러 교과로 우주의 실체를 설명하려고 했다. 그러므로 그 교과들을 구성하고 있는 지식체계들을 통달한다면, 우주의 실체를 알게 된다고 보았다. 이러한 생각에서 개발된 지식체계로서, 수학적 체계 · 심미적 체계 · 언어적 체계 등이 있다. 높은 수준의 교과일수록 통합적인 특성을 더 갖춘 진리라고 보았다. 플라톤이 말한 철인계급(통치자계급)은 그러한 통합적인 전망을 지닌 지식을 획득할 수 있는 사람들이라고 보았다.[4)]

3) '좋은 것'이 무엇일까?(가치론)

이상주의의 가치는 실재하며 그것은 본질적으로 우주의 구조 속에 내재되어 있다. 가치는 절대적이고 불변하며 영원하고 보편적이다. 진·선·미 자체가 우주적 구조 속에 존재한다. 이상주의자들은 영원히 변하지 않는 지혜로부터 윤리의 표본인 절대선을 찾을 수 있다고 기대한다. 이러한 일을 돕는다고 보는 교과로서, 역사·문화·철학·신학 등을 꼽는다. 이러한 과목은 인류의 역사적 경험을 통하여 절대 정신이 표현되어 있는 것이라고 본다. 가치 경험은 본질적으로 절대 정신이 반영되어 있는 절대선[5)](summum bonum, 불변한 최고의 선)의 모방이다. 이상주의자들은 윤리의 기준을 절대선에서 찾고 있다.

2. 이상주의의 교육원리는 무엇일까?

이상주의에서는 절대진리와 절대선을 탐구하여 실현하는 일을 교육이라고 보았는데, 이상주의 교육목적과 내용 및 방법을 알아보기로 한다.

1) 교육목적

이상주의자들은 학생을 진리 탐구자 또는 진리실현자로 간주하고 있다. 이상주의자

---

4) 플라톤(Platon)은 사람을 세 부류로 나누었는데, 이성에 지배받는 통치계급(철인계급), 의지에 지배를 받는 치안계급(무사계급), 욕망에 지배를 받는 생산계급으로 보았는데, 통치계급이 치안계급의 지원을 받아 대다수를 점하고 있는 생산계급을 관리통치할 수 있는 안정된 사회를 구상했는데 이를 이상사회라고 했다. 이 설은 전체주의 사회를 지향했다는 비판을 받으나, 처음으로 사람의 역할을 특성에 따라 분류한 점은 민주적인 인간상의 단초를 제공했다는 평을 받기도 한다.

5) 이상주의는 우주에 불변한 절대진리가 있다고 믿었듯이 불변한 절대선이 있다고 믿었다. 절대선은 라틴어로 summum bonum이라고 한다.

들은 학생을 진리 추구자 또는 진리실현자로 만들기 위하여 다음과 같은 목적을 설정하고 있다.

① 교수-학습과정에서는 학생이 자신에 내재되어 있는 고유한 잠재력을 충분히 발휘할 수 있도록 도와야 한다.

② 사회기관인 학교는 학생들에게 자신의 문화유산(문화유산에는 선각자인 현명한 사람들이 찾아낸 진리가 들어있다고 봄)이 지니고 있는 지혜를 발견할 수 있도록 하고 이를 나누어 갖고 확대 보급할 수 있도록 해야 한다.

이상주의의 교육목적은 추상적이고 이론적이다. 이상주의자들은 교육을 직업(실업) 훈련보다도 인문교육을 중요하게 여기고 있다. 이상주의자들은 실제에 대한 진실된 안목과 관점을 형성하는 데에 장애가 되는 물질주의를 배척하는 경향을 띄는데, 진리에 다가 가기 위해서는 이성의 단련을 중요하게 여겼으며 감각이나 본능적 욕망은 자제해야 한다는 것이 이상주의자에게 공통된 생각이다. 이성이 본능이나 감각보다 우위에 있으며 이성으로 본능과 감각을 다스려야 한다고 보았다. 이상주의에서 이성을 단련하여 '관조적 안목'을 갖춰야 한다고 주장하는데 이는 사물의 관계성이나 전체성을 인식하는 데에 중요하다.

2) 학교와 교육과정

이상주의의 교육과정은 불변의 진리, 절대보편정신을 알아가는 과정이므로, 교과는 기본적으로 개념화한 지식위주의 과목이나 학습내용이 된다. 여러 가지 지식체계들은 절대 진리에 기초하여 있고, 또 그것을 설명하기 위한 것이다.

이상주의에서는 대우주와 소우주 간에 질서정연한 체계가 존재한다고 보았듯이 교육과정은 논리적 위계를 지니고 있으며 고도의 일반화된 과목을 배워야 한다고 보았는데, ① 가장 높은 수준의 교과로 인간과 신이나 우주와의 본질적인 관계를 규명한다고 보는 신학, 철학을 들었다. 그리고 두 번째로, ② 논리를 통해 진리를 찾고 일반화하는 데에 필요한 도움을 주는 교과로서 수학을 중요하게 여겼고, ③ 그 다음으로, 역사문화적으로 여러 가지 도덕적 모범이 들어 있다고 믿는 역사와 문학 과목을 꼽았다.

교사는 과거의 문화로부터 지식을 선별 구조화하여 교육과정을 마련해야 한다고 보았다. 그리고 ④ 그 다음으로는 특수한 상황적 관계를 설명한다고 보는 과학이 이보다 낮게 자리를 차지한 과목이 되며, 마지막으로 ⑤ 기본적 의사소통에 필요한 교과인데 실용적 수준으로 언어 과목을 중요하게 여겼다.

이상주의의 학교는 어떻게 진리에 근접할 수 있는가에 관심을 두는 곳인데, 각 세대들은 제도화를 통하여 다음 세대에 자신들의 문화를 계승, 발전시키는 일을 한다. 과거의 문화, 즉 과거의 지식, 기술, 학문을 잘 보존하여 앞으로 어린이들이 자신들의 문화유산을 전달할 수 있도록 하는 일을 하는 곳이 학교다. 이러한 과정에서 보다 더 체계적으로 정리되고 축적된 교육과정이 마련된다.

3) 교육방법과 교사

이상주의의 교육방법은 이상주의의 인식론에서 그 개념을 찾을 수 있다. 이상주의에서는 개인에게 절대 진리가 내재되어 있다고 보기 때문에 학습자 자신의 내면적 사색을 통하여, 즉 자아 반성 또는 자아 성찰을 통해서 절대 진리를 회상 또는 상기하여 인식한다고 본다.

유치원을 창시한 프뢰벨(신의 의지를 깨닫는 일이 교육이라고 생각한 관념론자이지만 교육방법은 루소의 자연주의 원리를 따름)은 학습자 자신의 활동(self-activity) 원리를 강조하고 있는데, 자기활동을 통해서 내재된 진리에 근접해 간다고 믿는다. 학습과정은 학교나 교사가 학습자에게 지적인 자극을 통해서 스스로 터득해가는 환경과 조건을 강조했다. 학습자의 자발적 활동은 학습자의 흥미에서 비롯되는데, 학생은 스스로 직관적인 내적 흥미를 가지고 있다고 보았으므로, 학습자는 외적인 자극에 의해서가 아니라 스스로 깨달아 자연스럽게 관심있는 사건과 행동과 활동에 이끌린다고 본다.

이상주의의 교육방법은 학습자 자신의 직관과 내적 자아 탐구에 기초한다. 성장은 기본적으로 학습자 내적인 요소에서 시작되어 외적인 것으로 확산된다. 이상주의 교사는 여러 가지 방법에 익숙해야 하며 이상적인 결과를 끌어내기 위해서 효과적인 방법을 잘 알고 있어야 한다. 대표적인 이상주의 교육방법으로는 소크라테스의 대화법

(질문법, 문답법)을 들 수 있다. 소크라테스의 대화법 또는 질문법을 학습상황에 적용한다고 할 때에는 능수능란한 질문(skillful questioning)으로 수업을 이끌어 가는 형식이다. 단순한 암기가 아니라 학습자에게 잠재된 진리를 상기시킬 수 있는 쉬운 입문적 질문으로 시작하여 점차 더 어려운 질문을 던지고 학습자가 숙고와 사색의 과정을 겪으면서, 내재된 진리를 회상할 수 있도록 촉진하는 질문들로 이어진다. 이런 과정에 학생들이 함께 공동으로 참여할 수 있기 위한 공동의 관심거리를 만들어 나가야 한다.

교사와 학생과의 관계에서는 교사가 중심이 된다. 성숙된 인격을 지닌 사람으로서 이상주의 교사는 문화적 전망을 가지고 있어야 하는데, 그는 관현악곡을 작곡하거나 연주지휘를 맡은 사람처럼 여러 가지의 다양한 가치체계를 통합할 수 있는 사람이어야 한다. 학생이 미성숙해 있을 경우 교사가 학생의 인격을 조작적이거나 주입식으로 다루어서는 안 된다. 학습자가 자신의 입장에서 스스로 성숙된 전망과 세계관을 형성하도록 독려해야 한다. 학습자의 영적 본성과 인격은 고귀한 가치를 지녔으므로 교사는 학습자를 존중해야 하며 학습자의 능력을 최대한으로 실현할 수 있도록 지원해야 한다. 이상주의의 이상적인 교사가 갖추어야 할 특징은 다음과 같다.

① 학생에게 절대 진리가 구현되도록 해야 한다.
② 인간 특성에 대하여 전문적인 식견이 있어야 한다.
③ 학습과정에서 숙달된 전문가로서 의견을 종합할 수 있어야 한다.
④ 학습자가 배우려는 욕망을 갖도록 일깨워야 한다.
⑤ 학생들과 좋은 인간관계를 유지해야 한다.
⑥ 교사는 완전한 인간성에 도달하기 위한 도덕성을 보여야 한다.
⑦ 다음 세대가 문화적으로 재탄생할 수 있도록 헌신해야 한다.

이상주의 교사는 진리 탐구에 열성적이면서도 온화한 인품을 지녀야 하며, 학습자의 내면세계를 꿰뚫어 볼 수 있는 예술성과 과학성을 지녀야 한다.

Ⅱ 실재주의와 교육

1. 실재주의란 무엇인가?

실재주의는 그리스의 아리스토텔레스에서 시작했다. 플라톤의 제자인 아리스토텔레스(Aristotle B.C 384-322)는 필립 2세의 초청으로 알렉산더(Alexander)대왕이 즉위하기까지 한 동안 그의 개인교사였다. 그 후 아테네에 리케이온[1](Lykeion, B.C. 334)을 세워 형이상학, 논리학, 윤리학, 천문학, 동물학, 생물학 등을 연구하고 가르쳤다. 그의 대표적인 저서로는 니코마코스 윤리학, 정치학이 있다. 실재주의는 고대 아리스토텔레스에서 시작하여, 중세 말에 토마스 아퀴나스(Thomas Aquinas 1225-1274), 그리고 근현대에는 헤르바르트(Johann Friedrich Herbart 1776-1841), 코메니우스(Johann Amos Comenius 1592-1670), 러셀(Bertrand Russell 1872-1970), 허친스(Robert Hutchins 1889-1977), 아들러(Mortimer Adler 1902-?) 등이 있다.

실재주의는 이상주의와는 대조적으로 사물이 사람들의 지각과는 별개로 존재한다고 생각한다. 이상주의자들은 관념(정신)계에 진리가 있다고 보았으나 실재주의자들은

---

1) 리케움 또는 리세움(Lyceum)이라고도 부른다. 당시 플라톤의 아카데미와 아리스토텔레스의 리케이온(리세움)을 현대 미국사회에서는 하버드와 MIT에 비유하여 설명하기도 한다.

현상계에 진리가 있다고 보았다. 이상주의자들(대표 플라톤)은 진리가 이데아계에 존재한다고 믿었기 때문에 탐구의 주 대상이 관념계가 되었으나, 실재주의자들(대표 아리스토텔레스)는 현상계에 진리가 있다고 믿었고 현상계가 실체라고 보았으므로 탐구의 대상이 현상계가 되었다. 실재주의에서는 관찰가능한 현상계에 진리가 있다는 점에서 이상주의의 관념적 사고를 벗어난 셈이다. 예를 들면, 독자가 보고 있는 이 책은 책을 읽고 있는 사람의 의식과는 별개로 '책 그 자체로 존재'한다. 사람들이 이 책에 관심이 있든 없든 그 자체로 존재하고 있다. 실재주의에서 이상주의에서 말한 관념과 실재가 체계적으로 관계되어 있다는 주장과는 다른 입장을 취하고 있는데, 기본 전제는 다음과 같다.

첫째, 사람은 다른 사물들 사이에 객관적으로 실재한 존재들의 하나다.

둘째, 사물은 사람의 희망이나 기호와 별개로 존재하고, 사람은 그것을 사용한다.

셋째, 인간은 그들이 지닌 감각과 이성으로 사물들에 대한 지식을 알아낼 수 있다.

넷째, 인간 행동의 방향을 결정하는 요소들은 바로 다른 사물에 대한 지식과 그들을 지배하고 있는 법칙과 사물들과의 상호관계에서 비롯된다.[2)]

실재주의자들은 사물의 질서나 체계가 객관적으로 존재하며, 인간이 그 실재 현상으로부터 지식을 얻을 수 있다고 주장하며, 사람들이 현상계에 존재한 질서와 구조에 합치된 행동을 해야 한다고 주장한다. 그러므로 실재주의에서는 인간과 사물에 관한 체계를 알 수 있는 교과로 교육과정을 구성해야 한다고 주장하는데, 그 교과는 사물과 인간의 실재에 관한 지식체계들이라고 주장한다. 대표 교과로는 역사, 지리, 언어, 수학, 과학 등이 된다.

1) 우주의 실체를 어떻게 보았을까?(형이상학)

실재주의에서는 이상주의와 달리 사람의 관념이나 정신과는 별도로 진리가 현상계에 독립적으로 존재한다고 보았다. 진리는 관념이나 형이상학적 실체가 아니라 현상계에

---

2) Gerald L. Gutek(1988), Philosophical and Ideogical Perspectives on Education(Englewood Cliffs: Prentice Hall), 33쪽 참조.

객관적인 질서나 법칙으로 존재한다고 보았다. 사물은 사람이 인식할 수 있는 공간과 시간에 존재하며 사람들은 이 사물을 감각을 통해서 그리고 이성인 추상적 활동을 통하여 인식할 수 있는 대상이라고 생각한다.

실재주의에서는 사물을 두 차원, 즉 질료(matter)와 형상(form)으로 구성되어 있다고 주장한다. 질료는 어떤 형태의 사물로 될 가능성과 잠재성으로서, 어떤 형태로 형성되어 갈 성질이 내재되어 있는 것이며, 형상은 완결된 형태의 것을 말한다. 예를 들면, 목수가 나무(=질료)를 사용하여 그의 청사진이나 구상(=형상)에 따라서 무엇을 만든다. 이때의 나무는 집이나 책상 또는 의자가 될 잠재성을 지니고 있다. 질료와 형상은 사물이 지니고 있는 필수적인 것이다. 실재를 이렇게 이원론적으로 보는 것이 실재주의 형이상학의 특징이다.

2) 진리(앎)란 무엇인가?(인식론)

실재주의에서는 인간, 사회, 자연 현상에 보편적인 구조가 있는 것과 같이 사물에도 그러한 보편적인 특징이 있다고 본다. 실재주의자들에게는 '안다는 것'이란 사물에 대한 지식을 뜻한다. 인식(앎)이란 사람의 마음과 그의 외적 세계와의 상호작용에 의해서 이루어진다. 이러한 상호작용은 사람의 감각기관과 사물이 발산하는 에너지 사이에 일어난다. 그 질료는 시간의 변화와 장소의 변화에 따라서 변한다. 즉 질료는 의존적이며 상황적인 특성을 지닌다. 앎의 시작은 감각에서 비롯된다. 우리는 사물이 발하는 향기, 빛, 소리, 온도, 힘 등에 대한 느낌으로부터 앎이 시작된다. 초기의 경험은 사물의 즉각적인 특징으로부터 느낌에서 얻은 감각적 경험(감각적 자료)인데, 여기에 보다 깊게 관심을 기울이고 분류하는 과정을 거치면서 어떤 어렴풋한 특징을 찾아내는데, 이 과정에 이성이 작용하게 되어 지적인 추상화 작용을 통해서 우연적인 자료를 일정한 조건으로 분류하고 범주화하면서 개념을 만들어 낸다.

실재주의자들의 '진리'(앎, 지식)은 이와 같이 감각과 이성의 작용을 포함하고 있으며, 이러한 과정은 질료와 형상으로 구성되어 있다는 이원론적인 우주관과 연결된다. 사물과 대비하여 사람은 실재를 직접 관찰하면서 개념을 만들고 지식을 생성해 낸다고 주장한다. 그래서 실재주의 인식론을 '관객이론(spectator theory)'이라고 일컫는 이유이다. 이러한 인식과정에서 구경하면서(spectating) 다듬어지지 않은 자료들을 보다 정확하고 높은 차원으로 정리하고 분류하며 통합하는 과정을 거치면서 지식을 만들어낸다.

처음에는 어린이가 하듯이 채소나 동물과 같은 실재를 직접 보고 느끼면서 단순하게 분류하여 개념을 형성하지만, 점차 세련된 도구들을 개발하여 망원경, 현미경, 엑스레이(X-ray), 우주탐사기 등으로 보다 더 정밀한 지식을 얻게 된다.

이러한 '관객이론'에 따르면 교육 활동을 통하여 학생들에게 실재를 보다 정확하게 관찰하고 발견할 수 있도록 잠재력을 계발시킬 수 있는 훈련, 경험, 연습 등을 많이 제공해야 한다. 실재의 구조를 알기 위해서 우리가 지속적으로 개발해 온 많은 지식체계가 있다. 여기에는 언어·동물학·생물학·화학·물리학·천문학 등 자연현상에 대한 지식과 사회학·경제학·정치학·인류학·심리학 등과 같은 사회 현상에 대한 지식 등이다. 이러한 지식체계들은 실재주의의 교육과정을 구성하는 구인들이 된다.

실재주의의 인식론을 다른 표현으로는 '대응설(correspondence theory)'이라고 하는데, 우리의 생각과 지식이 실재한 사물들과 일치된 것을 진리라고 본다는 점에서 대응이란 용어를 사용한 셈이다. 실재주의자들이 말하는 진리란 실재와 대응 일치된 것이다. 예를 들면, 뉴턴의 만유인력 이론을 들 수 있는데, 실재로 우주에 중력이 작용하고 있다는 사실을 실재로 증명해 보임으로써 진리로 받아들여진 것이다.

3) 좋은 것이란 무엇인가?(가치론)

실재주의의 가치론은 지식을 통하여 사물의 가치를 추정할 수 있다고 생각한다. 행동의 가치는 사물의 객관성 정도와 사물들 간의 객관적인 관계에 따라 달라진다. 일상적으로는 가치란 주관적인 느낌에 따라 달라지지만, 실재주의에서는 가치가 외적인 객관적 기준에 의해 증명된다고 주장한다.

실재주의자들은 우주는 규칙적이고 목적적이며 유형화되어 어떤 목적으로 이끌린다고 생각한다. 그리고 사람은 그들의 이성의 힘으로 우주의 목적과 그 법칙 작용을 알아낼 수 있다고 보기 때문에, 실재주의자들이 생각하는 지식의 목적이란 실재에 숨겨있는 구조나 원리를 알아서 그 원리나 구조에 합치되는 각자의 길을 찾아가는 것이라고 본다. 즉, 우주의 구조 속에 각자가 가야 할 길이 정해져 있으며 그 길로 가는 것이 우주의 뜻에 합치되는 길이라고 본 셈이다.

실재주의자들은 실재의 개관적인 구조나 원리에 따라서 각자의 가치를 형성시킬 수 있다고 생각하는데, 물리적·자연적·사회적·인간적인 실재의 구조를 앎으로써 사람들은 실제적이고 실행 가능한 대안적 방향을 찾을 수 있다고 생각한다. 그렇게 해서 얻은 지식으로 사람들은 실재의 원리나 구조에 대응되는 합리적인 삶의 길을 선택할 수 있다고 보고 있다. 그러므로 그 대응되고 합치된 길을 선택하고 결정할 수 있는 능력이 중요하며 이를 달성하기 위해서 자유인문교육을 강조했다.

2. 실재주의의 교육원리

실재주의 철학에서 그들이 생각하는 교육을 소개하기로 한다. 교육목적, 교육내용, 교육방법 등을 알아본다.

1) 교육목적과 학교

실재주의의 교육목적은 아리스토텔레스[3]에 의해서 밝혀졌는데, 사람들의 잠재력(질료적 성질)을 최대한으로 계발하여 행복에 도달하는 것이다. 이들의 교육목적은 다음과 같이 집약할 수 있다.

① 조직화된 체계적인 지식을 연구하고 배움으로써 사람이 갖고 있는 가장 큰 힘인 이성을 계발한다.

② 사람들이 자신의 선택을 합리적으로 할 수 있도록 고무 격려하고 그들의 잠재성을 최대로 실현할 수 있도록 도우며, 합리적인 위계적 질서체제에 자신들의 위치와 역할을 통합시키는 일을 하도록 돕는다.

---

3) 교육의 역사와 철학(박의수·강승규·정영수·강선보 공저, 2차개정 증보판, 동문사, 2009)의 319-323쪽 '아리스토텔레스의 교육' 참조.

실재주의의 학교는 인간의 이성을 고양시키는 일이 일차적인 사명이며 학교는 공적인 기관[4]으로서, 여러 과목들에 대한 지식을 잘 알고 있으면서 미숙한 학생에게 지식을 탐구할 수 있는 기능과 방법을 가르칠 수 있는 능력을 갖춘 교사가 있어야 한다. 학교는 학생에게 지식의 체계와 탐구의 기술을 전달할 수 있는 특수한 기능을 가지고 있어야 한다. 학교의 임무는 주로 지적인 것을 수행하는 일이다. 학교 행정가는 교사의 주요 업무를 흩뜨리지 않아야 하며 불필요한 비교육적 업무를 부담시켜서는 안 된다. 행정가는 특별하게 가르치고 배우는 자유와 학문의 자유를 유지시키는 데에 힘써야 한다고 주장하는데, 이는 개관적 진리를 가르치는 학교가 그 기능을 제대로 발휘하기 위해서 갖추어야 할 조건이다.

2) 교육과정

앞서 보았듯이 실재주의는 실재의 객관적 질서를 중요하게 여긴다. 여러 가지의 학습 단위와 과목이 있는데, 즉 역사·지리·언어·수학·생물·화학 등의 과목은 각각 사물들 간의 상호연관관계들을 체계적으로 설명할 수 있는 개념을 묶어놓은 것이다. 각 과목은 개념 체계로서의 구조를 가지고 있으며, 그 구조는 개념적 의미를 묶고 있고, 그것은 물리현상·자연현상·사회현상·인간현상을 설명하는 성격을 지니고 있다. 예를 들면, 생물은 식물과 동물의 구조와 체계를 구성하고 있는 개념들이다.

실재주의에 기초한 교육과정에서는 실재를 탐구하는 가장 효율적인 방법인 합리적 근거를 통하여 교과목을 체계적으로 조직화한다. 교과과정은 크게 두 가지의 요인으로 구성되어 있다.

① 지식체가 학습 교과이다. 그것은 실재를 구조화한 것인데, 역사학적·사회학적·생물학적·화학적·심리학적·지리학적인 관점 등에서 구성되어 있다.

② 학습자의 준비성과 성숙도에 따라서 교과목을 적절하게 서열화한다. 교육과정을 구상하는 과정에서도 교사는 이러한 교과에 대하여 잘 알고 있을 뿐만 아니라

---

4) 실재주의자들이 학교를 공적기관이어야 한다는 주장은 실재주의가 주장한 객관적 질서가 있다는 그들의 철학적 근거에 기초를 두고 있는데, 객관적 질서를 가르치기 위해서는 학교가 개인적인 신념 또는 사익을 위한 것이 아니라 공적인 곳이어야 한다는 논리에 따른 것이다. 교육과정, 교육방법 및 교사의 상은 불변의 진리를 연구하고 가르치는 공적인 기구로서 역할을 수행하기 위해서 존재한다.

그것을 학생에게 가르치는 방법에 대해서도 잘 알고 있어야 한다.

3) 교육방법과 교사와 학생

학습의 기본적인 구성 요소는 교사, 교과내용과 방법, 학생이다.

첫 번째 요소인 실재주의 교사는 교과내용에 대해서 잘 알고 있어야 하는데, 그는 가르치는 교과목이 다른 교과목과 어떻게 연결되는가에 대해서 잘 알고 가르쳐야 한다. 왜냐하면 교과들의 지식구조를 통합하면 실재의 구조를 알 수 있다고 믿고 있기 때문이다. 교과들은 현상계의 실재구조를 밝힌 내용이므로 교과 전체지식 구조 속에서 특정교사가 가르치는 특정 교과의 지식은 전체 현상계의 구조의 일부분이다. 그러므로 교사는 가르치는 교과의 지식이 어떻게 전체 구조와 연결되어 있는가를 설명할 수 있어야 한다.

두 번째 요소로는 교육방법인데, 지식을 탐구할 때와 동일한 순서대로 감각적 교류 후에 추상적 이성적 교류를 거쳐 개념을 만들어 내듯이, 학습의 과정에서도 감각적 교류를 앞세운다. 실재주의의 교사는 학생들의 배경을 잘 알고 있을 뿐만 아니라, 그들을 어떻게 동기를 유발시킬 수 있는가에 대해서도 잘 알고 있어야 한다. 실재주의의 교사는 학생들과 감각적 교류를 통해서 즐거우면서도 동시에 실재의 구조를 체계적으로 설명할 수 있어야 한다.

세 번째 요소인 학생은 지식이나 기능을 배우는 사람이다. 학생은 배울 준비가 되어 있어야 하며 요구되는 노력을 기꺼이 수행할 수 있어야 한다. 학생들은 많은 관심과 흥미를 가지고 학습에 집중할 수 있어야 한다. 이는 곧 학생이 배울 준비가 되어 있을 때에 학습을 해야 한다는 말과 통한다.

특히 실재주의 교사는 수업에서 강의, 토론, 실험 등 다양한 방법을 사용하고, 학습자의 배경과 상황에 적절한 방법을 활용할 수 있어야 한다. 실재주의 인식론에서 보았듯이, 진리를 알아가는 과정에 초기에는 감각에서 출발하여 느낌을 형성한 후에, 이성이 동원되어 추상적 지식을 탐구해 가듯이, 수업의 장면에서도 이 절차가 적용되어야 한다고 본다. 예를 들면, 역사를 가르칠 때에는 역사적 지식을 먼저 암기하는 것이 아니라 사실과 정보인 원자료를 찾아 접하면서 느끼고 그것에 이성적인 역사적 방법을 동원하여 해석하고 분석하여 역사적 지식을 재구성할 수 있게 하는 것이다.

실재주의는 현대 교육의 다양한 기초를 제공했다. 아리스토텔레스에서 시작한 교육의 주된 목적은 학생이 지식을 발견하고, 사용하고 전달할 수 있도록 하는 데에 있다. 그러한 지식은 인간의 합리성을 실현하는 기본적인 것이 된다. 그러한 지식은 삶의 여러 차원, 즉 개인적·사회적·경제적·정치적·윤리적·미학적 차원의 삶을 안내해 준다.

III 자연주의와 교육

1. 자연주의란 무엇인가?

자연주의는 자연이 실체의 본질이라고 생각한다. 자연 그 자체가 인간 존재와 인간성을 포함한 모든 존재를 설명해 주는 전체적 체제라고 본다. 자연주의에 속한 사람들은 여러 부류가 있다. 고대 그리스의 자연주의자들, 즉 탈레스(Thales; 밀레토스학파를 창시, 사물의 본질이 물이라고 주장. B.C. 640~546), 아낙시메네스(Anaximenes; 우주의 본질은 공기라고 주장. B.C. 585?~525), 레우키포스(Leukippos; 원자론을 주장함. B.C. 480?~?), 데모크리토스(Demokritos; 우주는 원자(atoma)와 공허(kenon)로 구성되었다고 주장. B.C. 460~360), 헤라클레이토스(Herakleitos; 불이 우주의 본질이라고 주장. B.C. 540?~?), 엠페도크레스(Empedokles; 우주의 본질은 흙, 물, 바람, 불의 4대 원소라고 주장. B.C. 495~435) 등은 실재하는 것은 이상주의나 실재주의서 주장하듯이 초자연적인 것이 아니라 물질이라고 주장했다. 고대에서 자연주의에 대한 기본적인 생각이 나타났지만 교육론을 체계화시킨 대표적 인물로는, 루소(1712~1778)이다. 그리고 초자연적인 신의 존재를 믿었지만 교육방법에서 루소의 아이디어를 활용한 페스탈로치와 다윈의 진화론을 지식 사회에 적용하여 고도의 도덕적 체제를 강조한

스펜서(1820~1903) 등을 들 수 있다. 이들의 공통적인 교육의 주제는 다음과 같다.

① 교육목적을 찾기 위해서 인간의 본성을 자연질서 체계의 한 부분으로 파악하고 있다.

② 자연은 감각을 통하여 이해할 수 있다. 감각은 실제에 대한 지식의 근본이 된다.

③ 자연은 느리게 점진적이며 진화적으로 발전하므로 교육 또한 서둘러서는 안 된다.

이 자연주의는 이상주의에서 인식의 대상인 관념적 초자연적인 존재를 부정한다. 그리고 이러한 생각은 후에 프래그머티즘, 특히 진보주의에 영향을 끼친다.

2. 자연주의의 교육원리

1) 새로운 질서: 자연성

자연주의 교육론에서는 '자연'이라는 용어와 '자연적'이라는 용어가 핵심이 된다. 사회의 여러 장치나 인공적인 것보다는 자연 그 자체가 곁들어 있는 자연스런 방법, 즉, 본능에 가까운 원초적(즉자적)이며 자유스럽고 자발적인 것 그리고 자연적인 것을 찾는다. 자연주의자들이 고유하게 사용하고 있는 '자연'이라는 용어에는 보편적인 것, 우주적인 질서라는 뜻이 포함되어 있다. 원초적이고 원시적인 상태의 인간의 삶이란 때 묻지 않은 본능에서 자극되는 순수한 동기에 의하여 이끌린다고 생각한다. 이들에 따르면 인간은 적어도 타락되지 않았으며 본래 선한 존재다. 이러한 인간관은 인간을 신의 은총을 저버린 존재라는 기독교의 원죄설과는 상반되는 것이다.

교육에서는 자연주의란 용어가 18세기 말과 19세기 초에 루소와 페스탈로치에 의해서 표현되는데, 이들은 초자연주의, 종교적 교화, 고전주의, 언어중심주의 등을 반대한다. 종교의 초자연주의나 그리스 로마의 고전보다도 자연을 더욱 중요시한다. 이들에게는 자연이란 진리와 인간의 경험의 원천이다. 이들은 계몽주의의 영향을 받았는데, 과학적 방법으로 자연을 분석할 수 있고, 그 결과 이로부터 인간과 우주를 지배하고 있는 자연의 법칙을 찾아낼 수 있다고 믿었다. 그들은 더 나아가 자연법칙이 사회, 경제, 정치, 교육에 일사불란하게 적용될 수 있다고 믿었다. 만약 자연이 하나의 메커니즘이라면 인간은 어떻게 그것을 기능화할 수 있는가를 찾아낼 수 있을 것이다. 그래서 교육은 사람들에게 '인간 본성'을 따라 그의 지시대로 살아가도록 준비시키면 된다.

계몽주의 철학과 교육적 자연주의자들은 구체제의 질서에 대하여 혁명적인 의문을 제기하였고, '신의 은총'에 의해 통치되는 전통적인 군주적 독점체제를 전복시키는데에 중심 사상을 제공한 셈이다.[1] 이와 같이, 낡은 정치체제가 도전을 받듯이 고대의 고전과 성서의 권위에 의존해 온 낡은 권위주의적 교육체제가 자연주의에 의해서 도전을 받는다. 교육과 사회에서 필요로 하는 새로운 체제는 '자연'이 되었다.

2) 자연주의의 교육론

교육방법에서 자연주의는 언어주의를 탈피한다. 자연주의는 실재의 구성 요소를 인식하고 분석하는 방법으로 감각적 경험을 강조한다. 계몽주의의 영향을 받은 자연주의는 실재(reality)를 전체보다 개별체로서 파악한다. 실재에 대한 정확하고 과학적인 틀을 얻기 위해서 탐구의 대상을 작은 요소로 축소시킨다. 페스탈로치는 감각적 지각으로 분명한 개념을 형성한다고 생각했는데, 직관(anschaung)이란 용어를 찾았다. 페스탈로치의 실물학습(object lesson)은 감각적 경험을 활용한 대표적인 학습방법이다. 실물학습은 수·이름·모양 등을 가르치는 일에 기초하고 있다. 자연주의자들은 즉자적인 경험, 구체적인 사례, 직접적인 것에 초점을 두고 있다.

어린이는 그들을 둘러싸고 있는 구체적인 대상에 대해서 직접 감각적 경험을 체험하도록 한다. 어린이의 활동과 학습을 통하여 구체적인 사물을 다루고 이로부터 실험을 하게 되며 그러한 환경에 대해서 일반화하는 과정을 거친다.

자연주의자는 인간은 환경과 상호작용하면서 가치를 만들어낸다고 생각한다. 본능이나 충동은 억압의 대상이 아니라 표출의 대상이 된다. 표현의 형식은 자연적인

1) 프랑스 혁명을 주도했던 인물 중 한 사람인, 로비에스 삐에르는 루소의 저서인 『사회계약론』을 혁명정부를 이끌어 가는 지침서로 활용했다고 전해지며, 일찍 세상을 떠난 루소에게 자문을 구할 수 없음을 매우 아쉬워했다고 한다. 루소 사후 11년 후에 혁명이 일어났다.

자존감, 즉 루소가 말하는 자연적 질서와 일치한 자애심(amour de soi)에 바탕을 두고 있어야 한다. 자존감(자아존중감)은 다른 사람들에게 희생되거나 다른 사람의 입장에 따라서 이루어지는 행동이 아니라 바로 나 자신의 자연스런 감각에서 비롯된 행동이다. 루소가 말하는 선(goodness)이란 사회적인 장치나 인위적인 것에 의해서 변질되지 않은 상태를 일컫고 있다. 사악한 것은 오직 부패한 사회에서 온다고 믿었다. 어린이는 선(善)하게 태어났으므로, 교육이 만약 도덕적인 사람을 길러낼 수 있다면, 교육은 어린이의 선한 본성에 따르는 것이다. 어린이의 교육 내용과 방법은 어린이 스스로에게서 찾아야 한다. 자연인은 이론적이거나 추상적인 신학이나 철학, 법규 등과는 상호 교류하지 않고 직접적인 경험을 통하여 상호작용한다. 자연인은 순수한 본래의 선을 간직한 상태이다. 그와 반대로 사회적인 인간은 그의 원초적인 순수함을 잃은 사람이다. 타락한 교육과 사회화의 과정을 거치면서 사회적인 인간은 하나의 연기자로 조작되며 틀에 박힌 사람이 된다.

자연주의에서는 유아기에서 성인기까지 인생의 단계[2]를 설정하고, 각 발달단계에 나타나는 생활의 특징에 따라서 교육을 준비하고 있다. 그것은 신체적·심리적인 준비성에 따라서 교육이 달라진다. 자연주의자는 사람을 각 발달단계에 적절한 사회경제적 역할을 준비시키지 않고, 개인의 준비성과 발달에 알맞은 적합한 교육을 조화시킨다. 즉 교육은 왕자나 농부로 훈련시키는 것이 아니라 각 인간의 발달단계에 적합한 것이어야 한다.

자연주의자에 의한 참교육은 인간의 내면적 욕구와 준비성에 기초를 두고 있다. 그들은 교육과정을 구성하는 주요 요소로서 어린이의 본성과 흥미, 욕구를 근본으로 삼는다. 이상주의자나 실재주의자들이 중요하게 여기는 위계적으로 잘 구성된 교과를 거부한다. 어린이들은 그들이 배우기를 원하고 배울 수 있도록 준비된 것을 학습한다. 인간의 경험에는 교과목들을 숙달하는 것보다도 개개인을 성장과 발달로 이끄는 풍부하고 다채로운 활동들이 중심이 된다.

루소가 그의 저서인 「에밀」[3]에서 밝힌 교사의 인성, 성품, 자질을 중요하게 강조하

2) 루소는 「에밀」에서 유아기, 아동기, 소년기, 청소년기, 성인초기로 나누어 교육론을 썼다.
3) 소설 「에밀」은 가정교육을 다루고 있으나, 학교교육으로 옮겨 그 원리를 찾은 셈이다.

는데 교사의 권위가 교육의 중심이 된다. 이때 권위란 외적인 권위나 흔히 일컬어지고 있는 권위주의가 아니라 교사의 인품과 실력으로 쌓여있는 내재적인 권위를 말한다. 교사의 인성은 학생의 교육에 매우 중요하다. 루소는 이상적인 '자연적 교사'를 그렸는데, 교사가 갖추어야 할 첫 번째 요소로는 자연과 거의 완벽하게 조화를 이룰 수 있는 능력과 감성이다. 자연주의의 이상적인 교사는 하나의 교육적인 세력으로서 자연적인 환경에서 교육의 역할을 음미하면서, 자연을 해치지 않고 자연의 흐름의 간만을 잘 감지하여 조화를 이룰 수 있는 사람이다. 더욱 교사의 중요한 일은 어린이의 본성을 존중하고 성장과 발달의 수준을 잘 알아, 환경과 잘 어울려 교류하면서 성장할 수 있도록 어린이를 돕고 격려하여 학생이 가지고 있는 잠재 능력을 잘 표현할 수 있도록 고무하고 자극할 수 있어야 한다.

교사가 갖추어야 할 두 번째 요소로는 강요적이지 않으며 허용적이며 기다릴 수 있어야 한다. 「에밀」 소설의 주인공인 에밀은 그가 배울 준비가 되어 있을 때에 학습을 했다. 교사는 '발견학습방법'에 잘 숙달되어야 한다. 그는 지식을 주입하는 대신에 학생 스스로 지식을 발견하도록 한다. 교사는 큰 인내를 보이면서 한 발짝 뒤에 물러서서 학생 자신이 스스로 발견하도록 돕는 일을 할 수 있어야 한다. 「에밀」에 나온 일화의 예를 들면, 아이를 데리고 숲 속을 거닐다가 문득 발견한 풀잎 위의 영롱한 이슬방울을 보았는데, 이를 아이에게 보여주고 말해주고 싶은 장면으로 떠올랐다. 이럴 때, 아이에게 어떻게 해야 할까? 이 답은 루소의 교육원리를 이해하는 데에 매우 중요다. 이에 대한 답은 뭘까? 그것은 바로 어른의 침묵이다. 어른의 느낌을 먼저 말하려고 하지 말고, '아이와 함께 감상하면서 아이가 스스로 느낄 수 있기 위한 조건을 충분히 조성하라'는 것이다. 그것이 어른이 할 수 있는 유일한 몫이라는 점을 강조하고 있다. 어른이 어린이의 느낌을 어른 식으로 해석하고 주입하려고 하지 말라는 뜻이다. 이는 아이의 느낌과 어른의 느낌이 전혀 다를 수 있다[4]는 점을 강조하며, 아이의 내면세계를 소중히 존중하라는 훈계의 메시지다.

마지막으로 교사가 갖추어야 할 세 번째 요소는 학생의 학습과정에서 교사는 거의 눈에 띄지 않는 안내자로서의 역할이다. 항상 함께 있으면서도 그는 결코 감독자가

4) 어른의 느낌과 아이의 느낌 사이에는, 도로 중앙의 황색 복실선과 같이 넘어서는 안 될 선이 있다.

아니다. 그의 통제는 미미하면서도 학생에게 학습환경을 적합하게 형성하여 학생의 성격과 인성을 형성시키는 데에 노련한 사람이다.

루소는 처음으로 아이들의 내면세계를 찾아낸 사람이며, 아동중심 교육의 선구자다. 좋은 교사는 학생에게 지식을 퍼붓는 식이 아니라 학생의 내면적 삶을 존중하면서 학습환경을 조정하고 학생을 안내하는 사람이다. 「에밀」에서는 어린이의 자발적 활동을 이끌어내서 어린이 스스로 직접 행동을 함으로써 학습하는 것을 강조한다. 어린이는 자연적인 충동이 작동될 때에 환경과 직접적인 관계를 가질 수 있으며, 그로 인해 어린이는 감각적 경험에 입문하게 된다. 감각은 점진적으로 아이디어를 명료하게 하여 반성적인 행동을 위한 초석을 이룬다.

루소의 교육 원리[5]를 한 문장으로 표현한다면, '믿고 기다리는 것 이상의 더 큰 교육이 없다!' '믿고 기다리는 것 이상의 더 큰 사랑은 없다!'고 말할 수 있다.

루소는 실제로 학교를 운영해 본 경험은 없다. 그런데 루소의 교육을 실천한 현대 학교를 꼽는다면, 영국의 서머힐 학교[6]를 들 수 있는데 우리나라에는 이 학교를 세계적인 대안학교의 출발로 소개되었다.

---

5) 강승규(2008), 학생의 삶을 존중하는 교사, 동문사. 140-155쪽 '루소의 교육론' 참조.

6) 1921년에 니일(1883~1973)이 설립했으며, 니일과 서머힐에 관한 책으로는 「서머힐」(1987), 「문제의 교사」(1989), 「어린이의 삶을 사랑하는 교육」(1992) 등이 있다.
강승규(2008), 학생의 삶을 존중하는 교사, 175-184쪽 '니일의 교육론' 참조.

Ⅳ 프래그머티즘과 교육

1. 프래그머티즘이란 무엇인가?

프래그머티즘은 20세기 아메리카 대륙에서 시작되었다. 이전의 전통철학에서는 진리는 선험적이며 인간 경험과 독립적으로 존재한다고 믿었으나, 프래그머티즘에서는 그와는 반대로 진리란 인간의 경험으로부터 나오는 실험적인 것, 또는 가설적인 것이라고 주장한다. 프래그머티즘에서는 서양의 전통적 철학에서 중요하게 여기고 있는 형이상학을 거부한다. 대표적인 인물로서는, 퍼어스(Charls S. Peirce, 1839~1914), 제임스(William James, 1842~1910), 미드(George Herbert Mead, 1863~1931), 듀이(John Dewey, 1859~1952) 등이 있다. 이들은 철학이란 실제 사람들이 살아가면서 겪는 문제를 해결하기 위해서 필요한 것이라고 주장한다.

1) 프래그머티즘의 철학적 기초

프래그머티즘의 이론을 완성시킨 듀이가 말한 변화란 용어에서는 유위전변(vicissitudes, 有爲轉變)이라는 뜻을 강조한다. 단조로운 단선적인 변화보다는 변전하며 변화무쌍하게 달라져 가는 현상을 강조하고 있다.[1] 프래그머티즘에서는 모든 사물은 끊임없이 유동적이며 운동하고 변화한다고 생각한다.

듀이는 그의 저서인 「민주주의와 교육」(Democracy and Education, 1916)에서 교육과 사회의 관계에 대하여 기본적인 그의 생각을 밝히고 있다. 교육과정은 문화적 환경 속에서 개인적 성숙이 비공식적으로 일어나며, 일상생활에 공유된 기술, 지식, 언어를 획득한다. 학교교육이라는 형식적인 과정에서 이루어지는 교육에서는 미성숙한 개인을 문화적 활동에 참여시키기 위해서 소속 사회에서 사회적 의사소통과 상호작용에 필요한 상징적·언어적 도구와 수단을 제공한다.

듀이는 교육의 기능에는 보존과 재구성이 동시에 있다고 보았다. 교육은 어른들의 유산을 미성숙한 집단인 어린이에게 전달함으로써 문화적인 연속성을 유지한다는 측면에서는 보수적이다. 공식적이든 비공식적이든 교육은 독특한 관습, 규범, 관례, 언어, 민속이 있는 문화 속에서 이루어지는 가치가 개입된 활동이다. 문화유산을 전달하는 과정으로서의 교육은 문화 유형을 재생산해 내면서 그 자체를 영속화하게 된다. 어린이는 문화적 도구와 방법을 획득하고 활용함으로써 소속 집단의 다른 구성원들과 상호교류를 하게 된다. 이와 같이 교육은 수단적이며 과정적이다.

2) 진리를 어떻게 보았는가?(인식론)

프래그머티즘을 체계화시킨 듀이는 우주가 끊임없이 변화하듯이 인간의 문화도 늘 변화하고 있다고 생각한다. 이러한 특성으로부터 그가 찾은 철학이란 사람이 살아가면서 부딪치게 되는 문제를 해결하기 위해서 철학이 필요하다는 생각을 한다. 바로 이상주의나 실재주의 철학과 같은 전통철학과 다른 점이다. 이런 발상에서 새로운 진리관을 만들어 냈다. 전통철학에서 주장하는 궁극의 실체로서 진리가 아니라 사람의 삶 속에서 드러나는 문제를 해결하는 도구나 수단으로서 철학을 제창했다. 따라서 진리의 기준도 달라진다.

그가 말하는 진리는 영어로 usefullness인데, 이를 직역하면, 실용성 또는 유용성으로

---

1) 강승규, 「John Dewey의 판단이론 연구」 박사학위 논문, 고려대학교 대학원, 1990, 59~60쪽. 듀이의 교육론은 강승규(2008)의 '학생의 삶을 존중하는 교사'의 156-177쪽 참조.

번역할 수 있다. 그리고 지금까지 그렇게 사용해 왔다.[2] 그런데 이 '유용성'이란 용어는 마치 우리의 삶에 유용한 것이나 실용적인 것을 추구하는 말로 받아드려지는데, 이는 듀이의 철학을 제대로 전하지 못한 말이다. 듀이가 정작 말하려는 진리는 사람이 처한 상황에서 함께 고민하여 함께 숙의하여 해결책을 찾아 대다수가 적절하다고 여기는 것이 그 상황에서 '옳음'이 된다는 것을 강조한다. 그가 진리라고 말한 usefullness에는 영어 표현으로 The more inclusive란 뜻이 들어 있다. 대다수가 '해결되기를 바라고 희망하는 것'을 찾는 일이 바로 진리를 찾는 일이다. 그러므로 그가 말한 진리의 기준은 '더 포괄적인 것', '더 포용적인 것'이다. 포괄성 또는 포용성이 진리의 기준이며 이는 다시 '적절성' 이나 '적합성'이란 용어로 대치시킬 수 있다. 이렇게 표현하는 것이 듀이가 본래 의도했던 진리의 개념을 정확하게 드러나게 한 셈이다. 그리고 이는 그가 교육의 원리로 적용하려 했던 민주주의의 원리와 통한다.

듀이에 따르면 지적 사고(思考)란 만족스럽지 못하고 불확실한 상황에서 일어난다. 만족스럽지 못하고 불확실한 상황을 해결하고자 하는 노력에서 앎을 동원하는 깊은 생각을 하게 된다. 불만족과 부족함 또는 불안함을 해결하기 위해서 동원되는 것이 지적 사고이다. 바로 이를 통해서 필요한 도구와 방법을 찾아내고 새로운 아이디어를, 새로운 해결의 실마리를 찾아내서 해결하는 과정을 거친다. 이런 과정의 방법을 그는 반향적 사고(Reflective Thinking, 반성적 사고)로 문제를 해결한다고 말하고 있는데, 이 방법이 담고 있는 실제 내용을 보면 바로 과학적인 방법을 말하고 있다. 사람들은 이 방법을 동원하여 변화의 과정과 방향을 관리할 수 있는 능력을 소유하게 된다고 주장한다.

이 방법의 절차는 다음 다섯 가지 절차를 거친다. ① 문제의 상황: 낯선 무엇인가를 느끼고 당혹스러움에 접하고 어려움에 부딪쳐서 불완전하고 혼란스러운 상태이며, ② 문제인식: 이런 어려움에 관해서 의문을 제기하고 문제의 특성을 인식하기 시작하면서 그 어려움을 분석하고 방해요소들을 찾기 시작하고, ③ 문제의 명료화: 방해요소나

2) 유용성(usefullness)이라고 표현한 이유를 생각해 보자면, 듀이는 실제 삶의 밖에 있는 관념계에서 진리를 찾는 게 아니라 현실 세계에 살고 있는 인간에게 직접 필요하고 도움이 되는 것을 찾아 이를 진리라고 생각했으므로 이를 유용성(usefullness)으로 표현한 것이 적절하다고 할 수도 있다. 이런 맥락에서 전통철학자들이 프래그머티즘을 실용주의라고 번역해서 사용했다고 볼 수 있다.

어려움을 체계적으로 분석하여 불완전하고 불안한 장면을 명확히 드러내서 해결하기 위한 실마리를 찾아 간다. 그리고 ④ 가설설정: 해결할 수 있는 가능한 실마리와 방향을 찾아 해결의 결말을 예측하는 단계에 이르며, ⑤ 가설검증: 예상되는 방향대로 해결의 절차를 밟아서 가설을 적용해 보는 것이다. 이 절차를 거쳐 문제가 만족스럽게 해결되면 문제해결이 종료되지만 그렇지 못 했을 때는 다시 처음으로 되돌아가서 검토하는 과정을 거치게 된다.

이를 반향적 사고(Reflective Thinking, 반성적 사고)라고 하며 철학의 방법으로 듀이는 제시한 셈이다. 이를 제시한 때가 미국에서 「민주주의와 교육」이 출판된 1916년이다. 이때에는 과학적 사고라는 말이 매우 낯설고 어려운 말이었던 시절이다. 아직 이 시기는 전반적 지적 전통이 관념론을 벗어나지 못한 상황이었다. 우리나라에는 1930년대에 프래그머티즘이 들어 온 셈인데 이에 관한 이해가 부족한 상태에서 소개되어 그간 오류가 있었다. 미국에서도 1980년 초반부터 듀이철학을 재해석하게 되었고 듀이가 이 시기에 다시 부활하게 된 셈이다.

3) '좋은 것(선)'이란 무엇일까?(가치론)

전통철학의 가치론의 큰 약점은 공간과 시간에 관계없이 보편적 절대적으로 적용되는 고정 가치가 있다고 믿고 있는 점이다. 그런데 시대가 변화하고 산업이 변하고 직업이 변하여 사람도 변화하고 문화도 변화한다. 이런 변화와 무관하게 적용되는 고정된 선(善), 즉 절대선이 존재한다고 주장하는 점이 전통철학의 허점이라고 듀이는 지적한다. 프래그머티즘에서는 고정불변 영원한 선(善)보다는 사회 상황의 변화와 개인의 기호와 바람, 희망, 욕망, 욕구 등에 따라서 변한다고 주장한다. 다양한 환경과 급변하는 과정에서 지향하는 가치는 변할 수밖에 없다는 주장이다.

이런 문제의식에서 듀이는 새로운 철학을 정립하면서 가장 소중하게 찾은 것이 사람이 생명을 지닌 유기체라는 특성이다.[3] 이 유기체는 끊임없이 낯선 환경에 노출되고 살아남기 위해서 행동해야 하며 새로운 것을 접하고 낯선 문제를 해결하지 않으면

---

3) 듀이, 「민주주의와 교육」(*Democracy and Education*, 1916) 제 1장.

안 되는 실체다. 철학은 이를 해결하는 데에 어떤 도움을 주어야한다는 문제의식에서 출발하였는데, 바로 옳고 그름은 상대적이고 상황적이라는 점을 포착한 셈이다.

듀이는 학습자와 어린이들이 개방적인 환경 속에서 탐구학습, 자발적으로 참여하여 공동으로 문제를 해결하는 과정을 수업현장에서 체험해야 한다고 주장하며, 그 결과로, 결국 학교에서 형성된 민주적인 인간이 점진적으로 사회 전체를 개선해 나갈 수 있을 것이라는 믿음과 기대가 있었다.

2. 교육을 어떻게 생각했을까?

1) 교육의 목적: 성장

듀이에 따르면 교육의 유일한 목적은 성장이다. 그 성장은 연속되는 경험을 재구성하는 결과물이다. 경험의 재구성은 후속되는 경험에 새로운 방향을 제시하며 통제한다. 교육은 성장 이상의 더 다른 어떠한 목적을 갖지 않는다. 바람직하지 못한 경험은 후속되는 경험으로 이어지지 못하거나 후속 경험을 축소시키는 반면에, 바람직한 경험은 후속되는 경험을 촉진시키고 풍부하게 한다. 듀이가 말하는 성장의 뜻에는, 개인이 상호 관계를 맺고 있는 여러 경험들 간에 의미있는 맥락, 또는 여러 학습 장면들 간의 상호 관계성을 이해하는 능력을 획득하는 것을 포함시키고 있다. 교육은 인생과 같이 많은 문제를 풀어가며 학습하고 그를 통하여 계속적으로 경험을 재구성하는 과정이다. 즉 후속되는 경험에 좋은 영향을 끼치는 경험은 좋은 경험이며 이런 경험이 모아서 결국 성장에 도움을 주게 된다.

전통적인 학교에서는 지식중심교과를 가르쳐서 미래를 준비시켜야 한다고 주장하지만, 듀이의 이론에 따르면 학생들은 미래에 대한 정보를 기다리는 대신에 현재의 문제에 관심과 흥미를 가지며 현재의 문제를 해결하는 행동의 결과로 미래에 대한 적응력을 키울 수 있다고 주장한다. 학생이 부딪치는 일상적 생활을 하면서 겪는 문제를 적극적으로 해결하면서, 실제적으로 현재 문제를 해결하고 동시에 그것이 미래의 상황에 대처할 수 있는 지성적인 방법을 내면화해 갈 수 있다고 주장한다.

듀이에 의하면, 어린이는 성인의 축소판이 아니며, 미완성된 성인도 아니다. 동시에 인간 본성의 취약함이나 결점 때문에 어린이가 타락될 수 있다는 생각도 거부한다. 또한 그는 루소가 주장한 인간의 본래적인 선의 개념에도 동의하지 않는다(루소는 어린이의 내면세계는 어른의 그것과 별개로 선하므로 이를 길러야 한다고 주장함). 듀이에 따르면 어린이다운 특성이란 인생의 단계에서 계발 가능한 단계일 뿐이다. 각각의 발달단계에서 잘 살게 되면 어린이는 적절하고 만족스러운 성인 생활을 해나갈 수 있다고 본다. 듀이가 바라는 바는 어린이가 인생살이의 전반을 통하여 한 인간으로서 잘 성장하여 갈 수 있도록 하는 환경을 관리하고 통제할 수 있는 사회적이며 지성적인 방법을 획득하는 것이다.

2) 경험을 공유한 학교

공식적인 교육은 가치로운 것을 지속시키기 위해서 문화유산을 엄선하여 정화하는 기능을 맡으며, 학교는 젊은이들을 문화적 활동에 참여시키기 위해 준비를 하는 특수한 환경이다. 듀이에 따르면 학교는 세 가지의 기능을 수행한다고 보는데, 즉 문화유산을 ① 단순화하고, ② 정화하고, ③ 균형을 유지하는 일이다. ① 단순화는 복잡한 문화를 학습자의 성숙성이나 준비성에 맞게 적합한 학습단위를 선정하는 일이고, ② 문화유산을 정화하는 일이란 학교가 인간의 성숙을 해치는 요소를 문화유산으로부터 제거하고 인간의 성장을 고무하고 격려하는 문화적 요소를 선택하여 전달하는 일이며, ③ 문화유산의 균형을 유지하는 일이란 선택한 문화유산을 통합하여 인간의 경험의 핵심에 놓이도록 조화롭게 구성하는 일이다.

듀이에 따르면 학교는 단순화되고 정화된 균형을 이룬 통합된 사회이다. 그곳에서 학습자는 사회적으로 서로 다른 환경에서 온, 서로 다른 사람들을 만나고 서로가 개방적이고 민주적인 생활 태도로 서로 존중하고 협동하는 행동이 살아있는 곳이다.

함께 나누는 일이 많으면 많을수록 성장의 가능성은 그만큼 더욱 커진다. 서로 공유한 활동을 권장하고 장려하는 협동적인 민주적 사회를 준비하는 과정으로서의 학교를 생각했다. 학교에서 학생들이 직접 경험을 하면서 함께 풀어가는 문제해결의 방법은 곧 학교 밖의 실제 사회로 이어지며 그것이 바로 미래를 준비하는 과정이다. 학교는 그런 미래를 준비하게 되며 그 미래는 다름 아닌 민주적인 생활을 실현하는 곳이 될 것이라는 낙관적인 기대가 있었다.

3) 교육과정: 경험의 재구성

듀이에 따르면 개인은 살아가면서 부딪치는 문제를 해결해가는 과정 자체가 경험이며, 끊임없는 경험의 연속을 거치면서 성장해 간다. 경험을 재구성하는 일은 개인적이면서 동시에 사회적인 것이다. 모든 개인은 개인적인 경험을 갖지만 동시에 사회적인 성격을 갖는다. 듀이의 실험적 계속성의 개념에 따르면 경험의 개인적인 형태와 공적인 형태는 혼합되어 있다. 모든 사람은 과거의 경험을 지니고 있으며 집단도 또한 과거에 만들어진 경험을 지니고 있는데, 개인이든 집단이든 현재의 순간은 과거의 개인적, 집단적 경험(개인과 집단은 상호교류관계에 있으면서 동시적임)을 반영한 것이다.

인간의 지식은 절대적인 확신에 의해서 얻어지는 완결된 존재가 아니다. 그것은 타당한 검증을 통하여 얻은 일반화를 거쳐서 형성된다. 경험은 독특한 문제의 상황에 부딪쳐서 그 상황을 풀어가기 위한 과정의 결과로서 얻어진다. 그런 경험이 특수화과정(특수일반화)을 거치는 과정이 실험적 계속성으로 이어지며 또 다시 검증을 받으며 경험을 재구성해 간다.

듀이는 어린이의 관심과 흥미, 욕구 등이 어린이의 경험과 분리되어 있는 전통적인 교과를 거부한다. 교육과정에서 세 가지의 수준을 제시하고 있다.[4] ① 만들어 실행해 보기, ② 지리와 역사 학습, ③ 연합된 과학의 학습 등으로 나누고 있다.

첫 번째 수준으로 만들어 실행해 보기는 학생의 직접적인 경험으로 구상을 해 보고 직접 활동에 참여하여 재료들을 구하여 조작하여 본다. 직접 체험을 통해서 학생들은 경험의 질적 내용을 키워가면서 지적 사고력을 키워간다.

두 번째 수준으로는 첫 번째 경험을 공간적 시간적으로 확대해 가는데, 그것이 바로 지리와 역사 학습으로 발전한다. 자신이 살고 있는 집과 학교에서 시작하여 지역사회와

---

4) John Dewey, *Democracy and Education* (New York: The Free Press, 1916), pp. 194~230.

세계로 시야를 넓혀가는 과정을 통하여 경험을 축적하여 간다. 바로 삶이 교육적 자원이 된다. 전통교육처럼 체계화된 지식을 가르치기보다는 학생이 직접 부딪치는 환경에서 시작하여 차츰 더 넓혀 가는 공간 속에서 스스로가 공간과 시간에 대한 안목을 넓혀 간다. 듀이는 모든 학습이란 공간적 · 시간적으로 특수한 상황적 맥락에서 이루어진다고 생각했다.

세 번째 수준으로는 여러 과학적 탐구를 통합하여 다루는 단계인데, 여러 가지 신념이나 주장을 검증하는 일을 다루는 내용이다. 학생들은 이를 통하여 과학적인 정보를 얻고 자신들의 문제를 과학적으로 풀어가는 방법을 탐구한다. 여러 과학적 탐구로부터 얻은 지식을 활용하여 문제 상황을 분석하고, 또 해결을 위한 다양한 가설을 만들어 보기도 한다. 교육과정에 대한 듀이의 이러한 생각은 학문에 대한 수단적 관점과 상호교류적 접근 또는 통합적인 접근에 대한 시사를 하고 있다.

프래그머티즘, 특히 듀이의 사상에서 보면, 기존의 교육과 사고 체계에의 도전이다. 즉 기존의 절대적 불변의 진리관을 실험적인 탐구로 대치시켜 놓았다. 넓은 의미로 과학적인 방법이 지식 탐구의 방법이 되었고, 사회적 지식 또한 과학적인 방법으로 탐구할 것을 강조하고 있다. 듀이는 학교의 사회적 역할을 강조하고 있는데, 협동체인 공동사회를 형성시키는 중요한 기구로서 인식했다.

듀이의 교육철학에서는 교육과 학교교육을 다시 검토하게 하는 많은 이론을 제기하고 있는데, 주요 개념은 생명체의 협동적 삶, 경험의 재구성, 성장, 참여활동, 문제해결학습, 반향적 사고, 민주적 생활 등이다.

4) 자유와 문제중심 학습

학습자의 자유는 마음 내키는 대로 행하는 것을 뜻하지는 않는다. 듀이의 집단적 문제해결 방법은 실제적으로 교사의 권위에 절대적으로 의존한 전통적 학급 운영과는 다르다. 과제중심이나 문제중심의 학습은 문제를 풀기 위해서 필요한 직접적인 활동으로부터 시작한다. 외적인 권위나 외적인 학문적 접근이 아니다. 통제가 있다면, '함께 나누는 공유 활동'을 위해서 필요한 협동 때문에 있게 된다.

학습상황은 학생이 부딪치고 필요로 하는 활동에서부터 시작한다. 듀이에 따르면 학습의 개념에는 본질적인 것과 비본질적인 것의 두 차원이 있다. 본질적인 것은 학습자의 경험과 흥미란 내적인 것에서 나오지만, 비본질적인 목적은 개인적인 문제나 흥미 밖의 것과 관계된다.

교사는 학습상황을 통제한다기보다는 학습상황을 안내하는 지략적(智略的)인 안내자로서 역할을 한다. 교사는 주로 충고나 도움을 필요로 하는 학습자의 안내자 역할을 맡는다. 지시는 특별한 문제를 풀기 위해 꼭 필요할 때에만 한다. 교육목적은 교사보다도 학습자의 것이다. 교사가 학습상황을 통제하는 방식은 비지시적이다. 직접적인 통제는 일반적으로 학습자의 내적인 마음이나 성향을 확대해 주지 못하면 학습자를 자율적인 인간으로 형성시키지 못하게 된다. 지략적인 안내자로서 교사는 학생의 실수도 허용하며 그들의 결과를 체험해 보도록 할 수 있는 사람이다. 그렇다고 교사는 어린 아이 같은 변덕을 부리든가 교과 내용을 그대로 받아쓰기를 시키는 사람을 뜻하는 것이 아니다. 그는 성숙된 인물로서 학습자의 상황에 대하여 전문적인 판단을 하며 능수능란한 지도력으로 그러한 행동의 실수 결과가 전체 학생들이나 급우들에게 해를 끼치지 않도록 할 수 있어야 한다. 이러한 방식으로 학습자는 스스로 보다 더 정확한 방법을 알아가는 사람이 되어 간다. 연속된 이러한 과정 속에서 학습자는 '성장'(Growth)을 하게 된다.

5) 민주적 태도 형성으로서 교육

듀이가 철학의 기본으로 찾았던 것은 바로 인간 생명체의 삶이다. 유기체의 삶이란 협동적 교류 없이는 불가능하다. 공동체적 삶이 기본이다. 개인들끼리 배타적인 행동이 있는 곳에서 남을 이용하고 빼앗은 행위가 숨어있다. 그러나 민주사회는 남을 이용하는 사람도 없고 남에게 이용당하는 사람도 없는 참으로 여러 형태의 '함께 공유하는 활동'이 활발하게 상생하는 사회다. 상호존중과 상호믿음에 바탕을 둔 협동이 자연스럽게 일어나는 사회다. 그 사회는 이해나 관심에 있어서 늘 상호 교류적이며 실험에 대해서 개방적이며 솔선성을 가지고 있다. 개인들 간에 경험을 공유하는 활동이 많으면 많을수록 그만큼 인간적인 교류의 가능성은 커지며, 또 그만큼 성장의 가능성도 커진다.

듀이는 인간 협동과 관련하여 강조하고 있는 세 가지는 ① 상식, ② 의견교류, ③ 공동체다. 상식은 집단적 경험에서 제기되는 대표적인 가치, 아이디어, 도구나 방법, 주제들이며, 의견교류는 공용의 언어로 상징적인 형태로 그들의 경험을 표현하는 일이며, 공동체는 공유한 의견교류의 수단으로 공동의 경험과 문제를 함께 토의하여 결과를 얻어내려고 하는 인간적인 유대를 가진 관계를 말한다. 사회구성원 모두가 얼굴을 마주대고 공동의 생활 문제를 함께 풀어 나가는 마을공동체[5], 그리고 이 원리가 살아있는 사회, 그곳이 바로 국가사회가 될 수 있다는 깊은 기대가 듀이의 교육철학에 담겨있다.

듀이는 그의 저서『민주주의와 교육』제 1장에서, 교육철학이 풀어야 할 과제를 제시하고 있는데, 공교육 기관인 학교를 운영하면서 학교제도와 운영은 실제로 학생의 실제 삶을 해결하는 일과 멀리 변질되어가는 현상이 일상화되어 있다. 크나큰 위험이 아닐 수 없다. 학생의 실제 삶과 학교운영 간에 드러나는 이 간격을 어떻게 해결할 것인가 하는 문제가 교육철학에서 풀어야 할 우선적인 과제라고 지적하고 있다.

5) 듀이는 어린 시절 마을의 일을 해결할 때에 마을 사람들이 모여 함께 토론하면서 마을의 문제를 해결해 가는 과정을 체험했고 이 경험이 그의 이론 형성에 영향을 준 것으로 밝히고 있다.

V 진보주의와 교육

1. 진보주의란 무엇인가?

진보주의(progressivism)는 앞 장에서 살펴본 프래그머티즘을 모태로 하여 미국에서 전개된 하나의 교육운동이다. 이 운동은 19세기 말과 20세기 초에 정치체제의 민주화와 사회복지체제의 개선을 희구했던 미국인들의 정치·사회적인 개혁운동의 일환으로 시작되었다. 이러한 개혁운동은 1920년대에 대체로 퇴조했는데, 진보주의 교육운동만은 계속적으로 번성하였다. 이 운동의 핵심은 과거의 전통적인 교육이 교사중심 교육이었던 것을 비판하고 이를 아동중심 교육으로 전환시키고자 하는 데 있었다. 이러한 아동중심 교육사상은 이미 18세기 유럽의 루소(Jean Jacques Rousseau) 때부터 싹이 터 온 것이다. 그리하여 페스탈로치와 프뢰벨 등을 거쳐 계승·발전되면서 미국으로 건너와 꽃을 피우게 되었다.

미국에서의 아동중심 교육사상은 만(Horace Mann), 바나드(Henry Barnard), 파커(Francis W. Parker) 등에 의해 그 토대가 형성되면서 듀이(John Dewey)가 중심이 되어 그 꽃을 피우게 되었다. 즉 진보주의라는 이름하에 하나의 교육개혁 운동으로 전개되었다. 특히 1918년에는 듀이의 신봉자들이 진보주의교육협회(Progressive Education

Association)를 결성하여 조직적인 개혁운동을 전개하였다. 이 협회는 듀이 및 킬패트릭(William H. Kilpatrick)의 진보주의 교육사상을 지지하고 이를 보급함으로써 전통적 교육에 대한 하나의 교육개혁 운동으로 전개되어 약 30년 동안 국내·외로 퍼져갔다. 그 결과 1920년대로부터 1930년대에 걸쳐 이 운동은 교육계의 일대 세력이 되어 미국 교육계를 휩쓸게 되었다.[1)]

진보주의자들이 주장하는 교육은 아동의 흥미나 욕구 그리고 경험을 존중하는 교육이다. 하지만 전통적인 교육은 아동의 흥미나 욕구를 무시한 채 성인(교사)이 의도한 바대로 교과서중심의 일방적인 교육을 하였다. 따라서 아동의 욕구나 흥미는 무시되었고, 교육방식도 실제로 행하는 교육이 아니라 교과서 내용(지식)을 암기하는 식의 교육이었다.

진보주의자들은 이론과 실제면에서 각각 다양한 의견을 보이기도 하지만 전통적 교육의 형태를 반대한다는 점에서 서로 입장을 같이한다. 즉 그들은 ① 권위적 교사, ② 교재중심의 딱딱한 교육방식, ③ 암기위주의 수동적 학습, ④ 교육을 사회로부터 고립시키는 폐쇄적 교육철학(실제 삶에는 도움이 되지 않는 죽은 지식을 주입함으로써 앎과 삶이 일치되지 않음), ⑤ 체벌이나 공포 분위기에 의한 교육방식 등에 반대한다.[2)]

이러한 진보주의자들이 결성한 진보주의교육협회(Progressive Education Association)는 진보주의 교육을 보급하기 위하여 다음과 같이 7개항의 강령을 채택하였다.[3)]

① 아동은 외적 권위에 의하지 않고 자신의 사회적 필요에 의하여 자연스럽게 발달할 자유를 누려야 한다. → 자연스러운 아동의 발달

② 아동의 흥미와 욕구의 충족이 모든 학습과 활동의 동기가 되어야 한다. → 흥미에 의한 학습

③ 교사는 아동의 활동을 고무하고 적절한 정보를 제공하는 안내자가 되어야만 한다. → 안내자로서의 교사

---

1) 안상원, 「교육사 및 교육철학」(서울: 재동문화사, 1991), 387쪽.
2) Allan C. Ornstein, *An Introduction to the Foundations of Education* (Chicago: Rand McNally College Publishing Co., 1977), pp. 204~205.
3) 김정환·강선보·신창호, 「교육철학」(서울: 박영스토리, 2014), 137-138쪽에서 재인용.

④ 아동의 평가는 지적인 면에 대한 평가뿐만 아니라 아동의 신체적·정신적·도덕적·사회적 특징에 대한 평가를 포함하는 것으로서 아동의 발달과 지도에 도움이 되는 것이어야 한다. → 아동에 대한 전인적 이해

⑤ 가장 중시되어야 할 것은 아동의 건강이며, 따라서 학교의 시설·환경·인적 조건은 아동의 건강증진에 초점을 맞추어야 한다. → 아동의 신체적 건강

⑥ 학교는 학부모와 긴밀한 협조관계를 유지하면서 아동의 교육에 힘써야 한다. → 가정과 학교의 협력

⑦ 진보주의 학교는 좋은 전통 위에다 새것을 담는 실험학교로서 교육개혁 운동의 중핵이 되어야 한다. → 선구자로서의 학교

이와 같은 강령을 바탕으로 진보주의 교육운동은 1920년대와 1930년대를 풍미하였으나 1940년대에 이르러 그 영향력을 상실하기 시작하였으며, 1950년대에는 거의 사라졌다.

2. 진보주의의 교육원리

위에서 살펴본 것처럼 진보주의교육협회는 7개항의 강령을 제시하였는데, 이를 바탕으로 진보주의의 교육원리를 정리하면 다음과 같다.[4)]

첫째, 교육은 미래의 생활을 위한 준비가 아니라 현재의 생활 그 자체(life itself)이어야 한다. 현명한 삶은, 삶 속에서 다양한 경험들을 통해 학습을 하고 그러한 경험들을 바탕으로 새로운 경험을 보태면서 새로운 학습을 한다. 따라서 학교는 아동의 연령에 걸맞은 학습환경을 제공하여 학생들로 하여금 직접 경험을 하게 하여야 한다. 동시에 아동이 장차 성인이 되어 겪게 될 경험들과 관련된 학습환경을 제공하여야 한다.

4) 김정환·강선보·신창호, 앞의 책, 141~143쪽.
George F. Kneller, *Introduction to the Philosophy of Education* (N.Y.: John Wiley & Sons, Inc., 1971), pp. 48~53.

이런 면에서 학교는 사회의 축소판이 되어야 한다.

둘째, 학습은 직접적으로 아동의 흥미와 관련되어야 한다. 진보주의 교육자들은 아동중심 학교를 강조하며, 이러한 학교에서는 학습의 과정이 주로 아동 개인에 의해 결정된다. 아동은 자신의 흥미와 관련된 것이면 무엇이든지 배우고자 하며, 자신이 가진 문제들을 해결해 줄 것 같은 것이면 무엇이든지 배우고자 하는 경향이 있다. 동시에 어른으로부터 강요당하고 있다고 느끼는 것이면 무엇이든지 저항하는 경향이 있다. 그러므로 진정한 의미의 학습은 아동의 흥미와 관련되어야 한다는 것이다.

셋째, 교과목의 강요보다는 문제해결(problem solving) 위주의 학습이 중시되어야 한다. 진보주의는 전통적 교육관을 거부한다. 즉, 교사가 학생들에게 일방적으로 지식을 전달하는 식의 전통교육을 거부한다. 물고기를 잡아주지 말고, 스스로 물고기를 잡는 방법을 가르쳐주라는 것이다. 진보주의자들은 지식을, 경험을 다루기 위한 도구(tool for managing experience)로 본다. 만약 지식이 의미가 있으려면 우리가 그 지식을 이용하여 무엇인가를 행동으로 옮길 수 있어야만 한다. 즉 지식은 능동적 활동을 통하여 획득하여야 하며, 경험과 결합되어야만 한다.

넷째, 교사의 역할은 아동을 감독하는 것이 아니라 충고하는 것이다. 아동들이 학습하는 것은 그들 자신의 욕구와 필요에 따라 결정되기 때문에 그들 스스로 발달 계획을 수립하며, 교사는 단지 안내자의 역할을 수행한다. 즉 교사는 아동들이 곤경에 처할 때에 자신의 탁월한 지식과 경험으로 아동들을 도와주는 역할을 한다. 하지만 권위를 지닌 자로서가 아니고 탁월하고 풍부한 경험을 지닌 원조자 내지는 안내자로서 임해야 한다.

다섯째, 학교는 경쟁보다는 협동을 장려하여야 한다. 인간이란 원래 사회적 동물이고, 인간 상호 간의 대인관계가 원만할 때 큰 만족감을 느끼는 존재이다. 진보주의자들은 경쟁과 개인적 이익의 성취보다는 사랑과 협동이 교육에 더 적합하다고 본다. 진보주의자들이 경쟁을 전적으로 부정한 것은 아니지만, 그래도 인간의 본성을 생물학적·사회학적 사실에 비추어 볼 때 경쟁보다는 협동이 더 적합하다고 주장한다.

여섯째, 민주주의만이 진정한 성장에 필요한 사상과 인격의 자유로운 상호작용을 허용할 뿐만이 아니라 촉진한다. 위의 다섯째에서 언급한 협동과 여기서 언급하는 민주주의는 서로 동일한 의미를 지닌다. 왜냐하면, 이론적으로 볼 때 민주주의란 '경험의 공유'를 뜻하기 때문이다. 이처럼 민주주의와 성장과 교육은 서로 상호관련 되어 있다. 즉 '경험의 공유'는 성장의 상태를 의미하며, 성장은 교육을 필요로 한다. 따라서 민주주의를 가르치기 위해서는 학교 자체가 민주적이어야 한다. 그러기 위해서 학교는 학생자치제, 자유로운 의사소통 및 토론, 학생과 교직원의 공동계획 수립, 그리고 교육경험에 모든 사람의 충분한 참여 등을 조성하여야 한다.

Ⅵ 본질주의와 교육

1. 본질주의란 무엇인가?

진보주의와 항존주의는 철학적 모태[1]를 가지고 있었으나 본질주의(essentialism)는 그렇지가 않다. 즉, 본질주의는 철학으로서 시작된 것이 아니고 처음부터 교육운동으로 시작하였다. 다시 말해서 진보주의 교육에 대한 반응으로 나타난 보수적 교육이론이었다. 그러나 항존주의와는 달리 진보주의를 전적으로 부정하지 않고 단지 특정부분에서만 부정하였다.[2] 즉 진보주의의 아동중심 교육을 존중하지만, 너무 지나치다고 생각되는 부분에 대해 이의를 제기한다. 예컨대 진보주의는 아동을 지나치게 존중한 나머지 아동들의 현재와 미래의 삶에 필요한 본질적인 가치와 지식들을 소홀히 하게 되었다. 따라서 아동들은 어렵고 까다롭다고 생각되는 수학, 과학 같은 교과들을 소홀히 하거나 피하게 되어 결과적으로 아동들의 미래의 삶이 어려워지게 될 뿐만 아니라 국가의 미래도 암울해진다고 보았다(수학이나 과학 같은 핵심 교과들을 소홀히 한

1) 진보주의의 철학적 모태는 프래그머티즘이며, 항존주의의 철학적 모태는 실재론이다. 프래그머티즘과 실재론에 대한 상세한 내용은 제4장의 3절과 4절에 있으니 참조하기 바람.

2) George F. Kneller, *Introduction to the Philosophy of Education* (N.Y.: John Wiley & Sons, Inc., 1971), p. 56.

결과, 소련이 1957년에 스푸트니크라고 하는 무인 인공위성을 미국보다 앞서 발사하게 되어 소련과의 우주전쟁에서 미국이 뒤지게 됨으로써 미국교육을 반성하게 하는 계기를 제공하였음). 또한 진보주의 교육과정에서 제시된 '꽃바구니 만들기' 과목의 경우, 본질주의자들은 그러한 과목을 아동이 아무리 좋아한다 하더라도, 교육의 본질적 과목으로 볼 수 없기 때문에 삭제해야 한다고 본다. 즉, 그러한 과목은 학교 밖에서도 얼마든지 배울 수 있다는 것이다.

이처럼 아동의 흥미와 욕구를 지나치게 존중하였던 아동중심 교육으로서의 진보주의 교육은 전통적 교육이 지니고 있는 장점들을 소홀히 한 문제점들을 드러내게 되었다. 따라서 진보주의 교육이 드러내고 있는 한계를 보완·극복하려고 하는 움직임이 1930년대에 일어나기 시작했는데, 그것이 곧 본질주의 교육운동이었다. 이 운동의 주창자들은 1938년에 '미국교육 향상을 위한 본질파 위원회'(The Essentialist Committee for the Advancement of American Education)를 구성했었는데, 배글리(William C. Bagley), 브리그스(Thomas Briggs), 브리드(Frederick Breed), 칸델(Issac L. Kandel), 데미아스케비치(M. Demiashkevich) 등이 중심인물이었다.

본질주의란 문화를 구성하는 가장 본질적인 것들을 교육을 통해 다음 세대에 계승함으로써 역사를 전진시키고자 하는 하나의 교육운동이다. 즉 사회전통 가운데 가장 기본적이고 본질적인 요소들을 중시하고 이러한 것들을 아동들에게 반드시 가르쳐야 한다고 주장한다. 이러한 본질주의자들이 주장하는 개혁의 초점은 ① 교과서의 내용을 학문적으로 재검토하고, ② 학교교육 프로그램 중에서 본질적인 것과 비본질적인 것을 구분하고, ③ 교사의 권위를 다시 회복하는 것이다.[3)]

원래 본질주의란 말은 본질파 운동의 창시자인 데미아스케비치가 처음으로 사용했는데, 그에 따르면 인간문화, 즉 사회전통 가운데 '가장 기본적인 요소' 및 '본질적인 요소'를 주장한다는 말에서 유래한다. 따라서 교육의 기능은 인류가 축적해 놓은 유산인 문화재 중에서 가장 중핵적이고, 본질적이고, 영원하고, 보편적인 지식을 간추려서 다음 세대에게 전달하는 것이다. 그러므로 교육은 근본적인 것, 중핵적인 것,

3) George F. Kneller, *Introduction to the Philosophy of Education* (N.Y.: John Wiley & Sons, Inc., 1971), p. 57.

항구적인 것, 전통적인 것을 존중하고 이것을 전달하는 것을 사명으로 하여야 한다고 본다.[4)]

본질주의는 근본적으로 교사의 권위와 교과중심 교육과정의 가치를 강조한다. 그리고 교양인이 마땅히 알아야 할 본질적인 요소들이 있는데, 그것들을 반드시 학습시켜야 한다는 것이다. 본질주의자들에게 있어서 교육이란 과거에 개발되어온 기본적 기능(skills; 읽기 · 쓰기 · 셈하기), 교양과목, 과학의 학습을 의미한다.

여기서 말하는 기본적 기능들이 모든 초등학교의 교육과정에 포함되어야 한다. 중등학교 수준에서의 기본적인 교육과정은 역사 · 수학 · 과학 · 국어 · 문학을 포함해야 한다. 학생들이 문명사회의 한 구성원으로서 활동할 수 있도록 준비시키기 위해서는 이러한 기능과 교과들을 숙달하도록 해야 한다. 동시에 학생들은 성공적 삶에 필요한 행동을 학습해야 한다. 그래서 본질주의적 커리큘럼의 학습에서는 진보주의와는 달리 고된 훈련과 노력을 요구한다. 왜냐하면 아동들의 삶에 필요한 본질적인 가치와 지식은 반드시 학습해야 하기 때문이다. 따라서 본질주의 교육에서 어느 정도 교육의 주도권을 회복하게 된 교사는 교과서뿐만 아니라 교육방법까지도 정통하면서 아동들을 이끌어야 한다.

요컨대 본질주의자들은 진보주의의 생활적응 교육 및 비본질적 교육에 의해 미국교육의 지적수준이 저하되었다고 비판한다.

2. 본질주의의 교육원리

진보주의를 부분적으로 부정하면서 그것의 단점들을 보완하려고 하였던 본질주의의 기본적인 교육입장은 다음과 같다.[5)]

첫째, 학습이란 원래 강한 훈련을 수반하며, 때때로 학생들이 억지로라도 해야 하는

4) 김재만, 「교육철학사」(서울: 형설출판사, 1985), 461~462쪽.
5) George F. Kneller, *Introduction to the Philosophy of Education* (N.Y.: John Wiley & Sons, Inc., 1971), pp. 58-61. 김정환 · 강선보 · 신창호, 앞의 책, 151~153쪽.

응용을 수반한다.

진보주의자들이 아동의 자유, 직접적인 흥미, 개인적인 흥미를 강조하는 반면에 본질주의자들은 훈련의 중요성, 현재의 욕구보다는 장래의 목적, 그리고 노력의 중요성을 강조한다. 본질주의자들은 어떤 교과나 문제에 대한 아동의 흥미가 노력을 유발할 것이라는 데 동의한다. 하지만 보다 더 고차원적인 흥미는 처음부터 있는 것이 아니라 어떤 교과나 과제를 해결해 낼 수 있게 하는 훈련의 결과로서 생겨난다고 본다. 예컨대, 우리가 외국어를 공부할 때 비록 처음에는 흥미나 매력을 못가지지만 일단 훈련과 노력의 결과로서 외국어를 마음대로 다루는 능력이 획득되면 보다 더 큰 흥미와 매력을 가지게 된다는 것이다.

둘째, 교육의 주도권은 학생이 아니라 교사가 지녀야 한다.

미성숙자인 아동이 한 인간으로서 잠재능력을 충분히 발휘하려면 성인의 지도와 통제를 필요로 하기 때문에, 객관적 자격을 갖춘 능숙한 교사의 지도와 통제를 받아야 한다. 따라서 본질주의 교육에서는 교사의 권위가 강조되며, 교육상황 속에서 실질적인 지도자로서의 역할을 수행한다. 즉 교사중심의 교육이 이루어진다. 이때의 교사는 교양교육을 받은 자로서 담당교과목에 대한 해박한 지식을 지녀야 하고, 교육방법에 정통해야 하며, 교육심리학에 대한 깊은 소양과 더불어 헌신적인 교육자의 자세를 지녀야 한다.

셋째, 교육과정의 핵심은 소정의 교과를 철저하게 이수하는 것이다.

본질주의는 개인의 경험을 능가하는 민족적 경험이나 사회적인 유산의 중요성을 강조한다. 이러한 것들은 오랜 역사 속에서 수많은 사람들이 겪어 온 바를 농축시켜 놓은 것이다. 따라서 오랜 역사 속에서 수많은 사람들이 경험함으로써 획득한 지식이나 지혜는 한 개인이 획득한 지식이나 지혜보다도 더 큰 의미를 지닌다. 복잡한 문화는 고차적으로 조직된 교육체제를 요구하므로, 엄선된 소정의 교과는 교사의 통제 하에서 철저하게 다루어져야 한다.

넷째, 전통적인 학문적 훈련방식이 계속 유지되어야 한다.

진보주의의 문제해결 방법이 좋은 점도 있지만, 그것이 모든 학습과정에 적용되지는 않는다. 예컨대, 어떤 지식들(특히 인문학적 지식이나 예술적 지식 등)은 원래 추상적이기 때문에 현실적인 문제해결 방법으로 접근하기 어려운 것들도 있다. 또한 "행함으로써 학습한다"는 진보주의의 교육원리도 특정의 학습환경이나 특정의 아동들에게 적절할지 모르지만 모든 학습환경과 모든 아동들에게는 적절하지 않으므로 그러한 원리를 액면 그대로 일반화해서는 안 된다. 예컨대, 60명이 넘는 다인수 학급에서 학생들이 직접 행동하는 경험학습이 어려운 경우도 있으며, 사변적 기능을 요구하는 추상적인 지식을 학습할 경우에도 행동을 통한 학습이 어려울 경우도 있다.

아동에게 가르쳐야 할 것은 본질적 개념들이며, 그러한 개념들을 아동의 심리적·지적 수준에 맞게 가르쳐야 한다. 따라서 교육의 목적은 아동의 흥미와 관련된 문제의 해결에 있는 것이 아니라, 생활전반에 대한 지식을 배양하는 데 있는 것이다.

다섯째, 학교는 무엇보다도 기본적인 지식(basic knowledge)을 가르치는데 전념해야 한다. 본질주의자들이 생각하는 교육이란, 학생들이 사회구성원으로서의 역할을 수행할 수 있도록 준비시키기 위해 학생들에게 기본적인 기능과 교과를 가르치는 일이다. 이를 위해서 학교교육에서 교육적으로 본질적인 것과 비본질적인 것을 구분하여, 본질적인 것만을 가르쳐야 한다. 예컨대 탭댄스나 바구니 엮기 등은 교육적으로 볼 때 비본질적인 것이므로, 그러한 것들은 학교교육의 임무가 아니라는 것이다, 학교는 학생들에게 핵심이 될 만한 근본적이고 본질적인 것을 가르쳐야 한다. 즉 학교의 역할은 전통적인 훈련방식을 통해 학생들에게 문화적역사적 유산을 잘 정선하여 전해주는 일이다. 이것이 본질주의에서의 교육목적이기도 하다. 문화적으로 미성숙한 학생들에게 학교는 문화유산의 안내자 역할을 하여야 한다.

Ⅶ 항존주의와 교육

1. 항존주의란 무엇인가?

항존주의(혹은 영원주의, perennialism)는 진보주의 교육이념을 전면 부정하면서 1930년대부터 등장하기 시작하였다. 즉 본질주의는 진보주의를 부분적으로 비판하였지만 항존주의는 진보주의를 전면적으로 비판하였다. 진보주의와 본질주의의 경우는 과학주의·세속주의·물질주의인데 반하여, 항존주의는 반과학주의·탈세속주의·정신주의이며, 진보주의가 '변화의 원리'를 강조한데 반하여, 항존주의는 영원불변하는 '절대적 원리'로 돌아갈 것을 강조하고 있다. 즉 진보주의가 가치변화를 주장하는데 반하여 항존주의는 인간성의 불변을 강조하였다.

항존주의는 그 명칭이 암시하는 바처럼 보수적 내지는 전통적 교육관을 표방하고 있다. 그래서 항존주의는 인간의 본질이 불변하기에 교육의 기본원리도 불변하다는 믿음을 토대로 하고 있다. 또한 인간은 이성적 동물이라고 주장한 아리스토텔레스의 견해에 동조하면서 인간의 이성을 계발하기 위해 수립된 사회적 기관이 학교라고 본다. 대표적인 항존주의자들로 무종교를 대표하는 허친스(R. M. Hutchins), 개신교를 대표하는 애들러(M. Adler)[1], 가톨릭을 대표하는 마리땡(J. Maritain) 등을 들 수 있다.

이처럼 항존주의는 플라톤·아리스토텔레스·스콜라 학파[2] 등의 항존철학[3]에 기원을 갖는 교육철학으로서 진리와 원리는 변하지 않는다고 믿으며, 모든 가변적인 것을 이 진리와 원리에 입각해서 해석하려는 입장을 말한다.[4]

시카고대학교의 총장을 역임한 허친스는 항존주의의 대표적 인물이다. 그는 인간능력의 조화로운 발달에 맞추어 지성을 계발하는 것이 교육이라고 보았다. 즉, 교육의 주요 목적은 사고력의 발달이어야만 한다는 것이다. 한편, 아들러는 교육의 제1원리는 절대적이고 보편적인 것이라면서 다음과 같이 설명한다.

> 교육의 목적은 만인에게 동일한 것(언제나, 어디서나, 어떤 사회에서나, 어떤 생활방식에 있어서나)이 되어야 한다고 주장한다. 이것은 교육의 목적이 절대적·보편적이어야 한다는 것이다.[5]

이처럼 항존주의의 기본 전제는 인간의 본질은 이성적이며, 지식은 불변적·절대적·보편적 진리에 있다는 것이다. 인간의 이성은 보편적이기 때문에 교육도 보편적이어야 한다고 역설한다. 또한 이성은 인간의 최고의 능력이므로 이성을 계발하는 것이 교육의 일차적인 목적이 되어야 한다고 본다. 이러한 입장에서 교육과정은 영구적 내지는 불변적 내용으로 구성되어야 한다고 주장한다. 즉 진리는 불변하고 보편적이므로 교육내용의 동일성과 보편성을 강조한다.

특히 항존주의는 서구문명의 고전들인 '위대한 책들'(great books)을 강조한다. 고전 즉 '위대한 책'들을 읽고 토론하는 것은 이성을 계발시켜줄 뿐만 아니라 신중하고도

---

1) 애들러는 1982년에 「파이데이아」란 저서에서 인문학 중심의 교육을 주장한 바 있다.
2) 기독교 신앙을 체계적으로 정리하고 이를 이성을 통하여 입증하고 이해하려 했던 중세의 철학을 일컫는다.
3) 불변하는 '가치의 영원성'을 주장하는 철학이다. 17세기 철학자인 라이프니쯔(G.W. Leibniz)가 항존철학이라는 용어를 사용한 이후 여러 철학자들이 사용하게 되었다. 사상적인 뿌리로는 플라톤, 아리스토텔레스, 아퀴나스 등을 들 수 있고, 20세기에 와서 미국의 항존주의 교육운동에 영향을 미쳤다.
4) 김정환·강선보·신창호, 앞의 책, 156쪽.
5) 김정환·강선보·신창호, 앞의 책, 158쪽.

비판적인 사고를 계발하게 해 준다. 그래서 허친스와 아들러 등은 서양 역사 발전에 큰 영향을 끼쳤다고 여긴 저서 중에서 144권의 위대한 책들을 선정하고, 이것을 1년에 16권씩 9개년에 걸쳐 완독시킬 독서계획을 세워 제시하였다.

이상에서처럼 항존주의자들은 진리는 불변하고 보편적이라고 보기 때문에 진정한 교육도 불변하고 보편적이라고 본다. 따라서 학교의 커리큘럼은 보편적이고도 불변하는 인간의 삶에 관한 주제들을 강조해야 한다. 즉 이성을 계발하기 위해 지적교과를 포함해야 하며, 정의적 태도의 계발을 위해 도덕적·심미적·종교적 원리들에 대한 탐구도 포함해야 한다. 요컨대 인간 이성에 토대한 합리성의 계발을 위한 지적 훈련과 고전학습을 강조한다.

2. 항존주의의 교육원리

진보주의 교육이념을 전면 부정하는 항존주의의 교육원리를 정리하면 다음과 같다.[6]

첫째, 서로 다른 환경에 놓여 있다 하더라도 인간의 본질은 불변하는 것이기 때문에 교육의 본질도 변하지 않는다. 사실 아동들은 어느 사회에 속해 있든지 간에 공통적인 성격들을 소유하고 있지 않는가? 또한 어머니의 자식에 대한 아가페적 사랑은 전 세계 어디를 가든 통용되는 진리이다. 이처럼 인간은 어느 곳에 살고 있든지 근본적으로 같다. 그러므로 교육은 모든 사람을 위해서 보편적일 뿐만 아니라 동일하여야만 한다.

둘째, 인간의 가장 큰 특징은 이성이 있다는 것이므로 교육은 이성의 발달에 관심을 두어야만 한다. 인간이 어느 곳에 있든 간에 공통성을 공유하고 있는 것 중 하나가 이성이다. 이성은 인간이 타고난 것일지 모르지만 이성이 사용되기 위해서 또한 교육되어져야 한다. 이성적 인간은 자기 각성을 할 수 있으며 극기수련을 통해 본능과 환경의 제약을 극복해 나갈 수 있다. 가난에 찌들려 라면만 먹고도 올림픽에서 금메달을 딸 수 있는 것은 이성적 인간의 극기수련의 결과라고 볼 수 있다.

6) George F. Kneller, *Introduction to the Philosophy of Education* (N.Y.: John Wiley & Sons, Inc., 1971), p. 42~46.

셋째, 교육의 과업은 영원불변의 진리에 인간을 적응시키는 것이다. 현 시대의 세계가 끊임없이 변화하는 데 비해, 진리는 영원히 변화하지 않기 때문이다. “네 이웃을 네 몸과 같이 사랑하라”는 성경 말씀이나, “생로병사”의 불경말씀 등과 같은 진리는 영원불변하다는 것이다. 따라서 항존주의에서는 현 시대에만 부합되도록 구성된 교육과정을 반대한다. 즉, 진리는 어느 곳에서나 같은 것이므로 진리를 다루는 교육도 또한 어느 곳에서나 동일해야 한다는 것이다.

넷째, 교육이란 생활의 모방이 아니라 생활을 위해서 준비하는 것이다. 생활을 위한 준비로서의 교육은 이상적 삶을 위한 준비를 뜻하며, 이를 위해 학생들로 하여금 문화적 유산의 가치를 깨닫게 하고, 학생들 스스로가 그러한 가치를 성취할 수 있도록 하며, 문화적 유산 중에서 가장 좋은 것이 무엇인가를 알게 해 주는 교육을 뜻한다. 따라서 학교는 비리로 가득찬 사회의 축소판이 되어서는 안 되며, 삶의 질을 향상시키기 위해 준비시키는 곳이 되어야 한다.

다섯째, 아동들은 이 세상에서 가장 영원한 것으로 남아 있게 될 어떤 기초가 되는 과목들을 배워야 한다. 아동들에게 특정한 시기나 특정한 시대에만 중요하게 여겨지는 내용들을 가르쳐서도 안 되며, 아동들이 특별히 관심 갖는 것만 가르쳐서도 안 된다. 따라서 진보주의자들이 강조하는 흥미 위주의 교육이나 직업교육 같은 것은 학교교육의 목적이 될 수 없고, 세상사를 원만히 다룰 수 있는 인간의 교육이 학교교육의 목적이 되어야 한다고 본다. 항존주의자들이 교양교육을 강조하는 이유가 바로 여기에 있다.

여섯째, 영원불변의 진리들은 ‘위대한 고전’(great books) 속에서 발견할 수 있다. 역사라는 기나긴 세월이 담아 온 지혜의 그릇이 바로 고전인데, 교육에서 가르쳐지는 진리라고 하는 것이 바로 이러한 고전들 속에 잘 나타나 있기에 고전 독서교육이 강조되는 것이다.

일곱째, 교육의 목적은 모든 사람에게 동일한 것이어야 한다. 즉 절대적이고 보편적이어야 한다. 언제, 어디서나, 누구에게나 동일한 것이어야 한다는 것이다. 예컨대 기독교의 “사랑”, 불교의 “자비” 등은 시공을 초월하여 모든 사람에게 동일한 교육목적과 교육내용이 될 수 있다.

VIII 재건주의와 교육

1. 재건주의란 무엇인가?

진보주의 교육가들 중에는 아동의 개성보다 사회변화에 주요관심을 가졌던 진보주의자들도 있었다. 즉, 사회적 재건주의자들이라고 불리는 이런 유형의 진보주의자들은, 진보주의 교육이란 현 상태의 교육과 사회를 개혁하는 것이라고 주장한다. 다시 말해 새로운 사회(new society)의 창조를 추구해야 한다는 것이다. 이처럼 사회적 재건주의(social reconstructionism)는 원래 진보주의 교육운동의 한 부분이었다. 그러므로 재건주의에 무엇보다도 큰 영향을 미친 것은 진보주의이다. 하지만 현재를 강조하는 진보주의와 달리 재건주의는 무엇보다도 '목표중심의 미래지향적'인 철학이다. 즉 현대의 문화적인 위기를 해결하기 위해서 '사회를 재구성'하도록 하는 것이 교육의 목적이 되어야 한다고 주장하고 나선 것이다.

진보주의 교육운동이 한창이던 1930년대에 미국인들은 대공황기를 겪게 되었다. 이때 진보주의자들 중에서 미국사회를 비판하며 교육과 사회의 개혁을 부르짖고 나온 교육자들이 있었다. 즉, 1930년대 전반기에 일군의 교육자들이 새롭고도 공정한 사회를 건설하는 데 있어서 학교가 앞장서야 할 것을 주장하고 나섰다.[1] 이 운동의 대표적

1) George F. Kneller, *Introduction to the Philosophy of Education* (N.Y.: John Wiley & Sons, Inc., 1971), p. 61.

인물들로는 1930년대의 카운츠(George Counts)와 러그(Harold Rugg), 그리고 1950년대의 브라멜드(Theodore Brameld) 등이 있다.

사회적 재건주의는 인류가 심각한 문화의 위기상태에 있음을 전제로 하는 교육철학이다. 그래서 교육의 제1차적인 목적도 현대와 같은 문화의 위기를 해결하기 위해서 사회를 재구성하도록 하는 데에 있다고 본다. 이처럼 전통적 교육이론가들은 학교가 비중 있는 사회적 가치들을 반영해야 한다고 보지만, 재건주의자들은 조직적인 학교교육에서 다루어야 할 것이 다름 아닌 인류를 괴롭히는 사회적 병폐들이어야 한다고 본다. 이러한 입장에서 재건주의자들은 형이상학적인 지식보다는 경제학·인류학·사회학·심리학 등과 같은 사회과학적인 지식을 유용한 도구라고 본다.

일반적으로 재건주의자들은 인간교육의 유일한 목적이 인간 자신들의 운명을 결정하게 될 세계질서를 창조하는 데 있다고 주장한다.[2] 현대와 같은 핵무기 시대에 있어서 사회자체가 파괴되기 이전에 사회를 재건해야 한다는 시급한 요구에 직면해 있다는 것이다. 문화적 위기의 분석을 통해 재건주의자들은 인간이 과학의 발전으로 농업과 전원사회로부터 도시와 기술사회로 발전하게 됨에 따라 기술사회에 대한 문화적 적응에서 심각한 문화지체 현상[3]을 초래하였다고 주장한다. 따라서 인류는 기술사회에로의 변화에 적응하기 위한 새로운 가치들을 재건하여야 하며, 조직화된 교육은 전통문화와 기술사회 간의 격차를 좁히는 데 중요한 역할을 수행하여야 한다.

그러면 재건주의자들이 주장하는 문화의 위기는 구체적으로 무엇을 지칭하는가? 그들이 지적하는 현대문화의 병폐는 다음과 같이 요약된다.[4]

① 생활·건강·교육 수준의 불균형

② 인구의 폭발적 증가와 기아

③ 대지·수질·식품·공기의 오염

---

2) Allan C. Ornstein, *An Introduction to the Foundations of Education* (Chicago: Rand McNally College Publishing Co., 1977), p. 207.

3) 교육사회학자와 교육자가 사용하는 문화지체(cultural lag)라는 용어에 처음으로 사회학적 개념을 부여한 학자는 오그번(William F. Ogburn)이다. 기본적 개념으로서의 문화지체란 사회의 여러 가지 요인이 같은 비율의 속도로 변화되고 발전되지 않는다는 것이다. 예컨대 현대의 기술문명은 급속한 속도록 변화하고 있지만 정신문화는 더딘 속도로 변화하고 있다는 것이다. Keith W. Prichard. *Concepts and Theories in Sociology od Education*(교육사회학), 정우현 역, (서울: 고대출판부, 1980), 76쪽

4) 김정환·강선보·신창호, 앞의 책, 192쪽.

④ 국가 간의 적대감과 증오심
⑤ 인종 간의 긴장과 파괴행위
⑥ 전제적 정치체제(사이비 민주주의)
⑦ 도덕감각의 붕괴와 매춘화
⑧ 과학의 폭발적 발달

바로 이러한 현대문화의 병폐와 그에 따른 위기를 의식하고, 새로운 사회를 재건하여야 한다는 것이 재건주의자들의 기본논리이다. 이를 위해 학교가 무엇보다도 앞장서야 마땅하다고 그들은 주장한다.

2. 재건주의의 교육원리

재건주의자들이 주장하는 교육프로그램은 ① 문화적 유산에 대한 비판적 검토, ② 모든 사회적 문제의 논쟁에 대한 과감한 검토, ③ 사회적·건설적 변화의 계획적 추진, ④ 계획적 태도의 배양, ⑤ 문화적 개혁을 위해 사회·교육·정치·경제적 계획에 학생과 교사를 참여시키는 것 등이다.[5)]

그들은 교육자들이 전통적 교육이론에 도전하고 사회개혁을 위한 교육혁신을 계획하여 추구할 때만 비로소 새로운 사회질서가 실현될 수 있다고 믿는다.

따라서 교육은 학생들로 하여금 사회적 문제와 문화적 위기를 각성하게 하고 그러한 문제해결에 학생들이 적극적으로 참여할 수 있게끔 계획하여야 한다. 재건주의자들이 제시하는 교육원리는 다음과 같다.[6)]

첫째, 교육의 가장 중요한 목적은 사회를 재구성하는 데 필요한 프로그램을 제정하는

---

5) Allan C. Ornstein, *An Introduction to the Foundations of Education* (Chicago: Rand McNally College Publishing Co., 1977), p. 208.
6) George F. Kneller, *Introduction to the Philosophy of Education* (N.Y.: John Wiley & Sons, Inc., 1971), pp. 62~65.

데 있다. 사회가 변화되어야 한다고 보지만, 그것은 근본적으로 정치가 아니라 교육을 통해서 이루어져야 한다고 본다.

둘째, 새로운 사회는 진정으로 민주적인 사회가 되어야 하며, 그 사회의 주요 기관들이나 자원들은 국민 스스로가 통제하여야 한다. 이상적인 사회는 민주적인 사회이기 때문에 이러한 사회 역시 민주적인 방법으로 실현되어야 한다. 따라서 새로운 사회질서의 목적·구조·정책 등은 가능한 한 국민 다수의 지지기반 하에서 결정되어야 한다. 그러기에 우리가 진정으로 사회를 재구성하려고 한다면, 우선 사회구성원을 재교육하여야 한다.

셋째, 교사는 문화적 재건주의자들의 사상의 타당성과 긴급성에 대해서 민주적인 방법으로 그들의 학생을 설득시켜야만 한다. 그러려면 교사 자신이 먼저 구체적인 문제의식과 해결방안을 지녀야 한다.

넷째, 아동·학교·교육 그 자체는 사회적·문화적인 힘에 의해서 재구성되어야 한다. 즉 새로운 사회(new society)를 건설하기 위해서 교육은 개인적 자아실현보다는 사회적 자아실현(social self-realization)을 강조하여야 하는데, 그것을 통해 개인의 사회적 본성을 개발할 뿐만 아니라 사회계획에 참여하는 방법을 학습하게 된다. 물론 진보주의도 교육의 문화적·사회적 성격 및 협동적 성격 배양을 중시하였지만 근본적으로는 개인주의적 입장에서 아동의 자유를 강조하였다.

다섯째, 교육의 수단과 목적은 현대의 문화위기에 대처하기 위하여 재구성되어야 하며, 행동과학에 의해서 발견된 연구결과에 따라서 재구성되어야 한다. 재건주의자들은 행동과학의 성과를 신봉하였다. 하지만 이것이 재건주의의 한계로 지적되기도 한다. 왜냐하면 행동과학의 연구 결과들이 인간에게 적용되지 않은 사례들도 있기 때문이다.

여섯째, 문명의 위기에 직면한 현 시점에서 교육은 지체 없이 새로운 사회와 문화창조에 앞장서야 한다. 즉, 문명의 위기극복을 위한 교육을 통해 새로운 사회질서를 창조하라는 것이다. 이처럼 재건주의는 새로운 사회건설을 위해 학교를 적극 활용하고자 한다. 이때 학교의 일차적 기능은 현대사회의 위기진단을 도와주는 일이다. 즉, 학교는 ① 문화적 위기를 초래하는 각종 사회적 문제들을 규명하고, ② 문제해결을 위한 각종 내용, 기능, 태도 등을 학생들에게 제공해야 한다. 그리하여 학교는 사회적 설계자(social engineer: 현대와 미래사회를 급진적으로 변화시킬 수 있는 시민)를 양성하여야 한다.

이상에서 현대 미국의 교육이론(진보주의·본질주의·항존주의·재건주의)을 살펴보았다. 이것을 몇 개의 기준으로 일목요연하게 비교하여 보면 〈표 7〉과 같다.[7]

표 7 현대 미국의 교육이론(종합비교)

이 론	목 적	커리큘럼	대표자
진보주의	흥미와 욕구에 따른 개인 교육	활동과 구안	듀이, 존슨, 킬패트릭, 파커, 워시번
본질주의	유용하고 유능한 인간양성	기본교육: 읽기, 쓰기, 셈하기, 역사, 국어, 과학, 외국어	칸델, 모리슨, 배글리, 베스터, 브리드
항존주의	이성적 인간의 도야	이성의 계발을 위해 체계적으로 준비된 교과(위대한 고전들 등)	아들러, 허친스, 마리땡
재건주의	사회의 재건	재건의 도구로 사용될 수 있는 사회과학	브라멜드, 카운츠, 스탠리

7) Allan C. Ornstein, *An Introduction to the Foundations of Education* (Chicago: Rand McNally College Publishing Co., 1977), p. 204.

IX 실존주의와 교육

1. 실존주의란 무엇인가?

주체적 존재로서의 실존의 본질과 구조를 밝히려는 실존주의(existentialism)는 분석철학과 함께 20세기 현대철학의 주류를 형성하였다. 그것은 현대문명의 비인간화에 대한 반항으로 등장하였다.[1] 즉 기술문명과 관료기구 그리고 객관주의에 대한 항변이며, 산업사회에서의 조직화로 인한 인간소외에 대한 거부이다.

현대사회는 불특정 다수인으로 형성된 대중사회, 즉 익명성의 사회이며, 인간의 개체성과 주체성을 말살하고 획일화된 일반법칙을 강요한다. 바로 이러한 현대사회 속에서 인간은 진정한 '나'를 상실한 비본래적 삶[2]을 영위하고 있다. 그래서 진정한 '나'의 새로운 탄생을 갈망하고, '나 자신'의 주체성과 개체성을 찾고자 하는 것이 실존주의가 추구하는 기본적 주조음이라고 할 수 있다.

---

1) 김려수·차인석·한전숙, 「철학개론」(서울: 양서원, 1987), 336쪽.

2) 실존은 본래적 존재(eigentlich Sein)로서의 인간을 의미한다. 보통 '일상적인 인간'(das Man)은 대중 속에 묻혀서 평균화·균등화·획일화·기계화되고, 유행과 모방 속에 '비본래적 존재'가 되기 마련이다. 대중화·평균화·유행화되지 않는 존재가 '본래적 존재'이며, 따라서 비본래적 인간들은 본래적인 자기를 회복하고 자기를 부활시켜서 그 '본래적 존재'로 돌아가라고 주장하는 것이 실존철학이다. 박준택, 「철학개론」(서울: 박영사), 99-100쪽.

인간의 실존문제가 철학적으로 거론된 것은 멀리 소크라테스로부터 시작하여 파스칼, 아우구스티누스로 이어진다. 즉, 고대나 중세의 저서들에서도 실존에 관한 철학적 문제들이 언급되었지만 그것이 철학의 중심 테마로 등장한 것은 약 2세기 전 키에르케고르(Sören Kierkegaard)가 그것을 발전시키면서부터이다. 그에 의해 제기된 실존주의는 니체(Friedrich Nietzsche), 하이데거(Martin Heidegger), 사르트르(Jean-Paul Sartre), 카뮈(Albert Camus), 메를로-퐁티(Maurice Merleau-Ponty), 부버(Martin Buber) 등에 의해 전개되었다. 물론 이들의 사상은 여러 가지 면에서 다른 점이 있지만 19세기와 20세기의 특수한 시대적 분위기를 반영하고 있다는 점에서 공통된 점이 있기 때문에 이들 모두를 실존주의 내지는 실존철학의 이름하에 다룰 수 있는 것이다.

플라톤으로부터 헤겔에 이르는 전통철학은 그 관심이 주로 본질에 관한 문제에 있었으며, 따라서 철학자들은 철학의 주요 임무가 "실재란 무엇인가?"라는 본질적 물음에 대답하는 것으로 여겨왔다. 다시 말해 보편적인 본질을 추구하였다. 예컨대 "우주의 보편적 본성과 본질은 무엇인가?"라고 묻고, 그 해답을 추구하고자 했는데, 탈레스 같은 경우는 우주의 본질인 만물의 근원을 '물'이라고 보았던 것이다. 그러나 실존주의는 본질의 문제를 종속적인 지위로 좌천시키면서, 철학의 관심을 보편적인 것에서 개인적인 것으로 전환시켰다. 그들은 개인적 실존을 보편적 본질에 선행하는 것으로 보았다. 이것이 실존주의가 제기하는 근본적인 새로운 유형의 문제가 되는 데, 그 물음은 "'나는 존재한다' 라고 말하는 것이 무엇을 의미하는가?" 라는 것이다.[3)]

이에 대해 사르트르는 기능공을 예로 들어 설명한다. 즉, 제화공이 신발을 만들 때 그가 만들려고 하는 신발의 이데아(본질)가 신발을 만들기 이전에 그의 마음속에 자리잡고 있다. 마찬가지로 신도 인간을 만들기 이전에 인간의 이데아를 가지고 있었던 것으로 본다. 따라서 항상 본질이 실존에 선행한다는 것이다. 이러한 입장은 본질주의이다. 그러나 사르트르는 인간의 창조주는 없다고 본다. 인간은 스스로를 발견한다는 것이다. 즉 인간의 실존이 먼저 있고 나서 그 다음에 그 자신의 본질을 결정해 나간다는 것이다. 인간이 먼저 존재하고, 그러고 나서 그 자신(즉 본질)을 결정한다는 것이다.

3) Van Cleve Morris, "Existentialism and Education." *Modern Movements in Educational Philosophy*, edited by V.C. Morris (Boston: Houghton Mifflin Co., 1969), p. 361.

이러한 입장은 실존주의의다.

따라서 실존주의자들은 데카르트의 "나는 생각한다. 고로 나는 존재한다.(I think, therefore I am.)"를 다음과 같이 반박할 수 있다. 즉, 내가 존재하지 않으면 분명히 나는 생각을 할 수 없다. 따라서 나는 생각하기 이전에 존재해야만 한다. 그러므로 데카르트의 말은 "나는 존재한다. 고로 나는 생각을 하기 위한 필수 조건들 중의 하나를 가지고 있다.(I am, therefore I have one of the prerequisites for thought.)"라고 고쳐야 더욱 정확한 것이 될 것이라고 실존주의자들은 본다.

요컨대 종래의 전통 철학은 개인의 현실존재보다도 보편적 본질(예컨대 "만물의 근원은 무엇인가?" 등과 같은 보편적 본질을 추구함)을 중시하였지만, 실존주의 철학은 반대로 보편적 본질보다 개체적 현실존재를 더 중시했다.

실존주의에서의 인간은 그 자신의 본질을 결정하는 데 있어서 완전히 자유롭다. 이러한 자유는 절대적이다. 즉 인간은 그가 되고자 하는 대로 선택할 수 있다. 그래서 실존주의는 "나는 선택한다. 고로 존재한다.(I choose, therefore I am.)"라는 명제를 사용한다. 이처럼 실존주의에서는 각 개인 스스로가 옳고 그름을 판단할 뿐 아니라 옳고 그름을 판단하는 준거까지도 결정한다. 그러나 이 때 자신의 선택에 대한 인격적 책임은 필수적이다. 즉 자신의 도덕적 선택과 결정에 대한 개인의 책임을 철저하게 강조하는 것이 실존주의의 중심원리이다. 따라서 자유(freedom), 선택(choice), 책임(responsibility)은 실존주의의 핵심개념이다. 실존주의에서는 개인(혹은 학생)을 자유로운 행위자, 선택하는 행위자, 책임지는 행위자로 보는 이유가 여기에 있다. 요컨대 인간은 자유롭게 선택할 수 있지만, 그 선택의 결과에 대해서는 철저히 책임을 져야 한다고 역설한다.

이처럼 자유로운 인간은 결정되어지지 않은 존재이며, 매순간 선택할 수 있는 존재이기 때문에 항상 그 자신을 실현하고자 노력한다. 사실상 이러한 과정은 끊임없는 선택을 통한 '되어감'(혹은 생성)의 과정이다. 예를 들어, 존재한다는 것은 되어감의 과정에 종사한다는 것이며, 그것은 인간이 지구상에 존재하는 한 계속되도록 운명 지어져 있다. 그가 어떠한 인간이 될 것인가에 대한 제약은 전혀 없다. 따라서 실존주의에서는 인간을 "그 자신의 본질을 결정하는 자, 그리고 그 자신의 가치를 규정하는

자"로 파악한다.[4)]

2. 실존주의와 교육

볼노오(Otto F. Bollnow)는 전통적 교육관을 크게 기계적 교육관(mechanische Auffassung)과 유기적 교육관(organische Auffassung)으로 구분하였다.[5)]

기계적 교육관은 목수가 그의 계획과 설계대로 연장을 사용하여 의도했던 물건을 만들어 내는 것과 마찬가지로, 교육자도 속으로 의도했던 목적과 목표에 따라 그에게 맡겨진 인간을 어떤 일정한 모습으로 만들어나가는 것을 교육이라고 본다. 이른바 목공적 교육관이다. 다시 말하면, 교육은 일종의 '만드는 작용'으로서 '적극적인 형성작용'에 기여하고 있다고 볼 수 있다.

반면에 유기적 교육관은 위에서 언급한 기계적 교육관과 달리 인간을 마음대로 주물러지는 소재로 보지 않고, 인간 속에 내재하는 고유한 법칙에 따라 스스로 안으로부터 계발되어 그 자신 속에 깃들어 있는 목표를 지향함으로써 내면적·본질적으로 발전하는 것을 교육이라고 본다. 이러한 유기적 교육관에서의 교육자는 식물을 재배하는 정원사에 비유된다. 즉 정원사가 원하는 대로 식물을 성장시키고 꽃을 피우게 하는 것이 아니라는 것이다. 다시 말해 정원사는 원조자(helper)로서 식물이 잘 자라고 스스로 꽃을 피울 수 있도록 적절히 물을 주고 거름을 주기만 할 따름이다. 따라서 교육은 일종의 '기르는 작용'으로서 '소극적 보호작용'이라고 볼 수 있다.

이같이 기계적 교육관은 교육을 '적극적 형성작용'으로 보며, 유기적 교육관은 교육을 자연적 성장과정의 '소극적 보호작용'으로 본다. 그러나 이러한 차이점과 함께 주목해야 할 사실은 이 두 교육관이 이념적으로는 서로 대립되지만 방법적으로는 인간이 꾸준히 지속적·계획적으로 성장한다는 '연속적 형성 가능성'을 자명한 전제로

---

4) V.C. Morris, "Existentialism and Education", *Modern Movements in Educational Philosophy*, edited by V.C. Morris (Boston: Houghton Mifflin Co., 1969), p. 362.

5) Otto F. Bollnow, *Existenzphilosophie und Pädagogik*(Stuttgart: Kohlhammer, 1977), S. 16.

받아들이고 있음에 견해를 같이 하고 있다. 즉 인간은 사랑과 관심을 가지고 잘 가르치고 지도하면 꾸준히 지속적으로 성장 발달할 수 있다고 보는 공통적인 관점을 지니고 있다. 요컨대 지속적인 발전·성장, 지속적인 구성, 점진적인 개량이라는 입장에서 인간의 교육이 가능하다고 보는 것이 양자의 공통된 입장이다.[6)]

하지만 제3의 교육관으로 등장한 실존적 교육관(혹은 각성적 교육관)은 위에서 언급한 두 교육관과는 달리 인간은 잘 가르치고 지도한다고 할지라도 반드시 지속적으로 성장, 발달하지 않는 존재라고 본다. 즉, 때로는 발전이 아니라 퇴보도 하고, 성장과 발달이 잠시 멈추는 경우도 있다고 본다. 따라서 실존적 교육관은 위의 두 교육관과 달리, 인간은 지속적으로 꾸준히 성장·발달하지만은 않은 존재라는 점을 강조하기 때문에 '비연속적 형성 가능성의 교육관'(단속적 교육관)이라고 부른다.

이러한 실존적 교육관은 앞 절에서도 언급한 것처럼 개인의 삶에 있어서 스스로의 철저한 선택과 책임, 그리고 주체성을 강조한다. 철저하게 자유를 가지는 반면에, 철저하게 선택에 대한 책임을 져야 한다는 것이다.

따라서 실존주의 교육에서는 개인을 "선택하는 행위자, 자유로운 행위자, 그리고 책임을 지는 행위자[7)]로 규정하면서 개인으로 하여금 이러한 의식을 갖도록 일깨운다. 즉 실존주의는 완전한 자유 속에서 홀로 결단에 의한 개인적 선택을 하되, 자신의 선택에 대해 철저한 책임을 지도록 한다.

요컨대 실존적 교육이란 선택의 자유 그리고 선택의 의미와 그 선택에 대한 책임에 관해 의식을 일깨워주는 과정이라고 본다.[8)] 이처럼 실존주의 교육에서는 학생으로 하여금 그에게 유용한 수많은 선택으로부터 그 자신의 길을 선택하도록 하게 한다. 따라서 학교는 선택적 분위기를 조성하여야 하되, 학생이 하지 않으면 안 될 선택의 종류를 일방적 내지는 획일적으로 규정하여서는 안 된다.

아울러 학교는 학생들의 자유를 신장하고 창조적인 개성을 갖도록 격려해야지,

---

6) Ibid., S. 18.
김정환, 「교육철학」(서울: 박영사, 1974), 165~166쪽.
이규호, 「사람됨의 뜻」(서울: 제일출판사, 1975), 188~189쪽.
7) Van Cleve Morris, *Existentialism in Education* (N.Y.: Harper & Row, Publishers, 1966), p. 135.
8) Allan C. Ornstein, *An Introduction to the Foundation of Education* (Chicago: Rand McNally College Publishing Co., 1977), p. 210.

전통교육에서처럼 적응 또는 관습에 순응하도록 압력을 가해서는 안 된다.[9] 따라서 학생들은 그의 외부 환경에 의해 강제로 형성되는 존재로부터 그 자신을 스스로 형성해 나가는 존재로서의 역할이 강조된다.

결국 이들이 추구하는 교육의 목적은 인간 자체의 탐구이며, 이에 따라 삶에 대한 모든 형태의 광범위하고도 종합적인 경험을 제공하는 것이다.[10] 이처럼 실존주의자가 교육을 통해 달성하고자 하는 인간은 단편적 인간이 아니라 전인적 인간이다.

한편 실존주의자들이 특히 강조하는 교과목은 인문학과 예술이다.[11] 왜냐하면 실존적 선택은 매우 개인적이고 주관적이기 때문에 정서적이고 심미적이며 시적인 과목들이 실존적 교육과정에 적합하다고 본다. 다시 말하자면, 인간의 정서 및 심미적 성향과 도덕적 성향이 이러한 과목들을 통해 잘 계발될 수 있다고 보기 때문이다.

실존주의 교육에서 중요시하는 또 다른 측면은 삶의 부조리나 실존적 긴장, 즉 불안이다. 따라서 이들은 진정한 인간교육은 삶의 좋은 측면뿐만 아니라 삶의 불합리한 측면, 즉 삶의 추한 측면까지도 포함한 전체로서의 인간교육으로 파악되어야 한다고 본다. 현대교육은 인간 혹은 인간 세상의 어두운 측면을 감추고자 한다. 그러나 실존주의자들은 진정한 교육이란 감추지 않는 교육이라고 믿는다. 따라서 훌륭한 교육이란 적나라한 인간의 모습에 초점을 맞추는 것이라고 보기 때문에 학생들로 하여금 좋은 것이나 나쁜 것, 합리적인 것이나 비합리적인 것 등 삶의 모든 측면들을 파악할 수 있도록 해야 한다는 것이다. 이러한 입장을 그들은 인간주의적이라고 본다.[12] 예컨대 학교에서는 흔히 종교·죽음·출생·성(性) 등에 관한 문제들을 삶의 어두운 측면으로

---

9) George F. Kneller, *Introduction to the Philosophy of Education* (N.Y.: John Wiley & Sons, Inc., 1964), p. 59.

10) George F. Kneller, *Existentialism and Education* (N.Y.: John Wiley & Sons. Inc., 1958), p. 117.
Edward J. Power, *Philosophy of Education: Studies in Philosophies, Schooling, and Educational Politicies* (New Jersey: Prentice-Hall Inc., 1982), p. 145.

11) Van Cleve Morris, *Existentialism in Education* (N.Y.: Harper & Row, Publishers, 1966), p. 91.
Allan C. Ornstein, *An Introduction to the Foundation of Education* (Chicago: Rand McNally College Publishing Co., 1977), p. 211.
A.M. Dupuis & R.B. Nordberg. *Philosophy and Education* (Milwaukee: The Bruce Publishing Co., 1964), p. 275.

12) Howard Ozmon & Sam Craver, *Philosophical Foundation of Education* (Ohio: A Bell & Howell Co., 1976), p. 179.

규정하고, 계획적인 거짓말을 하기도 한다. 왜냐하면, 이러한 사실들을 학생들에게 알게 하는 것이 불안이나 두려움을 자아내게 하므로 해가 된다고 보기 때문이다. 그러나 실존주의자들은 오히려 그 반대라고 주장한다. 즉, 진짜 상황을 알지 못하게 하면 더 큰 불안을 유발하게 한다는 것이다. 그러기에 실존주의자들은 죽음·좌절·갈등·고통·공포·성 등과 같은 어두운 측면들을 감추거나 거짓교육을 시키지 말고 떳떳이 교육내용으로 채택하여야 한다는 입장을 취한다.[13] 흰색 주변에 검은색을 깔아 주면 더욱더 흰색이 돋보이듯이, 삶의 주변에 죽음이나 불안, 고뇌 같은 내용을 의식시켜 주면 삶에 대한 의미가 더욱 새로워지고 강렬해진다는 것이 실존주의자들의 논리이다.

이상에서처럼 보편화·집단화·획일화하는 현대교육의 경향을 인간의 개성과 주체성을 최대한 존중하는 교육으로 전향시키도록 촉구하면서 인간의 죽음·불안·고통·위기 등과 같은 어두운 측면과 자유·선택·책임·개성 등과 같은 주체적 측면을 부각시킨 실존주의자들의 관점은 전통적 교육관을 극복하였다.

13) Howard Ozmon & Sam Craver, *Philosophical Foundation of Education* (Ohio: A Bell & Howell Co., 1976), p. 179.

X 분석철학과 교육

1. 분석철학이란 무엇인가?

분석철학이란 주로 20세기 초두부터 헤겔류의 절대적인 사변(사색)철학에 대한 비판을 통해서 차츰 배양된 철학정신이며, 특히 철학탐구의 태도 내지 방법이라고 할 수 있다. 여기서 말하는 태도란 논리적 분석을 통해서 문제의 명확화와 그 해결을 꾀하는 것이다. 이때 '분석'이란 우리의 사상이나 사고는 주로 언어에 의해서 전개되고 표현되는 것이므로 언어분석을 가장 중요한 것이라고 생각한다.

이러한 태도 내지 방법을 취하는 학자들을 통틀어 '언어분석학파(Linguistic Analysts)'라 하며, 그 학설을 총칭해서 '분석철학(Analytic Philosophy)'이라고 한다.[1] 따라서 분석철학은 어느 특정인이나 소수 철학자들의 이름에 결부된 철학이 아니라 유럽 각지와 북아메리카 등지에서 싹트기 시작하여 제1차와 제2차의 세계대전을 겪는 동안에 급속히 발전하여 20세기의 서양 철학계를 풍미하게 된 철학적 방법 또는 경향에 편의상 붙인 이름에 불과하다.

이같은 분석철학의 입장을 취하는 학파에는 일상언어학파(School of Ordinary

1) 최동희·김영철·신일철, 「철학」(서울: 일신사, 1985), 324쪽.

Language), 케임브리지 분석학파(Cambridge School of Analysis), 비엔나학파(Wiener Kreis) 등 여러 학파들이 있으며 각기 그 경향을 달리하고 있다. 즉 이들은 철학을 과학화해야 한다는 것에는 동일한 생각을 지니고 있으나, 그 방법이나 철학의 주제 선택에 관한 입장은 서로 달리하고 있다.

그러나 분석철학의 일반적 경향 및 특징은 크게 두 가지 경향으로 나누어지는 바, ① 철학을 과학화하기 위해서는 일상적으로 사용하는 '결함이 많은' 언어인 '자연언어(natural language)'를 순화해야 하며, 기호논리학을 응용해서 엄밀한 '인공언어(artificial language)'를 보조수단으로서 설정하려는 것과, ② '자연언어'를 주의 깊게 사용하는 방법을 명확히 함으로써 여러 철학적 문제에 공헌할 수 있다고 믿는 데 있다. 즉 전자의 경험이 논리실증주의의 입장이요, 후자의 입장이 일상언어철학의 입장이다.

이 두 입장은 공히 실증주의적 경험주의에 기반을 두고 철학적 사유방법을 철저히 과학화하려고 하였다.

2. 분석철학의 두 입장

1) 논리실증주의

논리실증주의(logical positivism)의 공식적인 출현은 1923년으로서 슐릭(Moritz Schlick)이 비엔나학파를 주도한 시기이다.[2)]

논리실증주의는 철학의 주요 임무가 웅장한 이론체계를 구성하는 데 있는 것이 아니라 문제의 논리적 분석에 있다는 것을 강조한다. 따라서 논리실증주의자들은 형이상학적 명제가 진위(true or false)를 결정할 수 없는 무의미한 명제로서 거짓명제라고 한다. 왜냐하면, 형이상학적 명제는 분석적인 것도 경험적인 것도 아니기 때문이다. 즉 분석적인 것으로서 수학적이고 논리적이라면 논리적으로 그 진위여부를 해명할 수 있겠고, 경험적인 것이라면 실험과 관찰 및 검증에 의하여 또한 그 진위를 가려낼 수

2) Morton White, *The Age of Analysis* (N.Y.: New American Library, 1955), pp. 203~204.

있겠으나, 양자 가운데 어느 것도 아니기 때문이다. 예컨대, 논리실증주의자들에게 있어서 '신의 존재'의 경우, 논리적으로 진위여부를 해명할 수 없을 뿐만 아니라 경험적으로도 관찰할 수 없기 때문에 '거짓존재'일 뿐이다.

논리실증주의에 따르면 명제의 진위를 가릴 수 있는 경우가 두 가지로 설명된다.

첫째, 경험적 내용을 표현하고 있는 경우가 그것이다. 바꾸어 말하면 인간의 감각기관을 통해 관찰 가능한 것을 표현하고 있는 경우이다. 예컨대, "모든 사람은 죽는다"라든가 "모든 까마귀는 검다" 같은 경우이다. 이러한 명제를 종합명제라고 한다.

둘째, 논리적 명제가 그것이다. 즉, 논리학이나 수학에 의해서 그 진위가 결정되는 명제이다. 예컨대 "지렁이는 동물이거나 또는 동물이 아니거나 둘 중의 하나이다", "나의 아버지의 부인은 나의 어머니이다", "3+1=1+3", "xy+xz=x(y+z)" 등과 같은 것들로서 증명이 필요 없이 항상 진리인 명제(tautology, 즉 항진명제)를 분석명제라고 한다.

논리실증주의자들은 이상의 두 종류 이외의 명제에 관해서는 그 진위를 결정하는 객관적인 수단이 없다고 주장한다.

2) 일상언어철학

논리실증주의에 의한 언어분석의 이론적 특징은 환원적 분해라고 하는 환원적 성격에 있었다. 그러나 몇 가지 점에서 공격을 받게 되자 기본적 이론을 수정 내지 포기하게 되었다.

가령 논리실증주의자들은 '국가'라는 말은 '국민'으로 구성되었다고 생각할 것이다. 그리하여 만일 "영국은 1939년에 선전을 포고하였다."라는 명제를 환원적 분석을 통해서 "각 영국인은 1939년에 선전포고를 하였다."고 한다면 그 의미는 달라지지 않을 수 없다. 왜냐하면 모든 영국인이 선전포고를 한 것이 아니기 때문이다. 선전포고를 반대한 영국인들도 있었을 것이다. 그렇다면 명제와 의미의 명료화를 강조하는 분석철학의 기본 입장과는 대치되는 것이다. 이처럼 일상어의 세계에서는 '국가'에 관한 명제를 '국민'에 관한 명제로 분석 내지 환원하는 것은 부당하다는 것이다.

이러한 점에 착안해서 논리실증주의자들과는 다른 면에서 분석활동이 주로 영국의 학자들에 의해서 전개되었다. 그들은 일상언어를 중시하는 점에서 일상언어학파(School of

Ordinary Language)라고 불리기도 하며, 그 활동의 중심적 역할을 하는 학자들 가운데는 옥스퍼드 출신이 많기 때문에 옥스퍼드학파(Oxford School)라고도 불린다.

일상언어학파의 슬로건은 "현재 사용되고 있는 문장을 떠나서는 의미를 파악할 수 없다."와 "모든 문장은 각각 경우에 따라서 그 논리를 갖는다."는 것이다. 예컨대, 건설 현장에서 2층에서 일하는 목수가 아래층에서 일하는 목수를 보고 "널빤지!"라고 외치자 아래층 목수가 널빤지를 집어 2층의 목수에게 던져주었다. 단지 "널빤지"라고 외쳤을 뿐 어떠한 행동 지시어가 수반되지 않았지만 2층의 목수가 원하는 대로 아래층 목수가 집어던져 준 것이다. 즉 "널빤지를 치워라" 등의 의미로 다양하게 해석될 수도 있는 일상 언어를 아래층 목수는 정확히 이해한 것이다. 이러한 면에서 일상언어철학자들은 논리실증주의자들의 엄밀성을 비판한다.

따라서 일상언어학파의 철학자들은 우리가 일상생활에서 일상적으로 사용하는 검증 불가능한 표현이라 할지라도 훌륭히 유의미(meaningful)하다고 생각한다. 즉, 우리가 사용하는 일상적인 언어들도 충분히 정확한 의사전달을 하고 있다는 것이다.

3. 분석철학과 교육

피터스(R.S. Peters) 등은 "교육철학의 역할은 새로운 교육의 '주의(ism)'나 이념을 발전시키는 것이 아니라 우리가 현재 사용하고 있는 이념들의 의미를 더 잘 이해할 수 있도록 도와주는 것"[3]이라고 본다. 또한 오코너는 교육철학의 여러 이슈들을 다룰 수 있는 새로운 접근방식 중의 하나로 분석철학을 들면서, 그것은 지식, 교육, 학교 등과 관련된 용어를 검토하고 그 의미를 명료화하는 하나의 방법이라고 하였다.[4]

분석철학자들은 많은 교육문제들이 본질적으로 언어의 문제라고 주장한다. 예컨대, 우리가 사용하는 교육적 진술들을 눈여겨보면 무의미한 것(nonsense)과 애매모호한

3) George R. Knight, *Philosophy and Education* (Michigan: Andrews University Press, 1989), p. 135에서 재인용.

4) Allan C. Ornstein, *Foundations of Education* (Illinois: Rand McNally College Publishing Co., 1977), p. 211.

것들이 많다. 그런데 불명료한 진술이나 슬로건 등은 교육을 더욱 혼란스럽게 한다는 것이다. 예컨대 "아름다운 인간을 만든다."라는 슬로건의 의미는 무엇일까? 얼굴이 아름다운 인간을 만들자는 것인지, 마음이 아름다운 인간을 만든다는 것인지 애매모호하다. 이렇게 되면 교육현장은 혼란스러워진다. 따라서 우리가 언어의 문제를 해결한다면, 교육문제들을 더 잘 해결할 수 있을 것이다. 이렇게 보면 분석철학자들의 기능은 언어, 개념, 목적 등을 명료하게 하는 것이다. 즉 언어의 명료성과 유의미성을 점검해주는 교정원(clarifier)의 기능을 수행한다는 것인데, 이것은 분명히 가치 있는 일이다.

하지만 분석철학자들은 학생과 교사가 해야 할 일 또는 하지 말아야 할 일에 관한 규범적 진술과 그러한 활동에 관한 가치의 진술을 회피한다.[5] 예컨대, 어떤 학교에서 학생들에게 특정의 책을 읽도록 하였을 때, 분석철학자들은 학생들이 그 책을 읽어야 하는지 아니면 다른 책을 읽어야 하는지에는 관심을 두지 않고, 단지 그러한 활동과 관련된 주장들을 분석할 것이다. 즉 그들은 학생들이 읽고, 생각하고, 학습해야 한다는 것을 말하는 대신 '읽다', '생각하다', '학습하다'라는 것이 무엇을 의미하는지를 검토할 것이다. 다시 말해 어떤 규정을 내리거나 가치판단은 하지 않는다는 것이다. 왜냐하면, 그들의 기능은 분석을 통한 명료화에 있기 때문이다.

요컨대, 분석철학자들은 교육가가 사용하는 언어의 명료화뿐만 아니라 교육가가 사용하는 각종 개념들의 분석, 그리고 교육행위에서 일어나는 문제와 논쟁점을 검토하고 그러한 논쟁점이 명료성을 갖도록 분석하는 데 집중하고 있음을 알 수 있다.[6]

이처럼 분석철학의 방법론이 교육관련 용어의 개념과 의미, 그리고 교육이론의 성격을 분명히 하려는 노력을 한 점은 높이 평가된다. 무관심하게 흘려버린 교육학의 용어·개념·원리·이론 등을 논증하고 명확히 하는 데 공헌하였다. 교육용어나 개념 등의 명료화로 우리는 교육에 있어서 보다 더 현명한 교육적 판단을 할 수 있다. 실제로 분석철학은 교육·학교교육·교수·학습·지식·평등 등과 같은 개념들의 명료화에 크게 기여하였다.

---

5) George R. Knight *op. cit.*, p. 137; Edward J. Power, *Philosophy of Education* (N.J.: Prentice-Hall, 1982), p. 151.

6) J. A. Akinpelu, *Philosophy of Education* (London: Macmillan Publishers, 1985), p. 170; George R. Kinight, *op. cit.*, p. 136.

XI 포스트모더니즘과 교육

1. 포스트모더니즘이란 무엇인가?

포스트모더니즘의 개념을 단정적으로 정의내리기는 어렵다. 실제로 포스트모더니즘은 문학·음악·예술·건축·미디어·광고·사진·영화 등등의 광범위한 영역에서 다양하게 논의되어 왔으며, 이들 영역에 실질적인 영향력을 행사해 왔다는 것에 대한 많은 예들이 있지만 이러한 것들이 포스트모더니즘에 대한 정의를 내리는 데는 별 도움이 안 될 뿐만 아니라 일치된 견해도 없다.[1] 어쩌면 포스트모더니즘에 대한 정의를 내리는 것 자체가 포스트모더니즘의 메시지—지식을 분류하거나, 단일화하거나, 하나의 틀 속으로 묶는 것 등에 반대하는 입장—에 배치되는 것일지도 모른다.

포스트모더니즘이라는 용어를 학문의 영역 속으로 끌어들여 이에 대한 학술적 논쟁을 유발시킨 사람은 리오타르(J .F. Lyotard)이다. 여기서는 대표적으로 리오타르의 포스트모더니즘에 대한 견해를 살펴보기로 한다. 리오타르는 포스트모더니즘을 대서사(grand narratives)에 대한 거부, 형이상학적 철학(보편적 본질과 이념을 추구)에 대한

1) Stanley Aronowitz & Henry A. *Giroux, Postmodern Education* (Minneapolis: Unive. of Minnesota Press, 1993), p. 60.

거부 그리고 총체적 사고에 대한 거부로 기술한다.[2] 근현대 사회는 모든 사람에게 보편적으로 적용되는 큰 주제, 즉 이론체계인 대서사(큰 이야기, 메타서사)를 구축하였다. 그리고 이것을 준거로 하여 모든 이론과 행동을 평가하고 정당화했다. 다시 말해 이 준거에 합당한 이론과 행동은 정당화되어 인정받지만, 그렇지 못한 경우에는 비정상적인 것으로 간주되어 억압받거나 거부되었다. 예컨대, 조선사회의 경우 대서사에 해당되는 예를 들면 "여필종부", "충성", "효도" 등이다. 여자는 남자를 따라야 하고, 모든 백성은 임금에게 충성해야 하며, 자식들은 부모에게 효도해야 한다.

이러한 규율은 모든 사람에게 보편적으로 적용되는 하나의 큰 진리이자 원리였다. 이것이 대서사(큰 이야기)이다. 만약 이것을 어기게 되면 사회적으로 큰 지탄을 받고 처벌받았다. 그러나 포스트모던 사회에서의 담론은 지금까지 대서사에 의해 거부되고 억압되어온 소서사(작은 이야기)로 이루어진다. 즉 포스트모던 사회의 구성원들은 인간해방, 국가발전, 역사적 진보 등과 같은 거창한 것보다는 자기 가정, 자기 직장, 자기 지역사회 등과 같은 자기 주변적인 것에 관심을 둔다. 이처럼 소서사는 총체적인 거창한 일 대신에 개인이나 작은 소집단인 자기주위의 일상문제에 관심을 갖고 그것에 대하여 대화를 나누는 일이다.[3]

따라서 특별하고 독특한 일상의 삶을 부정하는 추상적 보편성, 지엽적이고 특수한 것을 부정하는 일반화, 그리고 차이(다름)를 묵살하는 보편적 범주화 등을 전체적이고 테러적(totalitarian and terroristic)인 것으로 간주하고 이를 신랄하게 비판한다.[4] 요컨대, 대서사의 전체성과 보편적 이성을 거부하는 포스트모던 사회는 소서사가 정당화되는 사회이다.

포스트모더니즘은 체계적인 이론이나 포괄적인 철학을 칭하는 것이 아니다. 또한 전통적 의미의 이념 및 개념들의 '체계'도 아니고, 통일된 사회적·문화적 동향이라고 부를 수도 없는 것이다. 단지 포스트모더니즘은 단순하고도 환원적인 틀에 저항하는, 복잡하고 다형태적인 것이라고 말할 수 있을 뿐이다.[5]

---

2) Stanley Aronowitz & Henry A. *Giroux, Postmodern Education* (Minneapolis: Unive. of Minnesota Press, 1993), p. 60.

3) 목영해, 「후현대주의 교육학」(서울: 교육과학사, 1994), 49쪽.

4) Henry A. Giroux, "Postmodernism and the Discourse of Education Criticism," *Journal of Education 170*, No. 3(1988), p. 14.

그러면 포스트모던 철학자들이 일반적으로 공유하고 있는 포스트모더니즘의 기본 입장은 무엇인가?[6)]

첫째, 반정초주의(anti-foundationalism)의 표방이다. 사람들은 일반적으로 도덕성을 불변하고 보편적인 기초, 삶의 기본원리를 이루는 것으로서 이해한다. 하지만 포스트모더니스트들은 도덕이나 여타 다른 영역에서도 이러한 기초란 없다고 본다. 왜냐하면 가치는 문화적인 구성물이며, 시대에 따라 변하고, 문화에 따라 다르기 때문이다. 사람들은 그들의 다양한 이해관계, 전통, 환경 등에 따라 도덕성을 창조해 낸다는 것이다. 이처럼 포스트모던 철학자들은 지식이나 인간인식에 있어서 궁극적이고 절대적인 기초(즉 보편적이고 절대적인 진리나 원리 등을 강조함=정초주의)가 존재한다는 근대철학의 기본가정과 신념을 정초주의라는 이름으로 비판, 배격하고 반정초주의를 그들의 기본입장으로 표방한다.[7)]

둘째, 다원주의(pluralism)를 표방한다. 앞에서 이미 살펴본 것처럼, 포스트모더니스트들은 개인과 개인, 집단과 집단 간의 서로 다른 다양성을 자랑스럽게 수용한다. 이것은 삶에는 궁극적인 기초가 없으며, 지식은 인간의 이해관계와 전통을 변화시킴으로써 결정된다는 믿음에 토대하고 있다. 즉, 상이한 사회와 이익집단들은 그들의 특정한 필요와 문화에 적합한 가치를 구성한다는 것이다.

셋째, 반권위주의(anti-authoritarianism)를 표방한다. 포스트모더니스트들은 도덕적 지식을 포함하여 모든 지식은 그러한 지식을 생산하는 사람들의 이익과 가치를 반영한다고 본다. 그러므로 이러한 원천적인 편견을 반대하기 위해서 그들은 도덕적 탐구가 민주주의적이며 반권위적인 방법으로 시행되어야 한다고 주장한다. 그래야만 다양한 사람들의 이익이 많이 고려될 수 있다는 것이다. 도덕적 가치는 한 집단(부모, 교사, 학자, 성직자 등)에 의해 형성되어서 또 다른 집단(자식, 학생, 시민 등)에게 전달되지 말아야 할 것이다. 즉, 모든 사람이 도덕성을 창조하는 행위에 들어와야 한다. 따라서 반권위주의적 상황에서 가장 중시되는 절차는 절대적 권위와 주장을 배격하고

---

5) Robin Usher & Richard Edwards, ***Postmodernism and Education*** (London: Routledge, 1994), pp. 6~7.

6) Clive Beck, "Postmodernism Ethics, and Moral Education", in: ***Critical Conversations in Philosophy of Education***, ed. Wendy Kohli (N.Y.: Routledge, 1995), pp. 127~132.

7) 조화태, "포스트모던 철학과 교육의 새로운 비전", 강영혜 등, 「현대사회와 교육의 이해: 교육철학의 최근 동향」(서울: 교육과학사, 1996), 13쪽.

이루어지는 대화의 절차(procedure of dialogue)이다. 개방적이고 비판적인 대화의 중요성이 무엇보다도 강조되는 사회가 포스트모던 사회이다.

넷째, 연대의식(solidarity)의 표방이다. 포스트모더니스트들은 타자에 대한 관심과 연대의식을 매우 강조한다. 그들은 타자들에게 해를 끼치는 억압적인 권력, 조종, 착취, 폭력 등을 거부한다. 이에 한 걸음 더 나아가 보다 더 적극적으로 그들은 공동체, 존중, 상호협력의 정신을 증진시키고자 도모한다. SNS의 위력을 보면 이해가 갈 것이다.

이처럼 포스트모더니즘은 특정의 이론이나 원리를 가지고 모든 것을 획일적으로 규정하고 통제하는 전체적 사고방식을 비판한다. 따라서 현대 문화를 지배하는 포스트모더니즘의 정신이란 진리와 지식, 그리고 인간과 사회에 대한 기존의 모든 이론체제나 사고체제에 있어서 그것이 갖는 절대객관성과 확실성을 부정하고, 다원성과 상대성에 대한 인식을 바탕으로 그것이 가졌던 권위의 허구성을 드러내고 해체함을 그 일차적 특성으로 한다. 그래서 오늘날의 시대를 하나의 진리에 의해 지배되지 않는 사회, 즉 수많은 담론이 그 나름대로의 정당성을 인정받게 되는 포스트모던의 사회라고 말한다.

2. 포스트모더니즘과 교육

포스트모더니즘이 오늘날 우리에게 요청하는 새로운 삶의 방식 내지 실존방식은 무엇이며, 그것이 현대교육에 주는 메시지는 무엇일까? 혹자는 자유로운 예술적 삶의 방식이야말로 절대적 규범이 상실된 허무주의 시대를 살아가는 오늘날의 우리들이 주목해야 할 새로운 실존양식으로 보기도 한다. 여기서는 변화하는 사회와 이에 대처해야 할 교육과의 관계를 몇 가지로 항목화하여 살펴보기로 한다.

첫째, 보편타당한 객관적 진리의 추구, 즉 대서사가 정당화되었던 근현대 사회와는 달리, 포스트모던 사회에서는 소서사가 정당화된다. 따라서 포스트모던 사회에서는 대서사적 지식관이 부적합하고 소서사적 지식관이 적합하다. 다시 말해 포스트모던

시대로 접어들면서 지식의 지위가 바뀐 것이다.[8] 기술의 변화는 지식에 대해 상당한 영향을 미칠 것이다. 이에 따라 폐기될 지식과 각광받을 지식이 구분될 것이다. 교육이 지식문제를 다루는 한, 지식의 변화 추이에 민감하지 않을 수 없는 것이다. 리오타르에 따르면 인지적 지식만을 지식으로 인정하는 근대사회의 대서사적 지식관은 포스트모던 사회에 부적합하다.[9] 즉 포스트모던 사회에서는 기술적인 요소·윤리적인 요소·미적인 요소가 인지적 요소와 대등한 지식으로 다루어져야 하며, 이들 요소로 이루어진 다양한 지식을 가진 사람만이 포스트모던 사회의 다양한 삶의 양식을 창조적으로 살아나갈 수 있다는 것이다. 예컨대, 인지적 지식만을 중시했던 근대사회에서 배척받았던 예술적 요소들이 포스트모던사회에서는 각광을 받는 것이 그러하다. 그리하여 아이돌 가수, 백댄서 등이 선망의 직업으로 바뀐 것이다.

둘째, 포스트모더니즘은 계몽주의의 이성이 구축한 획일성·전체성·절대성을 비판하고, 그 대신에 다원성과 상대성을 강조한다. 따라서 다양한 정보가 쏟아져 나오는 포스트모던의 정보사회에서 계몽주의 체제로서의 근대교육제도인 공교육 체제로는 포스트모던 사회에 부응할 수 없다고 보기에 다원성과 상대성을 보장할 수 있는 새로운 대안 교육체제가 요구되는 것이다. 인간의 유한성과 사회의 다원성이라는 토대 위에서 우리의 미래를 설계하기 위해서는 인간의 본질과 교육의 본질에 대한 다각적인 재검토 작업이 이루어져야 할 것이다.

셋째, 포스트모더니즘은 일단의 사상 및 이론화의 한 방법일 뿐만 아니라 실천화의 한 방법이기도 하다. 따라서 그것은 예술 및 건축에서 뿐만 아니라 철학, 페미니즘, 문화, 문학비평, 심리학 등에 걸쳐 널리 연구되고 있는 것이다. 하지만 교육학 영역에서는 비판교육 및 페미니스트 교육학의 영역을 제외하고는 포스트모더니즘의 추세에 뒤처져 있다. 하지만 다른 한편으로 보면, 교육 실제면에서 이미 포스트모더니즘의 요소들을 많이 발견할 수 있다. 따라서 교육실제에 포스트모더니즘의 요소들이 이미 자리잡고 있다면 우리가 교육실제를 어떻게 이해하여야 할 것인가를 탐구하는 것은 교육이론가나 현장의 교사들에게 주어진 과제라 할 것이다. 다시 말해, 철학적 포스트모더

8) Jean-Francois Lyotard, *La Condition Postmodernism* (포스트모던의 조건), 유정완 외 역, (서울: 민음사, 1992), 37쪽.
9) 목영해, 앞의 책, 49쪽.

니즘이 이미 등장하였을 뿐만 아니라, 앞으로의 미래사회를 포스트모더니즘의 관점에서 철학적으로 규정지으려 하는 마당에 있어서 교육학 각 분야에서도 포스트모더니즘의 교육적 수용문제를 적극적으로 검토하여야 할 것이다.

21세기에 들어 등장한 디지털 청소년 세대는 자신들의 자율적인 주권을 강도 높게 표출하고 기존의 질서를 해체시키면서 변화무쌍한 영역을 구축하고 있다. 이 같은 청소년 세대의 변화에 대처하기 위해서는 기존의 교육방식만으로는 한계가 있을 것이므로 새로운 교육방식의 개발이 불가피하다. 사회가 급속한 속도로 변화하고 청소년들의 의식구조도 급변하고 있는 오늘날의 상황 속에서 교육도 보다 능동적으로 대처해 나아가야 할 것이다.

넷째, 포스트모던 사회에서 직면하게 되는 교육적 문제로는 ① 환경문제, ② 극단적 이기주의, ③ 정신적 빈곤화를 들 수 있을 것이다.

환경문제의 경우, 근대 산업사회는 우리에게 물질적 풍요를 안겨 주었지만 그 대가로 '환경파괴'를 지불하였다. 즉, 근대화의 부산물인 환경파괴는 인류의 존립 자체를 위협하고 있다. 따라서 포스트모던의 사회가 떠맡아야 할 과제는 환경문제이며, 이의 근원적 해결을 위한 환경교육이 학교 내외에서 체계적으로 이루어져야 한다.

근대화가 낳은 또 다른 부산물은 극단적 이기주의이다. 기계기술문명의 발달과 더불어 우리는 '인간'을 상실하였으며, 극단의 자기중심적인 삶을 영위하게 되었다. 따라서 이타정신의 회복은 포스트모던 사회의 교육에 주어진 또 하나의 과제이다.

세속주의와 그에 따른 정신적 빈곤 또한 근대화의 부산물이다. 근대화의 산물인 물질적 풍요는 상대적으로 인간에게 정신적 빈곤을 가져다주었다. 그 결과는 인간으로 하여금 감각과 쾌락을 추구하도록 하였다. 마약, 에이즈, 폭력 등이 이를 입증한다. 따라서 포스트모던의 사회가 추구해야 할 교육적 과제는 정신적 풍요를 가져다 줄 수 있는 인간교육이 이루어져야 할 것이다. 정신적 빈곤에 허덕이는 현대인들이 갈망하는 것은 다름 아닌 영혼의 양식(soul food)인 것이다.

저자소개

■ 박의수(iampes@daum.net)

〈약 력〉

고려대학교 교육학과 졸업/고려대학교 대학원 졸업(교육학박사)/NZ 웰링턴 빅토리아 대학교 교환교수/한국교육철학학회 회장, 강남대학교 교육학과 명예교수

〈저서 및 논문〉

도산 안창호의 생애와 교육사상(학지사)/민족교육의 사상사적 조망(공저, 집문당)/인간주의 교육사상(공저, 내일을 여는 책)/21세기 문화창조와 율곡학(공저, 수덕문화사)/인성교육(공저, 문음사)/교육의 잠식(공역, 양서원) 외 다수

■ 강승규(seunggyu3@gmail.com)

〈약 력〉

고려대학교 교육학과 졸업/고려대학교 대학원 졸업(교육학박사)/한국교육학회 이사/미국 존듀이학회 회원/우석대학교 대학원장/전국사립사범대학장협의회회장/대통령자문교육혁신위원회 상임위원/현재, 우석대학교 명예교수

〈저서 및 논문〉

나다움, 어떻게 찾을까!(학지사, 2009)/학생의 삶을 존중하는 교사(동문사, 2008)/어린이의 삶을 사랑하는 교육(역, 양서원, 1992)/존 듀이의 판단이론 연구 외 다수

■ 정영수(yschung@inha.ac.kr)

〈약 력〉

고려대학교 교육학과 졸업/독일 Bonn대학교 교육학과 졸업(철학박사)/한국교육개발원 교육사 · 철학 연구실장/한국교육철학학회 회장/인하대학교 부총장/현재, 인하대학교 교육학과 명예교수

〈저서 및 논문〉

교육학의 이해(공저, 삼경사)/인간교육의 탐구(동문사)/교사와 교육(공저, 문음사)/정신과학적 교육학(학지사)/인간교육의 변증법적 고찰/페스탈로치의 노작교육사상에 관한 연구 외 다수

■ 강선보(kangsb@korea.ac.kr)

〈약 력〉

고려대학교 대학원 졸업(교육학박사)/이스라엘 벤구리온 대학교 및 미국 위스콘신 대학교 연구교수/고려대학교 학생처장, 사범대학장 겸 교육대학원장, 교무부총장/한국교육학회장/현재, 고려대학교 교육학과 교수

〈저서 및 논문〉

마르틴 부버의 「만남」의 교육(양서원, 1992)/교육학개론(공저, 박영사, 1997)/교육철학(공저, 박영사, 1998)/전인교육의 이론과 실제(공역, 원미사, 2001) 외 다수

개정판 쉽게 쓴 교육의 역사와 철학

초　판 1쇄 발행 / 2017년 3월 2일
초　판 3쇄 발행 / 2018년 8월 30일
개정판 1쇄 발행 / 2019년 1월 25일
개정판 2쇄 발행 / 2020년 8월 25일

•

공저자 / 박의수 · 강승규 · 정영수 · 강선보
발행인 / 이　중　수
발행처 / **동　문　사**

•

서울특별시 서대문구 홍제원 1길 12
(홍제동 137-8)
Tel: 02)736-3718(대), 736-3710, 3720
Fax: 02)736-3719
등록번호: 1974.04.27. 제9-17호
가격: 17,000원

•

ISBN: 979-11-6328-051-4 (93370)
E-mail: dong736@naver.com
www.dongmunsa.com